# Preußische Gemeindesteuern

(Rechtsmittel und Rechtsprechung).

Von

**W. Theisen**

Regierungsrat

Berlin und Leipzig 1926.

**Walter de Gruyter & Co.**

vormals G. J. Göschen'sche Verlagshandlung — J. Guttentag, Verlagsbuchhandlung — Georg Reimer — Karl J. Trübner — Veit & Comp.

# Vorwort.

Das Oberverwaltungsgericht und Reichsgericht haben in der Rechtsprechung auf dem Gebiete des Gemeindeabgabenrechts viele wichtige Rechtsgrundsätze aufgestellt. Die in Betracht kommenden Urteile sind zahlreich und, soweit sie zur Veröffentlichung gelangt sind, in mehreren Druckwerken und vielen Bänden dieser Werke enthalten. Das Aufsuchen der Entscheidungen ist sehr erschwert und erfordert viel Zeit, ganz abgesehen davon, daß die Druckwerke nicht bei allen Behörden vorhanden sind und nur wenigen Steuerpflichtigen zur Verfügung stehen oder von ihnen wegen der Höhe der Kosten nicht gehalten werden können. Ohne eine Zusammenstellung der Rechtsprechung ist es kaum möglich, sich mit den Grundsätzen der höchsten Gerichte vertraut zu machen oder die Rechtsprechung anzuwenden.

Es ist den meisten Steuerpflichtigen nicht bekannt, welche Rechtsmittel gegen die Heranziehung (Veranlagung) zu Gemeindeabgaben zulässig sind, innerhalb welcher Frist und bei welcher Behörde sie angebracht werden müssen, was bei der Anfertigung zu beachten ist und welche Behörden zur Entscheidung zuständig sind. Dies hat oft zur Folge, daß die Gemeindesteuerveranlagungen nicht mit den durch die Gesetze vorgeschriebenen Rechtsmitteln angefochten werden, daß die Rechtsmittelschriften den gesetzlichen Anforderungen nicht genügen und daß die Rechtsmittelfristen versäumt werden. In solchen Fällen entstehen den Steuerpflichtigen nicht unerhebliche finanzielle Nachteile.

Diese Tatsachen haben mich veranlaßt, eine Übersicht über die gegen die Heranziehung (Veranlagung) zu Gemeindeabgaben zulässigen Rechtsmittel nebst einer Anleitung zu ihrer Anfertigung aufzustellen, die alle Angaben enthalten, die für die Behörden und die Steuerpflichtigen von Interesse sind. Die Vorschriften über das Rechtsmittelverfahren sind, soweit erforderlich, auszugsweise abgedruckt. Sodann habe ich **337** Entscheidungen des Oberverwaltungsgerichts und Reichsgerichts zusammengestellt.

Bei der Zusammenstellung der Rechtsmittelentscheidungen bin ich von der Annahme ausgegangen, daß der wesentlichste Inhalt der Urteile genügt, um sich die Grundzüge der Rechtsprechung anzueignen oder um die Rechtsgrundsätze der höchsten Gerichte anzuwenden. Damit die Durchsicht des gesamten Inhalts der Urteile möglich ist, habe ich unter dem Datum und dem Aktenzeichen derjenigen Entscheidungen, die in Druckwerken enthalten sind, das Druckwerk und die Stelle bezeichnet, wo die Urteile zu finden sind.

Ich hoffe, daß meine Arbeit ihren Zweck erfüllt.

Köln (Rhein), den 1. Mai 1926.

**Theisen**
Regierungsrat.

# Inhaltsverzeichnis.

---

# I. Die Rechtsmittel gegen die Heranziehung (Veranlagung) zu Kommunalabgaben.

| Lfde. Nr. | Bezeichnung der Kommunalabgaben | a) Bezeichnung der zulässigen Rechtsmittel. b) Frist zur Einlegung der Rechtsmittel. c) Behörden, bei denen die Rechtsmittel anzubringen sind. d) Entscheidende Behörden. | | | |
|---|---|---|---|---|---|
| 1 | 2 | 3 | 4 | 5 | 6 |
| 1 | Abgaben der Landgemeinden: a) Gebühren; b) Beiträge; c) Steuern; d) Naturaldienste (Hand- und Spanndienste). | a) Einspruch gegen die Heranziehung (Veranlagung). b) 4 Wochen nach der Heranziehung (Veranlagung). c) Gemeindevorstand. d) Gemeindevorstand. | a) Klage im Verwaltungsstreitverfahren gegen den Einspruchsbescheid. b) 2 Wochen nach Zustellung des Einspruchsbescheides. c) Kreisausschuß. d) Kreisausschuß. | a) Berufung gegen die Entscheidung des Kreisausschusses. b) 2 Wochen nach Zustellung der Entscheidung des Kreisausschusses. c) Kreisausschuß. d) Bezirksausschuß. | a) Revision gegen die Berufungsentscheidung des Bezirksausschusses. b) 2 Wochen nach Zustellung der Entscheidung des Bezirksausschusses. c) Kreisausschuß. d) Oberverwaltungsgericht. |
| 2 | Abgaben der Stadtgemeinden: a) Gebühren; b) Beiträge; c) Steuern; d) Naturaldienste (Hand- und Spanndienste). | a) Einspruch gegen die Heranziehung (Veranlagung). b) 4 Wochen nach der Heranziehung (Veranlagung). c) Gemeindevorstand. d) Gemeindevorstand. | a) Klage im Verwaltungsstreitverfahren gegen den Einspruchsbescheid. b) 2 Wochen nach Zustellung des Einspruchsbescheides. c) Bezirksausschuß. d) Bezirksausschuß. | a) Revision gegen die Entscheidung des Bezirksausschusses. b) 2 Wochen nach Zustellung der Entscheidung des Bezirksausschusses. c) Bezirksausschuß. d) Oberverwaltungsgericht. | |

| Lfde. Nr. | Bezeichnung der Kommunalabgaben | a) Bezeichnung der zulässigen Rechtsmittel. b) Frist zur Einlegung der Rechtsmittel. c) Behörden, bei denen die Rechtsmittel anzubringen sind. d) Entscheidende Behörden. | | | |
|---|---|---|---|---|---|
| 1 | 2 | 3 | 4 | 5 | 6 |
| 3 | Abgaben der Kreise: a) Gebühren; b) Beiträge; c) indirekte Steuern. | a) Einspruch gegen die Heranziehung (Veranlagung). b) 4 Wochen nach der Heranziehung (Veranlagung). c) Kreisausschuß. d) Kreisausschuß. | a) Klage im Verwaltungsstreitverfahren gegen den Einspruchsbescheid. b) 2 Wochen nach Zustellung des Einspruchsbescheides. c) Bezirksausschuß. d) Bezirksausschuß. | a) Revision gegen die Entscheidung des Bezirksausschusses. b) 2 Wochen nach Zustellung der Entscheidung des Bezirksausschusses. c) Bezirksausschuß. d) Oberverwaltungsgericht. | |
| 4 | Abgaben der Provinzen (Bezirksverbände): a) Gebühren; b) Beiträge. | a) Einspruch gegen die Heranziehung (Veranlagung). b) 4 Wochen nach der Heranziehung (Veranlagung). c) Provinzialausschuß (Landesausschuß). d) Provinzialausschuß (Landesausschuß). | a) Klage im Verwaltungsstreitverfahren gegen den Einspruchsbescheid. b) 2 Wochen nach Zustellung des Einspruchsbescheides. c) Oberverwaltungsgericht. d) Oberverwaltungsgericht. | | |

Anm.: Hinsichtlich der Wiedereinsetzung in den vorigen Stand (§§ 52 und 112 des Landesverwaltungsgesetzes) und der unbefristeten Beschwerde nach den §§ 18 und 34 des Zuständigkeitsgesetzes vergleiche II, Buchst. e und f der Anleitung zur Anfertigung der Rechtsmittel gegen Kommunalabgaben.

# II. Anleitung zur Anfertigung der Rechtsmittel gegen Kommunalabgaben.

## a) Einspruch.

1. Der Einspruch kann völlige Freistellung von der Gemeindeabgabe oder die Ermäßigung zum Ziele haben. Richtet sich der Einspruch nicht gegen die Veranlagung im ganzen, so muß aus ihm zu ersehen sein, zu welchem Betrage die Herabsetzung der Abgabe begehrt wird. Das braucht zwar nicht immer zahlenmäßig zu geschehen, aber doch so, daß der Betrag aus unstreitigen Größen berechnet werden kann. Enthält der Einspruch diese Angaben nicht, so ist er nicht rechtswirksam.

2. Ein Einspruch ist als gegen die Veranlagung im ganzen gerichtet anzusehen, wenn er nicht klar erkennen läßt, daß er sich nur gegen einen Teil der Veranlagung richtet.

3. Eine Begründung gehört nicht zu den wesentlichen Erfordernissen des Einspruchs. Das Ziel des Einspruchs muß aber stets erkennbar sein.

4. Die Einspruchsschrift ist nur in einfacher Ausfertigung einzureichen.

5. Die Veranlagung wird, soweit sie nach erfolgter Mitteilung der Veranlagung nicht innerhalb der vierwöchigen Einspruchsfrist mit dem Einspruche angegriffen wird, mit dem Ablaufe der angegebenen Frist unanfechtbar.

6. Es liegt dem Abgabepflichtigen ob, das erforderliche Material zur Rechtfertigung seines Anspruchs auf Freistellung von der Abgabe oder auf Ermäßigung derselben zu beschaffen, die hierauf bezüglichen Verhältnisse klar zu legen und die dafür notwendigen Beweise zu erbringen.

7. Bei der Auslegung der Einspruchsschrift sind die von dem Abgabepflichtigen im Veranlagungsverfahren gemachten Angaben mit heranzuziehen.

8. Die Grundlage der Abgabepflicht ist von dem Steuergläubiger (dem Vorstande der Gemeinde oder des Gemeindeverbandes) zu beweisen. Der Steuergläubiger hat auch nötigenfalls darzutun, wann die Heranziehungsverfügung (Veranlagung) dem Abgabepflichtigen mitgeteilt worden ist, wobei er an keine formalen Beweisregeln gebunden ist.

9. Der Einspruchsbescheid muß, um die Klagefrist in Lauf zu setzen, förmlich zugestellt werden. Es ist aber nicht erforderlich, daß er eine Rechtsmittelbelehrung enthält.

10. Durch Einspruch und Klage wird die Verpflichtung zur Zahlung der Abgabe oder zur Leistung der Naturaldienste (Hand- und Spanndienste) nicht aufgeschoben.

11. Die Gemeindeaufsichtsbehörden sind nicht berechtigt, in das Abgabenrecht der Gemeinden und Gemeindeverbände einzugreifen; es sind nur die in der Übersicht (Seite 20 dieses Buches) angegebenen Rechtsmittel zulässig. Demnach können Anträge bei den Gemeindeaufsichtsbehörden auf Freistellung, Ermäßigung oder Stundung von Gemeindeabgaben keinen Erfolg haben.

## b) Klage im Verwaltungsstreitverfahren.

1. Die Klage ist bei dem zuständigen Gerichte schriftlich in zweifacher Ausfertigung einzureichen. Die Klage beim Kreisausschusse kann zu Protokoll erklärt werden. In der Klage ist ein bestimmter Antrag zu stellen und sind die Person des

Beklagten, der Gegenstand des Anspruchs sowie die den Antrag begründenden Tatsachen genau zu bezeichnen. Bei Abgaben der Land- und Stadtgemeinden ist die Klage gegen den Gemeindevorstand, bei Kreisabgaben gegen den Kreisausschuß und bei Provinzialabgaben gegen den Provinzialausschuß zu richten. Die Klage kann völlige Freistellung von der Gemeindeabgabe oder die Ermäßigung der Abgabe zum Ziele haben. Im übrigen gilt das zu a) Einspruch, Ziffer 1 Gesagte.

2. Der Einspruchsbescheid ist Prozeßvoraussetzung und Gegenstand der Anfechtung; er bildet die Grundlage des Streitverfahrens. Voraussetzung für die Erhebung der Klage ist also, daß ein Einspruchsbescheid vorliegt und dem Kläger zugegangen ist. Die Erhebung der Klage ist nicht davon abhängig, daß die Klagefrist zu laufen begonnen hat.

3. Wie bereits unter a) Einspruch, Ziffer 9, gesagt, wird die Klagefrist nicht in Lauf gesetzt, wenn der Gemeindevorstand (Kreisausschuß, Provinzialausschuß) unterlassen hat, den Einspruchsbescheid förmlich zustellen zu lassen. Es kann mithin in einem solchen Falle die Klage auch dann noch erhoben werden, wenn nach dem Empfange des nicht förmlich zugestellten Einspruchsbescheides zwei Wochen verstrichen sind.

4. Zur Beurteilung der Frage, ob ein bestimmter Antrag (vgl. Ziffer 1) vorliegt, ist der gesamte Inhalt der Klage und des vorhergegangenen Einspruchsverfahrens, wenn eine Steuererklärung vorliegt, einschließlich dieser, mit heranzuziehen. Die Veranlagung, der Einspruch und der Einspruchsbescheid bilden für die Heranziehung zu Abgaben feste Grenzen, innerhalb deren sich das Verwaltungsstreitverfahren zu bewegen hat.

5. Dem Kläger steht es frei, im Laufe des Verwaltungsstreitverfahrens die Klage durch Anführung der Tatsachen, auf die er seinen Anspruch stützt, zu ergänzen. Neue tatsächliche Behauptungen für die Rechtfertigung des Rechtsmittels können aber in der Revisionsinstanz nicht mehr vorgebracht werden.

6. Die Erweiterung der Klage ist nach Ablauf der Klagefrist nicht mehr zulässig.

7. In der Klage darf über die im Einspruche beantragte Ermäßigung der Abgabe nicht hinausgegangen werden, weil die Veranlagung, soweit sie nicht mit dem Einspruche angefochten worden ist, Rechtswirksamkeit erlangt hat. Dies hindert jedoch nicht, die im Einspruche für die Steuerermäßigung geltend gemachten Gründe zu ergänzen, zu erweitern und neue Gründe hierfür vorzubringen.

8. Im Verwaltungsstreitverfahren ist nicht die Angemessenheit des beschlossenen Gemeindezuschlags zu den staatlichen Steuern und bei besonderen Gemeindesteuern die Angemessenheit der Steuersätze nachzuprüfen. Es ist aber zu prüfen, ob die Heranziehung zur Steuer auf einem ordnungsmäßig zustande gekommenen Ortsrechte beruht.

### c) Berufung gegen die Entscheidung des Kreisausschusses (bei Abgaben der Landgemeinden und der diesen gleichstehenden Verbände).

Die Frist zur Einlegung der Berufung beträgt zwei Wochen. Innerhalb dieser Frist ist — bei Verlust des Rechtsmittels — die Berufung bei demjenigen Kreisausschusse, gegen dessen Entscheidung sie gerichtet ist, schriftlich anzumelden und zu rechtfertigen. Die Berufungsschrift ist in zweifacher Ausfertigung einzureichen.

### d) Revision gegen die Entscheidung des Bezirksausschusses in zweiter Instanz (bei Abgaben der Landgemeinden und der diesen gleichstehenden Verbände) und des Bezirksausschusses in erster Instanz (bei Abgaben der Stadtgemeinden und der Kreise).

1. Gegen die Entscheidung des Bezirksausschusses ist das Rechtsmittel der Revision an das Oberverwaltungsgericht zulässig. Die Frist zur Einlegung der Re-

vision beträgt zwei Wochen. Innerhalb dieser Frist ist die Revision anzubringen und zu rechtfertigen:

a) wenn der Bezirksausschuß in zweiter Instanz entschieden hat (bei Landgemeindeabgaben), beim Kreisausschusse;
b) wenn der Bezirksausschuß in erster Instanz entschieden hat (bei Abgaben der Städte und Kreise), beim Bezirksausschusse.

2. Die Revision kann nur darauf gestützt werden:

a) daß die angefochtene Entscheidung auf der Nichtanwendung oder auf der unrichtigen Anwendung des bestehenden Rechtes, insbesondere auch der von den Behörden innerhalb ihrer Zuständigkeit erlassenen Verordnungen beruhe;
b) daß das Verfahren an wesentlichen Mängeln leide.

Neue tatsächliche Behauptungen für die Rechtfertigung des Rechtsmittels können in der Revisionsinstanz nicht mehr vorgebracht werden (vgl. b, Ziff. 5, letzter Satz).

3. Die Revisionsschrift ist in zweifacher Ausfertigung einzureichen.

### e) Wiedereinsetzung in den vorigen Stand.

1. Nach § 52 des Landesverwaltungsgesetzes sind die Fristen für die Anbringung der Beschwerde und der Klage oder des Antrags auf mündliche Verhandlung im Verwaltungsstreitverfahren sowie alle Fristen im Verwaltungsstreitverfahren Ausschlußfristen und beginnen, sofern nicht die Gesetze anderes vorschreiben, mit der Zustellung. Für die Berechnung der Fristen sind die bürgerlichen Prozeßgesetze maßgebend.

Bezüglich des Einspruchs kann die angerufene Behörde in Fällen unverschuldeter Fristversäumung Wiedereinsetzung in den vorigen Stand gewähren.

Für eine im Verwaltungsstreitverfahren zu gewährende Wiedereinsetzung in den vorigen Stand sind lediglich die für das Verwaltungsstreitverfahren besonders gettoffenen Bestimmungen maßgebend (siehe Ziffer 2).

2. Nach § 112 des Landesverwaltungsgesetzes kann die Wiedereinsetzung in den vorigen Stand beantragen, wer durch Naturereignisse oder andere unabweisbare Zufälle verhindert worden ist, die im Landesverwaltungsgesetze oder die in den Gesetzen für Anstellung der Klage oder für den Antrag auf mündliche Verhandlung im Verwaltungsstreitverfahren vorgeschriebenen Fristen einzuhalten. Als unabwendbarer Zufall ist es anzusehen, wenn der Antragsteller von einer Zustellung ohne sein Verschulden keine Kenntnis erlangt hat. Über den Antrag entscheidet das Gericht, dem die Entscheidung über die versäumte Streithandlung zusteht. Die versäumte Streithandlung ist unter Anführung der Tatsachen, mittels deren der Antrag auf Wiedereinsetzung begründet werden soll, sowie der Beweismittel innerhalb zwei Wochen nachzuholen; der Lauf dieser Frist beginnt mit dem Ablauf des Tages, mit welchem das Hindernis gehoben ist. Nach Ablauf eines Jahres, von dem Ende der versäumten Frist an gerechnet, findet die Nachholung der versäumten Streithandlung oder der Antrag auf Wiedereinsetzung in den vorigen Stand nicht mehr statt. Die durch Erörterung des Antrags auf Wiedereinsetzung in den vorigen Stand entstehenden baren Auslagen trägt in allen Fällen der Antragsteller.

3. Ein Zufall (§ 112 des Landesverwaltungsgesetzes) ist nach der Rechtsprechung des Oberverwaltungsgerichts unabweisbar, wenn er durch menschliche Sorgfalt nicht zu vermeiden ist. Liegt eine Kette von unglücklichen Umständen vor, in der ein Versehen der Partei ein Glied bildet, so ist die Fristversäumung nicht die Folge eines unabweisbaren Zufalls, weil ein Versehen der Partei hierbei mitgewirkt hat.

4. Ein Rechtsirrtum ist nicht geeignet, einen Antrag auf Wiedereinsetzung in den vorigen Stand nach § 112 des Landesverwaltungsgesetzes zu rechtfertigen.

5. Ein Verschulden von Angestellten des Prozeßvertreters einer Partei ist dieser nicht anzurechnen. Voraussetzung ist aber immer, daß den Prozeßvertreter selbst kein Verschulden trifft.

6. Eine Belehrung über den zulässigen Rechtsbehelf und die Art seiner Anbringung ist gesetzlich nicht nötig. Wenn eine Rechtsmittelbelehrung nicht vorgeschrieben, gleichwohl aber erteilt wird, stellt deren Unrichtigkeit keinen für den Steuerpflichtigen unabwendbaren Zufall im Sinne des § 112 des Landesverwaltungsgesetzes dar, der die Wiedereinsetzung in den vorigen Stand wegen Versäumung der Rechtsmittelfrist rechtfertigt.

7. Wenn bei der Beförderung eines Briefes Verzögerungen vorgekommen sind, so liegt ein unabwendbarer Zufall im Sinne des § 112 a. a. O. vor.

## f) Die unbefristete Beschwerde nach den §§ 18 und 34 des Zuständigkeitsgesetzes.

1. Das Oberverwaltungsgericht hat in ständiger Rechtsprechung angenommen, daß die Beschwerde gemäß den §§ 18 und 34 des Zuständigkeitsgesetzes durch die Vorschriften der §§ 69 und 70 des Kommunalabgabengesetzes nicht beseitigt worden ist.

2. Dem Steuerpflichtigen steht das Recht zu, eine nachträgliche Änderung der rechtskräftig gewordenen Gemeindesteuerveranlagung zu fordern, wenn in seinen zu Beginn des Steuerjahres bestehenden persönlichen Verhältnissen durch später eintretende Ereignisse eine Veränderung vor sich geht, die seine ursprünglich zutreffende Veranlagung zu einer unrichtigen macht. Zu dem Zwecke kann er sich der unbefristeten Beschwerde im Sinne der §§ 18 und 34 des Zuständigkeitsgesetzes bedienen.

3. Die Beschwerde ist beim Gemeindevorstande anzubringen. Gegen den Beschluß des Gemeindevorstandes ist die Klage im Verwaltungsstreitverfahren zulässig.

# III. Auszug aus den für die Rechtsmittel gegen die Heranziehung (Veranlagung) zu Kommunalabgaben in Betracht kommenden gesetzlichen Vorschriften.

## 1. Kommunalabgabengesetz.

Vom 14. Juli 1893. (GS. S. 152.)

### V. Titel.

### Rechtsmittel.

### § 69.

(1) Dem Abgabepflichtigen steht gegen die Heranziehung (Veranlagung) zu Gebühren, Beiträgen, Steuern und Naturaldiensten der Einspruch zu. Der Einspruch ist binnen einer Frist von vier Wochen bei derjenigen Stelle einzulegen, welche die Heranziehung (Veranlagung) vorgenommen hat. Ist die Heranziehung von einer anderen Stelle als dem Gemeindevorstande vorgenommen, so hat diese den Einspruch, falls sie ihm nicht stattgibt, dem Gemeindevorstande zur Entscheidung vorzulegen. Wird der Einspruch rechtzeitig unmittelbar beim Gemeindevorstande eingelegt, so gilt die Frist als gewahrt.

(2) Der Lauf der Frist beginnt:

1. soweit die Bekanntmachung durch Auslegung der Hebelisten erfolgt ist, mit dem ersten Tage nach Ablauf der Auslegungsfrist;
2. soweit eine besondere Mitteilung vorgeschrieben ist, mit dem ersten Tage Tage nach erfolgter Mitteilung;
3. in allen übrigen Fällen mit dem ersten Tage nach der Aufforderung zur Zahlung bzw. Leistung.

(3) Einsprüche, welche sich gegen den der Veranlagung zugrunde liegenden Steuersatz richten, sind unzulässig.

(4) Vorstehende Bestimmungen finden sinngemäße Anwendung auf Einsprüche wegen Heranziehung oder Veranlagung von Grundbesitzern, Gewerbetreibenden und Einwohnern eines Gutsbezirks zu den öffentlichen Lasten desselben.

### § 70.

(1) Über den Einspruch beschließt der Gemeindevorstand, und wenn der Gemeindevorstand ein Kollegium ist, sein Vorsitzender oder ein von diesem bezeichnetes Mitglied.

(2) Gegen den Beschluß steht dem Pflichtigen binnen einer mit dem ersten Tage nach erfolgter Zustellung beginnenden Frist von zwei Wochen die Klage im Verwaltungsstreitverfahren offen. Zuständig in erster Instanz ist für Landgemeinden (Gutsbezirke) der Kreisausschuß, für Stadtgemeinden der Bezirksausschuß. Der Gemeindevorstand kann zur Wahrnehmung der Rechte der Gemeinde einen besonderen Vertreter bestellen. Gegen die Entscheidung des Bezirksausschusses bei Stadtgemeinden ist nur das Rechtsmittel der Revision zulässig.

(3) Der Entscheidung im Verwaltungsstreitverfahren unterliegen desgleichen Streitigkeiten zwischen Beteiligten über ihre in dem öffentlichen Rechte begründete Verpflichtung zu den im § 69 Absatz 1 bezeichneten Lasten.

### § 70 a.

Wird im Verwaltungsstreitverfahren eine Abgabenordnung für rechtsungültig erklärt, so kann einer neuen Ordnung, die die gleiche oder eine gleichartige Abgabe regelt, rückwirkende Kraft beigelegt werden. Diese erstreckt sich auf die Zeit seit dem Inkrafttreten der für ungültig erklärten Ordnung und auf die Bestimmungen der neuen Ordnung, durch welche die Abgabepflichtigen nicht ungünstiger gestellt werden, als nach der für ungültig erklärten Steuerordnung beabsichtigt war, sie erstreckt sich nicht auf die durch endgültige Heranziehung nach der für ungültig erklärten Steuerordnung erledigten Fälle.

### § 75.

Durch Einspruch und Klage wird die Verpflichtung zur Zahlung der Leistung nicht aufgeschoben.

## 2. Gesetz über die Zuständigkeit der Verwaltungs- und Verwaltungsgerichtsbehörden.

Vom 1. August 1883. (GS. S. 237.)

### Titel IV.

### Angelegenheiten der Stadtgemeinden.

### § 18.

(1) Auf Beschwerden und Einsprüche, betreffend:

1. ........,

2. die Heranziehung oder die Veranlagung zu den Gemeindelasten,

beschließt der Gemeindevorstand.

(2) Gegen den Beschluß findet die Klage im Verwaltungsstreitverfahren statt.

(3) Der Entscheidung im Verwaltungsstreitverfahren unterliegen desgleichen Streitigkeiten zwischen Beteiligten über ihre in dem öffentlichen Rechte begründete Berechtigung oder Verpflichtung zu den im Abs. 1 bezeichneten Nutzungen bzw. Lasten.

(4) Die Beschwerden und die Einsprüche, sowie die Klage haben keine aufschiebende Wirkung.

### Titel V.

### Angelegenheiten der Landgemeinden und der selbständigen Gutsbezirke.

### § 34.

(1) Auf Beschwerden und Einsprüche, betreffend:

1. ......,
2. die Heranziehung oder die Veranlagung zu den Gemeindelasten,
3. die besonderen Rechte oder Verpflichtungen einzelner örtlicher Teile des Gemeindebezirks oder einzelner Klassen der Gemeindeangehörigen in Ansehung der zu Nr. 1 und 2 erwähnten Ansprüche und Verbindlichkeiten,

beschließt der Gemeindevorstand.

(2) Gegen den Beschluß findet die Klage im Verwaltungsstreitverfahren statt.

(3) Der Entscheidung im Verwaltungsstreitverfahren unterliegen desgleichen Streitigkeiten zwischen Beteiligten über ihre in dem öffentlichen Rechte begründete Berechtigung oder Verpflichtung zu den im Abs. 1 bezeichneten Nutzungen bzw. Lasten.

(4) Die Beschwerden und die Einsprüche, sowie die Klage haben keine aufschiebende Wirkung.

(5) Die vorstehenden Bestimmungen finden sinngemäße Anwendung auf Beschwerden und Einsprüche, betreffend die Heranziehung oder die Veranlagung von Grundbesitzern und Einwohnern eines Gutsbezirks zu den öffentlichen Lasten desselben.

## 3. Kreis- und Provinzial-Abgabengesetz.

Vom 23. April 1906. (GS. S. 159.)

Abschnitt I.

### Kreisabgaben.

§ 16.

Auf die Rechtsmittel gegen die Heranziehung (Veranlagung) zu Gebühren, Beiträgen und indirekten Steuern finden § 14 Abs. 2*) und § 11 Abs. 4 und 5*) dieses Gesetzes, auf die Nachforderung, Verjährung und Beitreibung von Kreisabgaben die §§ 87, 88 und 90, auf die rückwirkende Kraft neuer Abgabenordnungen § 70a des Kommunalabgabengesetzes entsprechende Anwendung.

§ 14.

(1) ......

(2) Gegen die Heranziehung zur Kreissteuer in den Gutsbezirken steht den Steuerpflichtigen binnen einer Frist von vier Wochen der Einspruch zu, über welchen der Kreisausschuß beschließt. Hinsichtlich der weiteren Rechtsmittel findet § 11 Abs. 4 und 5 dieses Gesetzes Anwendung.

§ 11.

(1, 2 u. 3)....

(4) Gegen den Beschluß des Kreisausschusses findet innerhalb einer Frist von zwei Wochen die Klage bei dem Bezirksausschusse statt. Gegen die Entscheidung des Bezirksausschusses ist nur das Rechtsmittel der Revision zulässig.

(5) Durch Einspruch und Klage wird die Verpflichtung zur Zahlung der Kreissteuern nicht aufgeschoben.

## 4. Gesetz über die allgemeine Landesverwaltung.

Vom 30. Juli 1883. (GS. S. 195.)

Dritter Titel.

### Verfahren.

I. Abschnitt.

### Allgemeine Vorschriften.

§ 52.

(1) Die Fristen für die Anbringung der Beschwerde und der Klage bzw. des Antrags auf mündliche Verhandlung im Verwaltungsstreitverfahren, sowie alle Fristen im Verwaltungsstreitverfahren sind präklusivisch und beginnen, sofern nicht die Gesetze anderes vorschreiben, mit der Zustellung. Für die Berechnung der Fristen sind die bürgerlichen Prozeßgesetze maßgebend.

(2) Bezüglich der Beschwerde kann die angerufene Behörde in Fällen unverschuldeter Fristversäumung Wiedereinsetzung in den vorigen Stand gewähren.

(3) Für eine im Verwaltungsstreitverfahren zu gewährende Wiedereinsetzung in den vorigen Stand sind lediglich die für das Verwaltungsstreitverfahren besonders getroffenen Bestimmungen maßgebend (§ 112).

---

*) Nachstehend abgedruckt.

## II. Abschnitt.
## Verwaltungsstreitverfahren.
### 2. Von dem Verfahren in erster Instanz.
#### § 63.

Die Klage ist bei dem zuständigen Gericht schriftlich einzureichen. Die Klage beim Kreisausschusse kann zu Protokoll erklärt werden. In der Klage ist ein bestimmter Antrag zu stellen und sind die Person des Beklagten, der Gegenstand des Anspruchs, sowie die den Antrag begründenden Tatsachen genau zu bezeichnen.

#### § 66.

(1) Allen Schriftstücken sind die als Beweismittel in bezug genommenen Urkunden im Original oder in Abschrift beizufügen. Von allen Schriftstücken und deren Anlagen sind Duplikate einzureichen.

(2) Das Gericht kann geeigneten Falles gestatten, daß statt der Einreichung von Duplikaten die Anlagen selbst zur Einsicht der Beteiligten in seinem Geschäftslokale offengelegt werden.

### 3. Von dem Verfahren in den weiteren Instanzen und von der Wiederaufnahme des Verfahrens.
#### § 82.

(1) Gegen die in streitigen Verwaltungssachen ergangenen Endurteile der Kreisausschüsse und gegen die Bescheide in den Fällen der §§ 64 und 67 steht, soweit nicht gemäß besonderer gesetzlicher Vorschrift diese Urteile endgültig oder die gegen dieselben stattfindenden Rechtsmittel in abweichender Weise geregelt sind, den Parteien und aus Gründen des öffentlichen Interesses dem Vorsitzenden des Kreisausschusses die Berufung an den Bezirksausschuß zu.

#### § 83.

(1) Gegen die in streitigen Verwaltungssachen in erster Instanz ergangenen Endurteile der Bezirksausschüsse und gegen die Bescheide in den Fällen der §§ 64 und 67 steht, soweit nicht gemäß besonderer gesetzlicher Vorschrift diese Urteile endgültig oder die gegen dieselben stattfindenden Rechtsmittel in abweichender Weise geregelt sind, den Parteien und aus Gründen des öffentlichen Interesses dem Vorsitzenden des Bezirksausschusses die Berufung[1]) an das Oberverwaltungsgericht zu.

#### § 85.

Die Frist zur Einlegung der Berufung[2]) beträgt... zwei Wochen.

#### § 86.

(1) Innerhalb der in § 85 gedachten Frist ist, bei Verlust des Rechtsmittels die Berufung[3]) bei dem Gerichte, gegen dessen Entscheidung dieselbe gerichtet ist, schriftlich anzumelden und zu rechtfertigen.

---

[1]) In Verwaltungsstreitsachen nach § 70, Abs. 2 des Kommunalabgabengesetzes ist gegen die Entscheidung des Bezirksausschusses nur das Rechtsmittel der Revision an das Oberverwaltungsgericht zulässig.

[2]) In Verwaltungsstreitsachen nach § 70, Abs. 2 des Kommunalabgabengesetzes kommt bei Entscheidungen des Bezirksausschusses nicht die Berufung, sondern die Revision in Betracht.

[3]) Bei Kommunalabgaben die Revision (vgl. die Anm. 1 u. 2 zu den §§ 83 und 85 des Landesverw.-Ges.).

§ 87.

Der Berufungsbeklagte kann sich der Berufung anschließen, selbst wenn die Berufungsfrist verstrichen ist.

§ 93.

(1) Gegen die von den Bezirksausschüssen in zweiter Instanz erlassenen Endurteile steht, soweit nicht gemäß besonderer gesetzlicher Vorschrift diese Urteile endgültig oder die gegen dieselben stattfindenden Rechtsmittel in abweichender Weise geregelt sind, den Parteien das Rechtsmittel der Revision an das Oberverwaltungsgericht zu.

§ 94.

Die Revision kann nur darauf gestützt werden:

1. daß die angefochtene Entscheidung auf der Nichtanwendung oder auf der unrichtigen Anwendung des bestehenden Rechts, insbesondere auch der von den Behörden innerhalb ihrer Zuständigkeit erlassenen Verordnungen beruhe;
2. daß das Verfahren an wesentlichen Mängeln leide.

§ 95.

(2) Die Anmeldung und Rechtfertigung der Revision hat bei demjenigen Gerichte zu erfolgen, welches in erster Instanz entschieden hat.

§ 96.

In der Revisionsschrift ist anzugeben, worin die behauptete Nichtanwendung oder unrichtige Anwendung des bestehenden Rechts oder worin die behaupteten Mängel des Verfahrens gefunden werden.

5. Schlußbestimmungen für das Verwaltungsstreitverfahren.

§ 112.

Die Wiedereinsetzung in den vorigen Stand kann beantragen, wer durch Naturereignisse oder andere unabweisbare Zufälle verhindert worden ist, die in dem gegenwärtigen Gesetze oder die in den Gesetzen für Anstellung der Klage bzw. für den Antrag auf mündliche Verhandlung im Verwaltungsstreitverfahren vorgeschriebenen Fristen einzuhalten. Als unabwendbarer Zufall ist es anzusehen, wenn der Antragsteller von einer Zustellung ohne sein Verschulden keine Kenntnis erlangt hat. Über den Antrag entscheidet das Gericht, dem die Entscheidung über die versäumte Streithandlung zusteht. Die versäumte Streithandlung ist, unter Anführung der Tatsachen, mittels deren der Antrag auf Wiedereinsetzung begründet werden soll, sowie der Beweismittel, innerhalb zwei Wochen nachzuholen; der Lauf dieser Frist beginnt mit dem Ablauf des Tages, mit welchem das Hindernis gehoben ist. Nach Ablauf eines Jahres, von dem Ende der versäumten Frist an gerechnet, findet die Nachholung der versäumten Streithandlung bzw. der Antrag auf Wiedereinsetzung nicht mehr statt. Die durch Erörterung des Antrags auf Wiedereinsetzung entstehenden baren Auslagen trägt in allen Fällen der Antragsteller.

# IV. Rechtsprechung des Oberverwaltungsgerichts und Reichsgerichts.

## 1. Gebühren im allgemeinen. Worin besteht der Unterschied zwischen Gebühren und Beiträgen? Dürfen die Gemeinden Gebühren über den Bedarf hinaus erheben?

Entscheidung des Oberverwaltungsgerichts vom 3. Dezember 1912 — II. C. 48/12 —.

Der Unterschied zwischen Gebühren und Beiträgen liegt darin, daß Gebühren nur für die Benutzung der Veranstaltung, Beiträge aber von Grundstückseigentümern und Gewerbetreibenden, denen durch die Veranstaltung besondere wirtschaftliche Vorteile erwachsen, erhoben werden dürfen. Während also die Zwecke, denen die Erhebung von Gebühren und Beiträgen dienen soll, bei beiden Abgabearten die gleichen sein können, sind die Voraussetzungen für die Erhebung verschieden.

Den Gemeinden ist an sich gesetzlich nicht verwehrt, Gebühren — nicht Beiträge — auch über den Bedarf hinaus zu erheben.

## 2. Gebühren im allgemeinen. Zur Frage der Voraussetzung für die Erhebung von Gebühren. Zum Begriff der freiwilligen Benutzung einer Gemeindeanstalt.

a) Entscheidung des Oberverwaltungsgerichts vom 4. Juni 1915 — II. C. 263/14 —.

(Entsch. **69** 181.)

Voraussetzung für die Erhebung von Gebühren ist die Benutzung einer Gemeindeanstalt, und für ihre Höhe ist im wesentlichen der Umfang der Benutzung maßgebend.

b) Entscheidung des Oberverwaltungsgerichts vom 4. Juni 1915 — II. C. 287/14 —.

(PrVerwBl. **37** 182.)

Voraussetzung für die Erhebung von Gebühren ist, daß die Gemeinde eine von ihr im öffentlichen Interesse unterhaltene Veranstaltung zur Benutzung kraft öffentlichen Rechts zur Verfügung stellt und daß für eine Benutzung kraft dieses Rechts Gebühren auferlegt werden.

Unter einer freiwilligen Benutzung ist eine solche zu verstehen, die mit dem ausdrücklich erklärten Willen oder wenigstens mit dem Einverständnisse desjenigen, von dem die Gebühr erfordert wird, erfolgt; es genügt dagegen nicht, daß die Gemeindeanstalt wider oder auch nur ohne den Willen des Verpflichteten für ihn tätig wird. Auf die Beweggründe, aus denen der Gebührenpflichtige seinen Willen zur Benutzung der Gemeindeanstalt zu erkennen gegeben hat, kommt es nicht an. Das hat das Oberverwaltungsgericht schon in dem Urteile vom 12. Dezember 1893 (Entsch. **26** 43) ausgesprochen und in ständiger Rechtsprechung eine — der Gemeinde gegenüber — freiwillige Benutzung selbst da angenommen, wo die Benutzung durch die Polizei erzwungen war.

c) Entscheidung des Oberverwaltungsgerichts vom 9. Januar 1917 — II. C. 544/16 —.

(PrVerwBl. **38** 625.)

Wenn eine Gemeindeanstalt für jemanden ohne seinen Willen tätig wird, so liegt keine gebührenpflichtige Benutzung der Anstalt vor. Der Wille zur Benutzung kann durch polizeiliche Zwangsverfügung ersetzt werden. Die bloße polizeiliche Aufforderung zur Benutzung hat aber diese Wirkung nicht.

## 3. Gebühren im allgemeinen. Maßstab für die Bemessung der Gebühren.

a) Entscheidung des Oberverwaltungsgerichts vom 30. Oktober 1908 — II. C. 24/08 —.

(Entsch. **53** 96.)

Das Oberverwaltungsgericht hat aus dem Wesen der Gebühren und aus den Vorschriften des § 7 des Kommunalabgabengesetzes gefolgert, daß jene Abgaben nach der Art und dem Umfange der Benutzung der Gemeindeanstalt bemessen werden müssen, und diesen Grundsatz auch nach der Novelle vom 24. Juli 1906 (GS. S. 376) noch als gültig erachtet (Urt. v. 6. 3. 1897, 13. 2. 1906, 1. 3. 1907 und 26. 11.1907 [Entsch. **31** 61, **49** 85, **50** 55, **51** 59]*). Der Grundsatz bleibt nach der angezogenen Rechtsprechung auch dann gewahrt, wenn zwar keine genaue Feststellung der Leistung der Gemeinde erfolgt, aber berechtigterweise mit einer wahrscheinlichen (durchschnittlichen) Leistung gerechnet wird.

b) Entscheidung des Oberverwaltungsgerichts vom 17. März 1914 — II. C. 233/13 —.

(PrVerwBl. **36** 281.)

Wenn ein Wahrscheinlichkeitsmaßstab eingeführt wird, so muß verlangt werden, daß bei seiner Anwendung die Gleichmäßigkeit auch wirklich wahrscheinlich ist, d. h. daß diejenigen Grundstücke, auf die ein gleich großer Teil des Maßstabes (z. B. ein gleich hoher Betrag des Nutzungswertes) fällt, wahrscheinlich auch in gleichem Umfange benutzen (gleichviel Abwässer abführen usw.). Ist aber als Wahrscheinlichkeitsmaßstab ein Maßstab gesetzt, bei dem die Wahrscheinlichkeit offenbar nicht grundsätzlich besteht, der vielmehr notwendigerweise zu Ungleichmäßigkeiten führen muß, dessen Wahl wohl unter Hintansetzung der Grundsätze des Gebührenrechts hauptsächlich von steuerlichen Gesichtspunkten aus erfolgt, so hat der Verwaltungsrichter ihn als unzulässig und die Gebührenordnung als gesetzwidrig zu erkennen.

c) Entscheidung des Oberverwaltungsgerichts vom 27. März 1914 — II. C. 278/13 —.

(PrVerwBl. **36** 248.)

Der sogenannte Wahrscheinlichkeitsmaßstab des Mietwertes ist für die Bemessung von Gebühren, insbesondere auch von solchen für die Abfuhr von Hauskehricht, in vielen dem Oberverwaltungsgerichte unterbreiteten Ordnungen bestimmt und an sich, d. h. abgesehen von besonderen Fällen (vgl. z. B. Urt. v. 2. 7. 1912 — Entsch. **62** 141), nicht für durchaus unzulässig erachtet worden. Für jeden Wahrscheinlichkeitsmaßstab muß aber, wie das Oberverwaltungsgericht schon wiederholt ausgesprochen und unter anderem in der Entscheidung vom 13. Februar 1914 (Entsch. **66** 159) dargelegt hat, der für Benutzungsgebühren als öffentlich-rechtliche Vergütung für eine Leistung der Gemeinde maßgebende Grundsatz gelten, daß die Gebühr, wenn auch nur der Wahrscheinlichkeit nach, dem Umfange der Leistung, abgesehen von der zugelassenen Abstufung nach der Leistungsfähigkeit des Benutzers entspricht, d. h. daß — der Wahrscheinlichkeit nach — auf eine dem Umfange der Benutzung nach gleiche Leistung der Gemeinde auch eine gleich hohe Gebühr entfällt. Der Maßstab des Mietwertes trägt diesem Grundsatze Rechnung, wenn der Umfang der Benutzung der Gemeindeveranstaltung mit der Höhe des Mietwertes im Zusammenhange steht, wenn wenigstens grundsätzlich die Höhe des Mietwertes auf den Umfang der Benutzung von Einfluß ist, der Umfang der Benutzung mit der Höhe des Mietwertes steigt. Das wird der Fall sein, sofern, wie es bei Wohnungen zutrifft, der Umfang der Benutzung

*) Wegen der Berichtigung einer Stelle der Entsch. v. 26. 11. 1907 (Entsch. 51 59) siehe Entsch. 52 494.

von der Größe, Zahl und Beschaffenheit der für die Leistung der Gemeinde in Betracht kommenden Räume abhängt, denn die Räume sind im allgemeinen für den Mietwert bestimmend und insoweit wird die Leistung der Gemeinde (entsprechend dem wahrscheinlichen Umfange der Benutzung) mit dem Mietwerte steigen und fallen.

### 4. Gebühren im allgemeinen. Zur Frage der Abstufung der Benutzungsgebühren.

Entscheidung des Oberverwaltungsgerichts vom 17. Dezember 1912 — II. C. 82/12 —.

Eine Abstufung der Benutzungsgebühren (§ 4 des Kommunalabgabengesetzes) muß im wesentlichen nach dem Umfange der Benutzung der Gemeindeanstalt erfolgen.

### 5. Gebühren im allgemeinen. Die Normen und Gebührensätze müssen in den Ordnungen fest bestimmt werden.

a) Entscheidung des Oberverwaltungsgerichts vom 31. März 1914 — II. C. 258/13 —.

(PrVerwBl. **36** 279.)

Nach § 7 des Kommunalabgabengesetzes soll die Höhe der Gebühr im voraus für jeden gleichliegenden Fall fest bestimmt sein, nicht aber darf es von dem Ermessen der Verwaltungsbehörde abhängen, die Gebühr auch in gleichliegenden Fällen verschieden hoch zu bemessen. Ist dies der Fall, so fehlt sowohl dem Pflichtigen, als auch dem Verwaltungsrichter die Möglichkeit der Nachprüfung, ob die im gleichen Umfange benutzenden Pflichtigen auch gleich hoch pflichtig gemacht werden. Das soll durch die Vorausbestimmung fester Normen und Sätze gewährleistet werden; es geschieht aber nicht, wenn nur Grenzen bestimmt sind, innerhalb deren die Höhe der Gebühr — wenn auch nach gewissen, aber nicht festen Normen — festzusetzen ist oder gar festgesetzt werden kann. Dadurch, daß die bezeichneten Bestimmungen gesetzwidrig sind, wird die ganze Ordnung rechtsungültig, weil die Unanwendbarkeit dieser Bestimmungen zur Freilassung gewisser Pflichtigen führt, was unzulässig ist.

b) Entscheidung des Oberverwaltungsgerichts vom 4. Juni 1915 — II. C. 287/14 —.

(PrVerwBl. **37** 182.)

Es ist zulässig, daß die Gebührenordnung einen festen Satz nur für die im ersten Jahre ihrer Geltung zu erhebende Gebühr vorsieht und bestimmt, daß für die späteren Jahre alljährlich durch Gemeindebeschluß die Höhe der Gebühr festzusetzen ist.

### 6. Gebühren im allgemeinen. Darf durch die Ordnungen die Festsetzung der Höhe der Gebühren dem Gemeindevorstande übertragen werden?

Entscheidung des Oberverwaltungsgerichts vom 19. November 1912 — II. C. 19/12 —.

(Entsch. **62** 160.)

Die Festsetzung der Höhe zu erhebender Gebühren kann nicht dem Gemeindevorstande allein übertragen werden; eine statutarische Bestimmung, die dies tut, verstößt gegen das Gesetz und ist sonach rechtsunwirksam.

### 7. Gebühren im allgemeinen. Zur Frage der Genehmigung der Höhe der Gebühren.

Entscheidung des Oberverwaltungsgerichts vom 28. Januar 1913 — II. C. 188/12 —.

(PrVerwBl. **34** 771.)

Die im § 8 des Kommunalabgabengesetzes für den Tatbestand des § 4, Abs. 3 a. a. O. vorgeschriebene Genehmigung muß in jedem Falle gefordert werden, wenn in der örtlichen Ordnung die Höhe der Gebühren nicht ein für allemal festgesetzt ist, sondern erst durch besonderen Beschluß der Gemeindebehörden bestimmt wird.

### 8. Gebühren im allgemeinen.
### Zur Frage der Nachforderung von Gebühren.

Entscheidung des Oberverwaltungsgerichts vom 1. Oktober 1912 — II. C. 400/11 —.

In der Berechtigung zur Nachforderung von Gebühren sind die Gemeinden lediglich durch den § 87 des Kommunalabgabengesetzes beschränkt, nämlich dahin, daß sie ohne Unterscheidung, ob die Gebühr gar nicht oder mit einem zu geringen Betrage erhoben worden ist, nur für drei Jahre seit Ablauf desjenigen Jahres, in dem die Forderung entstanden ist, nachgefordert werden dürfen.

### 9. Gebühren im allgemeinen.
### Zur Frage, welcher Zeitraum der Berechnung der öffentlichen Jahresabgaben der Gemeinden zugrunde zu legen ist.

Entscheidung des Oberverwaltungsgerichts vom 25. April 1902 — II. 680 —.

(PrVerwBl. **24** 520.)

Die Gemeinde darf nach § 95 des Kommunalabgabengesetzes für ihre öffentlichen Jahresabgaben keine andere Rechnung wählen als die vom 1. April bis zum 31. März, da dort auch den Landgemeinden nichts mehr als eine Periode von mehreren Rechnungsjahren freigegeben ist. Dem Kläger durfte daher nicht angesonnen werden, das Jahrpauschquantum auf Grund einer Ordnung zu entrichten, welche ihm infolge ihrer Beschränkung auf das Kalenderjahr nicht auch die Benutzung für das gesetzmäßige Rechnungsjahr bis zum 1. April 1901 gewähren konnte, noch gewährte. Da das Pauschquantum für eine andere als die gesetzmäßige Zeit gefordert ist, ist es nicht nur für das außerhalb des Etatsjahres liegende Vierteljahr, sondern überhaupt in allen seinen Teilen zu Unrecht gefordert.

### 10. Gebühren im allgemeinen.
### Ist die Erstattung von Gebühren aus Billigkeitsgründen zulässig?

Entscheidung des Oberverwaltungsgerichts vom 28. Januar 1913 — II. C. 188/12 —.

(PrVerwBl. **34** 771.)

Einer Rückgewähr einzelner Gebührenbeträge an bestimmte Gebührenpflichtige aus Billigkeitsrücksichten steht das Kommunalabgabengesetz nicht entgegen.

### 11. Gebühren im allgemeinen.
### Zur Frage, wann eine kommunale Gebührenordnung in ortsüblicher Weise bekanntzumachen ist.

Entscheidung des Oberverwaltungsgerichts vom 4. Oktober 1921 — VIII. C. 75/21 —.

(Entsch. **77** 281.)

Das Kommunalabgabengesetz ordnet eine öffentliche Bekanntmachung von Gebührenordnungen nicht an. Die Bestimmung im Art. 4, Ziff. 3, Abs. 2 der Ausführungsanweisung zum Kommunalabgabengesetze, nach welcher die Gebührenordnungen in ortsüblicher Weise bekannt zu machen sind, hat nur die Bedeutung einer aus Zweckmäßigkeitsgründen erlassenen Dienstanweisung, durch deren Beobachtung die Verbindlichkeit der Gebührenordnung für die Pflichtigen nicht bedingt ist. Nur in dem Falle, daß die Gebührenordnung selbst ihre Geltung von einer Veröffentlichung abhängig macht, würde sie Rechtswirksamkeit erst mit dieser Veröffentlichung erlangen (vgl. Urt. des OVG. v. 22. 2. 1913 — Entsch. **64** 380 — und die dort angezogene frühere Rechtsprechung).

## 12. Kanalgebühren.
## Zur Frage des Maßstabs für die Gebührenbemessung.

a) Entscheidung des Oberverwaltungsgerichts vom 30. Oktober 1908 — II. C. 24/08 —. (Entsch. **53** 96.)

Bei Kanalgebühren ist die Bemessung nach dem Nutzungswerte der angeschlossenen Wohnungen oder Gebäude zugelassen worden, da in ihm noch die Rücksichtnahme auf ein gewisses Gleichgewicht von Leistung und Gegenleistung erkannt werden konnte. Das ist bei der Wahl des gemeinen Wertes unmöglich, mag die Benutzung des Kanals in der wirklichen Zuführung von Abwässern oder in dem Haben des Anschlusses gesehen werden. Daß die Menge der Abwässer eines Grundstücks unabhängig ist von dessen gemeinem Werte, liegt auf der Hand; wenn sie hier und da gleich jenem Werte steigen oder fallen sollte, so ist das eine Zufälligkeit, aber nicht die regelmäßige Folge eines natürlichen Zusammenhanges. Darum erscheint der gemeine Wert ohne weiteres als einflußlos für diejenige Kanalbenutzung, die durch wirkliche Entwässerung erfolgt, folglich als völlig ungeeigneter Maßstab für eine Gebühr, die dieser Art der Benutzung gegenübersteht. Sofern aber die Kanalbenutzung in dem Bestehen des Anschlusses liegt, hängt allerdings der Umfang der Gebührenpflicht unmittelbar nicht von der Menge der tatsächlich zugeführten Abwässer, sondern von der Art und Beschaffenheit des Anschlusses ab. Allein die Menge der auf einem Grundstücke entstehenden Abwässer ist bestimmend für dessen Anschlußbedürfnis, und wenn die Entscheidungen vom 13. Februar 1906 und vom 26. November 1907 (Entsch. **49** 85, **51** 59*) darauf hinweisen, daß die Art und Beschaffenheit des Anschlusses je nach der Art und Beschaffenheit (Umfang, Nutzungswert usw.) der angeschlossenen Wohnungen usw. verschieden sei, so ist dabei nicht in erster Reihe an die äußere Verschiedenheit der technischen Anlagen, sondern vor allem an die Verschiedenheit jenes Bedürfnisses gedacht, zu dessen Befriedigung der Anschluß dient und dem die Gemeinde ihre Einrichtungen mit mehr oder weniger Kostenaufwand anpassen muß. Die Inanspruchnahme der Gemeindeanstalt durch das Bestehen eines Anschlusses erscheint stärker oder geringer je nach der Menge der Abwässer, die der Kanal von ihm aufnehmen soll und zu deren Bewältigung der Kanal eingerichtet sein muß. Deshalb muß auch diejenige Benutzungsgebühr, die ein Entgelt für das Bestehen des Anschlusses darstellt, unter Berücksichtigung der Abwässermenge bemessen werden und ist auch für sie der Maßstab des gemeinen Wertes ungeeignet und willkürlich.

b) Entscheidung des Oberverwaltungsgerichts vom 10. Dezember 1912 — II. C. 53/12 —.

Der Maßstab der staatlich veranlagten Gebäudesteuer für die Bemessung der Kanalbenutzungsgebühren ist nicht unbedingt abzulehnen. Ob er im einzelnen Falle zweckmäßig angewendet worden ist, hat die Aufsichtsbehörde bei Genehmigung der Ortssatzung zu prüfen. Auch die Erhebung einer Zuschlagsgebühr für die Einleitung gewerblicher Abwässer in die Schmutzwasserkanäle entspricht durchaus den Grundsätzen des Kommunalabgabengesetzes, sofern solche Abwässer wegen ihrer Menge oder Beschaffenheit die Kanalisationsanlage regelmäßig in stärkerem Maße in Anspruch zu nehmen pflegen.

Vgl. auch die Entsch. des OVG. v. 5. 10. 1915 (Entsch. **70** 144).

c) Entscheidung des Oberverwaltungsgerichts vom 21. Januar 1913 — II. C. 13/12 —.

Der ortsübliche Mietwert eines Gebäudes ist ein genügend bestimmter Maßstab für die Bemessung der Kanalgebühren, auch wenn über die Ermittlung der ortsüblichen Mietwertes in der Gebührenordnung weitere Regeln nicht aufgestellt

*) Siehe die Berichtigung des Abdrucks einer Stelle des Urt. v. 26. 11. 1907 im Bd. 52, S. 494 der Entsch. des OVG.

sind. Die Forderung einer weiteren besonderen Kanalgebühr nur von den Eigentümern solcher Grundstücke mit gewerblichen Betrieben, auf denen sich eine Anlage zur Entnahme eigenen Wassers befindet, ist unzulässig. Dasselbe gilt von der Gebühr, die den Inhabern gewerblicher Betriebe mit eigener Wasserversorgung auf fremden Grundstücken auferlegt wird.

d) Entscheidung des Oberverwaltungsgerichts vom 21. Januar 1913 — II. C. 23/12 —.

Der Ertrag eines Gewerbebetriebes kann nicht als geeigneter Maßstab für die Bemessung der Kanalgebühren anerkannt werden, denn der Ertrag eines Gewerbes — auch einer Gastwirtschaft — gibt keineswegs einen Gradmesser ab für den hier maßgebenden Umfang der Inanspruchnahme des Kanals, d. h. für die Menge der ihm zugeführten Abwässer. Auch der Maßstab der Gewerbesteuer und der Betriebssteuer ist ungeeignet für die Gebührenerhebung.

e) Entscheidung des Oberverwaltungsgerichts vom 30. November 1915 — II. C. 143/15 —.
(Entsch. **70** 149.)

Unzulässig ist eine Verbindung des sogenannten Wahrscheinlichkeitsmaßstabes (des Gebäudesteuernutzungswertes) mit dem Umfange der wirklichen Benutzung (Menge der dem Kanale zugeführten Wässer) für die Berechnung der Kanalgebühr gewerblicher Anlagen, die die ganze Gebührenordnung rechtsunwirksam macht.

f) Entscheidung des Oberverwaltungsgerichts vom 12. November 1912 — II. C. 343/11 —.

Die Kanalisationsgebührenordnung verstieß insofern gegen gesetzliche Bestimmungen, als in gewissen Fällen der 25. Teil des gemeinen Wertes als Mietwert gelten sollte.

g) Entscheidung des Oberverwaltungsgerichts vom 1. Oktober 1912 — II. C. 463/11 —.

Die Maßstäbe der Gebäudesteuer und des Nutzungswertes und die Berechnung des letzteren nach dem Ertrage (Miete oder Pacht) und, wenn ein Miet- oder Pachtverhältnis nicht vorhanden, nach dem ortsüblichen Miet- oder Pachtwerte, sind zulässig.

h) Entscheidung des Oberverwaltungsgerichts vom 17. März 1914 — II. C. 233/13 —.
(PrVerwBl. **36** 281.)

Rechtsungültig ist eine Gebührenordnung, deren Vorschriften gegen den Grundsatz des richtigen Verhältnisses zwischen Leistung und Gegenleistung sowie gegen die Forderung verstoßen, daß bei Anwendung eines Wahrscheinlichkeitsmaßstabes die Gleichmäßigkeit auch wirklich wahrscheinlich sein muß.

## 13. Kanalgebühren.
## Wann kann neben dem Grundeigentümer auch der Inhaber (Mieter usw.) von Wohnungen zu den Kanalgebühren herangezogen werden?

a) Entscheidung des Oberverwaltungsgerichts vom 1. Oktober 1912 — II. C. 463/11 —.

Es ist zulässig, daß zu den Kanalbenutzungsgebühren neben den Grundeigentümern auch die Inhaber (Mieter usw.) von Wohnungen herangezogen werden. Voraussetzung dafür ist nur, daß nicht allein das Haus überhaupt, sondern gerade die einzelne Mietwohnung an die Kanalisation angeschlossen ist.

b) Entscheidung des Oberverwaltungsgerichts vom 6. Dezember 1912 — II. C. 384/11 —.

Eine Gebührenordnung ist ungültig, wenn der Wohnungsinhaber auch dann Gebühren entrichten soll, wenn nicht seine Wohnung, sondern nur das Grundstück an den Kanal angeschlossen ist.

## 14. Kanalgebühren.
### Zur Frage der Bildung fester Gebührensätze, wenn polizeilicher Zwang zur Kanalbenutzung besteht.

Entscheidung des Oberverwaltungsgerichts vom 12. November 1912 — II. C. 343/11 —.

Wo ein Prozentsatz des Nutzungswertes der an die Kanalisation angeschlossenen Grundstücke als Gebühr erhoben wird, und die Höhe des Prozentsatzes alljährlich durch Gemeindebeschluß festgesetzt wird, werden erst durch die Jahresbeschlüsse die festen Sätze gebildet, die der § 7 des Kommunalabgabengesetzes fordert; deshalb bedürfen derartige Beschlüsse der Genehmigung, wenn polizeilicher Zwang zur Benutzung des Kanals besteht.

## 15. Kanalgebühren.
### Können öffentlich-rechtliche Gebühren für eine unerlaubte (vorschriftswidrige) Benutzung einer Gemeindeveranstaltung erhoben werden? Die unerlaubte Benutzung einer Gemeindeveranstaltung ist keine Benutzung kraft öffentlichen Rechtes.

Entscheidung des Oberverwaltungsgerichts vom 18. November 1919 — II. C. 65/19 —.

(Entsch. **75** 98.)

Eine Gemeinde die ihre Veranstaltung der öffentlich-rechtlichen Benutzung zur Verfügung stellt, kann öffentlich-rechtliche Gebühren nur für eine solche Benutzung erheben, die den von ihr für die Benutzung aufgestellten Bedingungen entspricht; eine unerlaubte Benutzung ist keine Benutzung kraft öffentlichen Rechtes und berechtigt deshalb auch nicht zur Erhebung öffentlich-rechtlicher Gebühren. Dieser Grundsatz ist in der Rechtsprechung des Oberverwaltungsgerichts anerkannt.

## 16. Müllabfuhrgebühren.
### Die Anwendung des Gebäudesteuernutzungswertes oder des Mietwertes als Bemessungsmaßstab.

Entscheidung des Oberverwaltungsgerichts vom 25. November 1924 — II. C. 69/24 —.

(PrVerwBl. **46** 520.)

Es gibt in jeder Großstadt zahlreiche Häuser, die außer Wohnungen auch gewerblich benutzte Räume enthalten wie Läden, Ausstellungsräume, Büros usw. Solche Häuser haben in der Regel einen sehr viel höheren Nutzungswert als Häuser, die nur zum Wohnen dienen. Der Umfang der Benutzung der Abfuhranstalt ist bei diesen auch gewerblich benutzten Grundstücken aber oft geringer als bei reinen Wohnhäusern oder entspricht wenigstens nicht ihrem erheblich höheren Nutzungswerte. Auf diese Verhältnisse hat der Gerichtshof bereits früher in mehrfachen Entscheidungen hingewiesen und dabei betont, daß, wenn ein Maßstab wie der des Gebäudesteuernutzungswertes oder des Mietwertes als Wahrscheinlichkeitsmaßstab auch nicht völlig ungeeignet sei, doch im einzelnen Falle immer geprüft werden müsse, ob er nach der Ausgestaltung des jeweiligen Ortsrechts auch für die betreffende Gemeinde sich noch als geeignet erweise. Leitender Gedanke war hierbei, daß Ungleichmäßigkeiten in der Bemessung der Gebühren wenigstens grundsätzlich vermieden werden müssen, wenn sie nicht die Ungültigkeit des Ortsrechts nach sich ziehen sollen. Dieser Gesichtspunkt ist in der hier in Betracht kommenden Ordnung vom 13. Februar 1923 nicht genügend gewahrt. Es bedarf keiner besonderen Darlegung, daß bei Anwendung ihrer Vorschriften in dem Gemeindebezirke G.-B. zahlreiche Fälle gegeben sind, in denen eine Ungleichmäßigkeit der Gebühren eintreten muß; in denen die Gebühren infolge des Bemessungsmaßstabes in einem ungerechtfertigten Mißverhältnisse zu dem Umfange der Benutzung stehen, welche durch sie abgegolten werden soll. Damit wird die grundsätzliche Wahrung der vom

Gesetze gewollten Gleichmäßigkeit verlassen (s. u. a. Entscheidungen im Preuß. Verwaltungs-Blatt Jahrg. 35, S. 57 und 305, Jahrg. 36, S. 168 und 248; Entsch. des OVG. Bd. 66, S. 159). Die Einwendungen des Klägers gegen die Bestimmungen des erwähnten Ortsgesetzes sind danach in der oben gekennzeichneten Richtung wesentlich und zutreffend und haben allein schon die Ungültigkeit der ganzen Ordnung zur Folge.

## 17. Müllabfuhrgebühren.

### Die Bemessung der Gebühr nach dem Mietwerte der Wohnungen und der gewerblichen Räume.

Entscheidung des Oberverwaltungsgerichts vom 27. März 1914 — II. C. 278/13 —.

(PrVerwBl. **36** 248.)

Soweit es sich um Abfuhr des Hauskehrichts aus Wohnungen handelt, kann die Höhe ihres Mietwertes einen geeigneten Maßstab für die Bemessung der Gebühr bilden.

Die Wahrscheinlichkeit einer dem Mietwerte in gleichmäßiger Weise entsprechenden Benutzung fehlt aber dann, wenn es sich um Räume handelt, die verschiedenartigen Zwecken dienen, während doch der Umfang der Erzeugung von Kehricht in ihnen durch die Art ihrer Benutzung (für die verschiedenen Zwecke) bedingt ist. Deshalb erscheint es ohne weiteres bedenklich, Läden und andere gewerbliche Räume bei Veranlagung einer Abfuhrgebühr nach dem Mietwerte ebenso zu behandeln wie Wohnräume, und dieses Bedenken besteht selbst dann, wenn auch die in jenen Räumen entstehenden gewerblichen Abfälle von der Abfuhranstalt entfernt werden sollen. Vollends willkürlich wird das aber dann, wenn die Anstalt gewerbliche Abfälle überhaupt nicht abführt, während der Mietwert der gewerblichen Räume, namentlich der Läden, vielfach bedeutend höher ist als der von Wohnräumen.

## 18. Müllabfuhrgebühren.

### Zur Frage der objektiven Merkmale des Mietwertes.

Entscheidung des Oberverwaltungsgerichts vom 12. Dezember 1913 — II. C. 163/13 —.

(PrVerwBl. **35** 746.)

Der Nutzungswert eines Hauses, das nur Mietwohnungen und Läden enthält, deckt sich mit dem Mietwerte der Wohnungen und Läden. Dieser Mietwert ist aber nicht allein von der Größe und Beschaffenheit der Wohnungen und Läden, sondern auch davon abhängig, inwieweit und zu welchen Preisen unter den bestehenden Verhältnissen eine Vermietung möglich und wahrscheinlich ist. Dabei s nd insbesondere solche Umstände, wie Rauchbelästigung durch benachbarte Grundstücke, geschäftlich ungünstige Lage der Läden, Überproduktion von Wohnungen derselben Art und in derselben Ortslage zu berücksichtigen. Solche Umstände sind ebenfalls objektive Merkmale des Mietwertes.

## 19. Müllabfuhrgebühren.

### Der gemeine Wert der Grundstücke ist kein geeigneter Maßstab für die Gebührenbemessung.

Entscheidung des Oberverwaltungsgerichts vom 2. Mai 1916 — II. C. 14/16 —.

(PrVerwBl. **38** 116.)

Die Grundsteuer wird in der hier in Betracht kommenden Stadtgemeinde nach dem gemeinen Werte der steuerpflichtigen Grundstücke erhoben. Da die Müllabfuhrgebühr in der Form eines Zuschlags zur Grundsteuer erhoben wird, bildet also auch für die Müllabfuhrgebühr der gemeine Wert der Grundstücke den Maßstab. Dieser Maßstab ist bereits in mehreren Fällen für die Erhebung von Kanalgebühren als unzulässig erklärt worden (vgl. Urt. v. 30. 10. 1908 — Entsch. **53** 96), weil der gemeine Wert ohne entscheidenden Einfluß auf den Umfang der Kanalbenutzung ist. Von denselben Gesichtspunkten aus erscheint der gemeine Wert als durchaus ungeeigneter Maßstab auch für eine Müllabfuhrgebühr, die wie andere Benutzungsgebühren sich nach dem Umfange der Benutzung zu richten hat (Urt. v. 27. 3. 1914 — PrVerwBl. **36** 248). Wegen der Bestimmung dieses unzulässigen Maßstabes entbehrt der Gemeindebeschluß (die Gebührenordnung) der Rechtswirksamkeit.

## 20. Straßenreinigungsgebühren.
## Zur Frage der Voraussetzungen für die Erhebung von Straßenreinigungsgebühren und der Bestimmung der Gebührensätze.

Entscheidung des Oberverwaltungsgerichts vom 4. Juni 1915 — II. C. 287/14 —.

(PrVerwBl. **37** 182.)

Voraussetzung für die Erhebung von Gebühren ist, daß die Gemeinde eine von ihr im öffentlichen Interesse unterhaltene Veranstaltung zur Benutzung kraft öffentlichen Rechtes zur Verfügung stellt und daß für eine Benutzung kraft dieses Rechtes Gebühren auferlegt werden. Diese Voraussetzungen liegen hier vor; d nn die Gemeinde hat nicht die Pflicht zur Straßenreinigung an Stelle der hierzu observanzmäßig verpflichteten Grundeigentümer der Polizei gegenüber als eigene dergestalt übernommen, daß die observanzmäßig Verpflichteten ihrer Verpflichtung ledig werden, sondern sie besorgt nur die Ausführung der Reinigung für die Verpflichteten auf deren Antrag durch die von ihr errichtete und unterhaltene Reinigungsanstalt, stellt also diese im öffentlichen Interesse unterhaltene Anstalt denen, die sich ihrer bedienen wollen, zur Benutzung kraft öffentlichen Rechtes zur Verfügung und erhebt für die nach Stellung des Antrages durch die Gemeindeanstalt erfolgende Reinigung Gebühren. Ob die Polizeiverordnung, insbesondere die in ihr angeordnete Verpflichtung zur Stellung des Antrages, die Straßenreinigung durch die Gemeindeanstalt auszuführen, rechtsgültig ist, ist dabei ohne Belang; denn das Recht zur Erhebung von Gebühren ist unabhängig von dem Bestehen einer derartigen Polizeiverordnung und der Rechtswirksamkeit eines polizeilich vorgeschriebenen Zwanges zur Benutzung der Gemeindeveranstaltung.

Es ist zulässig, daß die Gebührenordnung einen festen Satz nur für die im ersten Jahre ihrer Geltung zu erhebende Gebühr vorsieht und bestimmt, daß für die späteren Jahre alljährlich durch Gemeindebeschluß die Höhe der Gebühr festzusetzen ist.

## 21. Wasserleitungsgebühren.
## Zur Frage der Begründung des Zwanges zum Anschlusse an eine Gemeindewasserleitung.
## Zum begrifflichen Wesen der Öffentlichkeit einer Kreiswasserleitung.

a) Entscheidung des Oberverwaltungsgerichts vom 21. April 1914 — II. C. 306/13 —.

(PrVerwBl. **36** 507.)

Ein Anschlußzwang kann nur durch Polizeiverordnung, nicht durch eine Ortssatzung begründet werden.

b) Entscheidung des Oberverwaltungsgerichts vom 1. Mai 1914 — IX. A. 149/13 —.

Die Rechtsbeständigkeit der Polizeiverordnung ist nicht davon abhängig, daß ein Ortsstatut vorhanden ist, oder daß es sich um eine Gemeindewasserleitung handelt. Wesentlich ist, daß dem Zwange zum Anschlusse ein Recht, d. h. ein öffentlich-rechtlicher Anspruch auf Anschluß gegenübersteht. Ein solches Recht besteht ohne weiteres dann, wenn die Kreiswasserleitung zu den öffentlichen Einrichtungen und Anstalten des Kreises gehört, zu deren Mitbenutzung die Kreisangehörigen berechtigt sind.

Zum begrifflichen Wesen der Öffentlichkeit einer Kreisanstalt gehört nicht, daß alle Angehörigen des Kreises oder der Gemeinden, für die sie bestimmt ist, durch Erweiterung und Ausgestaltung der Anstalt tatsächlich in den Stand gesetzt werden, ihr Recht auf Mitbenutzung auszuüben. Es ist daher insoweit ohne rechtliche Bedeutung, wenn die Wasserwerksverwaltung es ablehnt, die Hauptleitungen (Straßenrohre) nach jedem mit Wohngebäuden usw. besetzten Grundstücke innerhalb der beteiligten Gemeinden zu verlängern. Es genügt, daß ein Recht auf Benutzung der Anstalt in deren jeweiligem Bestande nicht fehlt.

## 22. Wasserleitungsgebühren.

**Kann durch ein Ortsstatut bestimmt werden, daß auch die nicht an das Wasserwerk angeschlossenen Grundstücke gebührenpflichtig sein sollen? Zur Frage, ob der Besitznachfolger für die Wasserleitungsgebühr des Vorbesitzers des Grundstücks pflichtig gemacht werden kann. Grundsatz bei der Zulassung des Wahrscheinlichkeitsmaßstabs für die Bemessung der Gebühren.**

a) Entscheidung des Oberverwaltungsgerichts vom 13. Februar 1914 — II. C. 289/13 —.

(Entsch. **66** 159 u. PrVerwBl. **36** 168.)

Wenn ein Ortsstatut bestimmt, daß jedes anschlußpflichtige Grundstück gebührenpflichtig sein soll, gleichgültig, ob es an das Wasserwerk angeschlossen ist oder nicht, so führt diese unzulässige Vorschrift zur Ungültigkeit des ganzen Statuts.

Rechtsungültig ist die Bestimmung eines Ortsstatuts, die den Besitznachfolger öffentlich-rechtlich für die von seinem Vorbesitzer erfolgte Benutzung des Wasserwerks pflichtig macht und für den Fall der Nichtzahlung der Gebühr die Sperrung der Leitung vorsieht, auch soweit diese zur Benutzung kraft öffentlichen Rechts freigegeben ist.

Auch bei der Zulassung des Wahrscheinlichkeitsmaßstabes gilt der Grundsatz, daß für jede Leistungseinheit (an Wasser) eine Gebühreneinheit zu gewähren ist und daß nur durch die Leistung (der Einheit) der Anspruch auf die entsprechende Gebühreneinheit entsteht, und zwar sowohl für die Gebrauchs-, wie für die Anschlußgebühren. Für einen Wahrscheinlichkeitsmaßstab muß verlangt werden, daß bei seiner Anwendung die Gleichmäßigkeit auch wirklich wahrscheinlich ist.

b) Entscheidung des Oberverwaltungsgerichts vom 8. Dezember 1914 — II. C. 76/14 —.

(Entsch. **68** 161.)

Wenn von der Gemeinde kein die Entnahme von Wasser ermöglichender Anschluß an die Wasserleitung gewährt wird, besteht auch keine Verpflichtung zur Entrichtung einer Gebühr für die Benutzung der Wasserleitung.

## 23. Schulgeld.

**Das Schulgeld, welches für den Besuch der von den Gemeinden unterhaltenen höheren Unterrichtsanstalten erhoben wird, ist eine kommunale Gebühr (§ 4 des Kommunalabgabengesetzes). Zur Frage der Festsetzung des Schulgeldes im voraus und der Pflicht zur Zahlung für einen größeren Zeitabschnitt (Kalendervierteljahr).**

Entscheidung des Oberverwaltungsgerichts vom 4. Oktober 1921 — VIII. C. 75/21 —.

(Entsch. **77** 281.)

Der Vorderrichter geht im Einklange mit der Rechtsprechung des Oberverwaltungsgerichts (vgl. Entsch. **42** 150, **49** 201, **64** 371) davon aus, daß das Schulgeld, welches für den Besuch der von den Gemeinden unterhaltenen höheren Unterrichtsanstalten erhoben wird, eine Gebühr im Sinne des § 4 des Kommunalabgabengesetzes sei, und folgert daraus, daß seine Erhöhung gemäß § 7 a. a. O. nur „im voraus", d. h. nicht mit rückwirkender Kraft habe festgesetzt werden dürfen. Diese Rechtsauffassung trifft zu.

Es ist zulässig, einen größeren Zeitabschnitt als Benutzungseinheit hinzustellen und dadurch die Pflicht zur Zahlung der ihm entsprechenden Gebühr auch für den Fall zu begründen, daß die Benutzung nur während eines Teiles jenes Zeitabschnitts stattgefunden hat (vgl. Entsch. des OVG. **51** 63). Grundsätzlich ergibt sich aus dem Wesen des Schulbetriebes auch ohne ausdrückliche Bestimmung in der Schulordnung, daß für den Schulbesuch als Benutzungseinheit das Kalendervierteljahr in Betracht kommt. Mit dem Interesse eines geordneten Unterrichts ist ein Wechsel der Schule innerhalb eines Vierteljahres nicht vereinbar, da er der planmäßigen Gestaltung eines geregelten Lehrganges widersprechen würde. Demgemäß wird auch allgemein das Schulgeld für den einheitlichen Zeitraum eines Vierteljahres berechnet und erhoben.

## 24. Beiträge im allgemeinen. Worin besteht der Unterschied zwischen Beiträgen und Gebühren? Dürfen die Gemeinden Beiträge über den Bedarf hinaus erheben?

Entscheidung des Oberverwaltungsgerichts vom 3. Dezember 1912 — II. C. 48/12 —.

Vgl. Nr. 1 der Entscheidungen.

## 25. Beiträge im allgemeinen. Zur Frage der Voraussetzung für die Erhebung von Beiträgen (§ 9 des Kommunalabgabengesetzes).

Entscheidung des Oberverwaltungsgerichts vom 4. Juni 1915 — II. C. 263/14 —.

(Entsch. **69** 181.)

Voraussetzung für die Erhebung von Beiträgen ist, daß den Grundbesitzern oder Gewerbetreibenden Vorteile aus der Veranstaltung entstehen. Die Höhe der Beiträge hat sich nach dem Umfange der Vorteile zu richten.

## 26. Welche Straßen fallen unter die §§ 12 und 15 des Fluchtliniengesetzes vom 2. Juli 1875? Zum Begriff der historischen Straße.

a) Entscheidung des Oberverwaltungsgerichts vom 25. April 1878.

(Entsch. **3** 304.)

...Ergibt sich hieraus, daß in den §§ 12 und 15 des Fluchtliniengesetzes vom 2. Juli 1875 nicht die *bestehenden* Straßen gemeint sind, welche von den Kommunen längst ohne Widerspruch zur Pflasterung, Beleuchtung und zu den sonstigen kommunalen Verpflichtungen für öffentliche Straßen übernommen worden sind, sondern nur die *neuen*, noch nicht fertiggestellten oder polizeiwidrig angelegten Straßen oder Straßenteile, so wird man in dieser Auffassung noch bestärkt durch eine Vergleichung mit anderen neuen Straßenbaupolizeigesetzen, welche die in den §§ 12 und 15 eingeführten Beschränkungen und Belastungen in gleicher Weise auf „neu anzulegende Straßen" beschränken.

b) Entscheidung des Oberverwaltungsgerichts vom 15. April 1913 — **IX. A. 113/11** —.

(Entsch. **65** 399.)

Nach § 1 des auf Grund der §§ 12 und 15 des Fluchtliniengesetzes für B. erlassenen Ortsstatuts vom 3. Juli 1899 dürfen an Straßen und Straßenteilen, welche noch nicht gemäß den baupolizeilichen Bestimmungen für den öffentlichen Verkehr und den Anbau fertig hergestellt sind, Wohngebäude, die nach diesen Straßen einen Ausgang haben, nicht errichtet werden. Die S.straße ist, da ausweislich des vorgelegten Fluchtlinienplanes am 25. März 1892 Fluchtlinien für sie förmlich festgesetzt worden sind, jedenfalls eine projektierte Straße. Sie genügt den Anforderungen der jetzt geltenden, in der Polizeiverordnung vom 17. August 1899 enthaltenen baupolizeilichen Bestimmungen deshalb nicht, weil das vor dem Hause des Klägers belegene Gelände, dessen Einfriedigung geplant ist, ausweislich des Fluchtlinienplanes zur Straße bestimmt, aber unstreitig noch nicht an die Stadtgemeinde übereignet ist. Die Unfertigkeit der Straße nach den gegenwärtig geltenden baupolizeilichen Bestimmungen ist vom Kläger auch nicht bestritten worden. Seine Behauptung geht vielmehr nur dahin, daß die S.straße auf der Strecke von der H.straße bis zur Unterführung an der Eisenbahn von C. nach M. eine historische Straße sei. Diese Behauptung wird jedoch durch die Anführungen des Klägers nicht erwiesen und ist auf Grund der eingeforderten Akten des Magistrats der Stadt B., betreffend die S.straße, in Verbindung mit dem vorgelegten Stadtplane für unzutreffend zu erachten. Die S.straße war, wie der Stadtplan ersehen läßt, ihrer Entstehung nach ursprünglich eine Verbindungsstraße nach dem Orte S. Um die Eigenschaft einer historischen Straße zu erlangen, d. h. einer bei dem Inkrafttreten des ortsstatutarischen Bauverbots mit dem Willen der Stadtgemeinde für den Anbau und den inneren örtlichen Verkehr bestimmten und in ihrer Entwicklung als solche nach den damaligen Verhältnissen zum Abschlusse gelangten, fertigen Ortsstraße, bedurfte es deshalb zunächst ihrer Umwandlung in eine Ortsstraße.

## 27. Ortsstraßen.

### Wofür sind die Ortsstraßen bestimmt?

Entscheidung des Oberverwaltungsgerichts vom 13. April 1916 — I. C. 1/15 —.

(Entsch. **71** 109.)

Die Ortsstraßen sind für den Anbau und den dadurch bedingten Verkehr sowie für den sonstigen Ortsverkehr, daneben auch vielleicht für einen gewissen Durchgangsverkehr von Ort zu Ort bestimmt.

## 28. Straßenherstellungskosten.

### Müssen die Anlieger vor dem Ausbau einer unter den § 15 des Gesetzes vom 2. Juli 1875 fallenden Straße gehört werden? Haben die Anlieger gegenüber dem Gemeindebeschlusse über die Art und Weise der Straßenanlegung ein Widerspruchsrecht?

Entscheidung des Oberverwaltungsgerichts vom 20. April 1914 — IV. C. 188/13 —.

Die Gemeinde ist nicht gebunden, die Anlieger vor dem Ausbau einer unter den § 15 des Gesetzes vom 2. Juli 1875 fallenden Straße zu hören oder um ihre Meinung zu befragen. Ebensowenig ist die Gemeindebehörde, wenn sie eine Straße ausbaut, Geschäftsführerin der Anlieger; sie handelt lediglich als Verwalter einer Gemeindeangelegenheit. Desgleichen steht gegenüber der Art und Weise, wie die Straßenanlegung auszuführen sei, den Anliegern ein Widerspruchsrecht gegen die Beschlüsse der Gemeindebehörden nicht zu.

## 29. Straßenherstellungskosten.

### Der Straßenausbau hängt von dem Willen der Gemeinde ab.

Entscheidung des Oberverwaltungsgerichts vom 14. Januar 1915 — IV. C. 63/14 —.

(Entsch. **69** 172.)

Es hängt von dem Willen der Gemeinde ab, ob und wie sie eine Straße ausbauen will, in letzterer Beziehung insbesondere auch, ob die Straße gleich in ihrer ganzen Ausdehnung oder in einzelnen örtlichen Teilen (Strecken) ausgebaut werden soll. Auch für das sogenannte Bauprogramm der Gemeinde in seiner weiteren Bedeutung, das nicht bloß die technische Art des Ausbaues (Pflasterung, Bürgersteigherstellung, Entwässerung, Beleuchtung u. dgl.) betrifft, sondern das auch die Entschließung über die alsbaldige Ausdehnung des Ausbaues auf die ganze Straße oder seine Ausführung nur in Teilen (Strecken) der Straße mitumfaßt, gilt der Grundsatz, daß die Gemeinde den ursprünglichen Willen, solange er noch nicht vollständig durchgeführt ist, ändern darf, namentlich also an die Stelle des Willens, die Straße als Einheit auszubauen, den Willen, sie in Teilen auszubauen, setzen kann.

## 30. Straßenherstellungskosten.

## Zur Frage, wann mit der Anlegung einer Straße begonnen wird.

a) Entscheidung des Oberverwaltungsgerichts vom 5. Januar 1914 — IV. C. 126/13 —.

Es muß die Gemeinde, d. h. es müssen die sie vertretenden Körperschaften die Fluchtlinien beschlossen haben und der Plan muß offengelegt worden sein, damit die Anlieger erkennen können, daß, wenn sie an der Straße bauen, sie an einer zukünftigen Straße bauen. Daraus ergibt sich, daß, da es nur auf den in zuverlässiger Weise zur Kenntnis der Anlieger gebrachten Willen der Gemeinde ankommt, es einerseits einer förmlichen Festsetzung der Fluchtlinien nicht mehr bedarf, anderseits aber auch bloße vorbereitende Handlungen, wie die Vornahme von Vermessungen, die Beauftragung eines Sachverständigen mit der Aufstellung eines Fluchtlinienplanes, nicht ausreichen, um daraus schon auf den Willen der Gemeinde zur Anlegung einer Straße zu schließen.

b) Entscheidung des Oberverwaltungsgerichts vom 25. April 1913 — IV. C. 16/13 —.

Die Festsetzung der Fluchtlinien bildet in der Regel den Beginn der Straßenanlegung, wenn keine anderen Umstände vorliegen.

## 31. Straßenherstellungskosten.

## Wann ist der Begriff der vorhandenen Straße erfüllt?

a) Entscheidung des Oberverwaltungsgerichts vom 22. Januar 1914 — IV. C. 210/12 —.

Zur Erfüllung des Begriffs der vorhandenen Straße ist nicht unbedingt notwendig, daß sie bereits in allen ihren Einzelheiten den für Ortsstraßen von der in Frage stehenden Art geltenden Anforderungen entspricht. Es muß jedoch erkennbar sein, daß sie bereits in der vorläufigen Art ihres Ausbaues dem inneren Verkehre und dem Anbaue dienen soll. Maßgebend hierfür bleibt der Wille der Gemeinde. Die tatsächliche Beschaffenheit der Straße bildet für den Verwaltungsrichter die Unterlage für den Schluß darauf, ob die Gemeinde diesen Willen gehabt hat oder nicht.

b) Entscheidung des Oberverwaltungsgerichts vom 4. Dezember 1913 — IV. C. 147/13 —.

Für die Feststellung, ob die Straße fertiggestellt sei, kommt es nicht allein darauf an, daß der Grund und Boden innerhalb des Fluchtlinienplanes der Straße freigelegt und dem öffentlichen Verkehre gewidmet worden ist. Es muß, wenn das Ortsstatut keine zwingende Vorschrift nach dieser Richtung hin enthält, in jedem Einzelfalle geprüft werden, was das Bauprogramm hinsichtlich der Erwerbung des für die Freilegung und den Ausbau benötigten Landes vorsieht und ob seine Erwerbung und grundbuchmäßige Überschreibung für die Gemeinde nach deren Willen zu der Fertigstellung der Straße oder des Straßenteils gehörten.

c) Entscheidung des Oberverwaltungsgerichts vom 26. März 1914 — IV. C. 190/13 —.

Für eine vorhandene Straße, um als solche zu gelten, ist unerläßliche Voraussetzung, daß sie von der Gemeinde zum inneren Verkehr und Anbau bestimmt ist. Sie muß bereits mit dem Willen der Gemeinde eine vorhandene Straße geworden sein, d. h. wenn sie auch noch Mängel aufweisen mochte, es muß erkennbar sein, daß die Gemeinde sie als eine im wesentlichen in ihrer Entwicklung abgeschlossene Straße ansah. Eine unregulierte oder eine noch in der Anlegung begriffene Straße ist keine vorhandene Straße. Anderseits braucht sie aber auch noch keine in allen Beziehungen fertige Straße zu sein.

d) Entscheidung des Oberverwaltungsgerichts vom 18. Mai 1914 — IV. C. 127/13 —.

Ob eine Straße eine vorhandene ist, bestimmt sich nicht danach, ob sie den polizeilichen Anforderungen an eine fertig hergestellte Straße entspricht. Ein Weg erlangt vielmehr die rechtliche Eigenschaft einer vorhandenen Straße nur durch den hierauf gerichteten Willen der Gemeinde, und es hängt nicht von seiner objektiven Beschaffenheit ab, ob er diese Eigenschaft hat oder nicht, wie auch eine vorhandene Straße ein von der Gemeinde vorher gewolltes bestimmtes Bauprogramm nicht voraussetzt. Die objektive Beschaffenheit kann lediglich als eine Unterlage für die Erforschung des Willens der Gemeinde in Betracht kommen; dieser Wille ist das allein Maßgebende.

e) Entscheidung des Oberverwaltungsgerichts vom 14. Mai 1914 — IV. C. 79/13 —.

Ein Weg erlangt die rechtliche Eigenschaft einer vorhandenen Straße nur durch den hierauf gerichteten Willen der Gemeinde, der ausdrücklich erklärt sein kann oder aus den Umständen zu folgern ist. Die objektive Beschaffenheit und die Tatsache der Benutzung der Straße zum inneren Ortsverkehr und zum Anbau kommen daher für sich nicht in Betracht, sondern nur als Erkenntnismittel für den Willen der Gemeinde.

f) Entscheidung des Oberverwaltungsgerichts vom 1. Dezember 1913 — IV. C. 89/13 —.

Eine im Stadtgebiete liegende Provinzialstraße kann, wenn der Wille der Gemeinde darauf gerichtet ist, zu einer städtischen Straße umgestaltet werden und auch die Eigenschaft einer vorhandenen Straße erlangen.

g) Entscheidung des Oberverwaltungsgerichts vom 12. Februar 1914 — IV. C. 118/13 —. (Entsch. **66** 147.)

Ein Kirch- und Schulweg ist an sich noch nicht eine vorhandene Ortsstraße.

h) Entscheidung des Oberverwaltungsgerichts vom 18. Juni 1914 — IV. C. 17/14 —.

Was auch immer sonst im § 15 des Gesetzes vom 2. Juli 1875 unter einer Straße zu verstehen ist, stets muß sie, weil das Gesetz ein preußisches ist, eine in Preußen liegende Straße sein. Wenn und soweit es hieran fehlt, hat man es für die Anwendung des § 15 a. a. O. nicht mit einer Straße zu tun. Das muß, da es eine notwendige rechtliche Folge aus dem Gesetze selbst ist, auch dann gelten, wenn die hierüber hinausliegende Fläche ebenfalls ein öffentlicher Weg ist, dem gleichen Verkehrszwecke dient, dieselbe tatsächliche Beschaffenheit hat, äußerlich im engsten Zusammenhange steht und einen einheitlichen Namen führt. Selbst dann bestehen noch immer zwei Straßen, nicht eine Straße.

i) Entscheidung des Oberverwaltungsgerichts vom 2. Juli 1914 — IV. C. 146/13 —.

Eine Straße ist nur dann fertig, wenn sie dem von der Gemeinde ausdrücklich oder stillschweigend beschlossenen Bauprogramm entsprechend hergestellt ist. Voraussetzung für die Feststellung der Fertigkeit ist also die Feststellung dieses Bauprogramms.

## 32. Straßenherstellungskosten.

### Die Umwandlung eines Weges in eine Ortsstraße.
### Zur Frage, wann eine Straße als eine vorhandene städtische Straße im Sinne des § 15 des Fluchtliniengesetzes anzusehen ist.
### Was ist entscheidend für die Frage, ob ein Gebäude nach Beginn der Anlegung der Straße an ihr errichtet worden ist?

Entscheidung des Oberverwaltungsgerichts vom 15. Februar 1917 — IV. C. 81/16 —.

(Entsch. **38** 662.)

Der in der Rechtsprechung des Oberverwaltungsgerichts öfter wiederkehrende Ausspruch, daß eine vorhandene Straße gewisser wesentlicher Einrichtungen nicht entbehren dürfe, ist dahin zu verstehen, daß aus dem Fehlen derartiger Einrichtungen bei dem Mangel entgegenstehender Umstände der Regel nach auf das Fehlen des Willens der Gemeinde, dem Wege die rechtliche Eigenschaft einer Ortsstraße zu verleihen, geschlossen werden kann (Entsch. **64** 213). Auf diesen Willen allein und nicht auf den Zustand der Straße kommt es entscheidend an.

Eine Straße ist als eine vorhandene städtische Straße im Sinne des § 15 des Fluchtliniengesetzes erst dann anzusehen, wenn ihre Unterhaltungspflicht geregelt ist, also in der Regel, wenn sie die Gemeinde übernommen hat.

Bei Entscheidung der Frage, ob ein Gebäude nach Beginn der Anlegung der Straße an ihr errichtet worden ist, kann der Beginn der Anlegung der Straße in der Festsetzung der Fluchtlinie gefunden werden. Diese Regel hat aber nicht unter allen Umständen Geltung. Maßgebend ist, ob in der Festsetzung der Fluchtlinie der Wille der Gemeinde zum Beginn der Straßenanlegung gelegen hat oder nicht.

## 33. Straßenherstellungskosten.

### Zur Frage, wann ein Verbindungsweg von Ort zu Ort die Eigenschaft einer vorhandenen Ortsstraße erlangt.
### Die Begründung der Eigenschaft einer Ortsstraße durch die Fluchtlinienfestsetzung.
### Wird der Anliegerbeitrag durch die Bestellung einer Sicherheit getilgt?

Entscheidung des Oberverwaltungsgerichts vom 16. November 1916 — IV. C. 49/16 —.

(Entsch. **72** 116.)

Ein von Ort zu Ort führender Verbindungsweg kann die Eigenschaft einer vorhandenen Straße nicht ohne Umwandlung in eine Ortsstraße erhalten.

Wird auf Grund eines Baugesuchs eine Fluchtlinie für ein Baugrundstück auf Grund des Fluchtliniengesetzes vom 2. Juli 1875 durch die Gemeindebehörden beschlossen und demnächst förmlich festgesetzt, so ist, da Fluchtlinien im Sinne dieses Gesetzes nur für Ortsstraßen in Betracht kommen, anzunehmen, daß der an dem Grundstücke entlang führende Weg dadurch und von da an die Eigenschaft einer Ortsstraße erhalten hat.

Aus der Feststellung der Fluchtlinie für ein einzelnes Baugrundstück ergibt sich zugleich, daß die Straße, an der das Baugrundstück liegt, nach dem Willen der Gemeinde noch keine vorhandene Straße gemäß § 15 a. a. O. sein sollte.

Die Bestellung einer Sicherheit für einen Anliegerbeitrag bewirkt dessen Tilgung auch dann noch nicht, wenn dem Gläubiger das Recht eingeräumt worden ist, sich aus der Sicherheit unmittelbar bezahlt zu machen.

## 34. Straßenherstellungskosten.
## Ist das Nichtbestehen von Fluchtlinien oder die nicht erfolgte Fluchtlinienfestsetzung für die Eigenschaft einer Straße im Sinne des § 15 des Fluchtliniengesetzes vom 2. Juli 1875 von Bedeutung?

Entscheidung des Oberverwaltungsgerichts vom 4. Februar 1915 — IV. C. 9/14 —.
(Entsch. **69** 176.)

Der Umstand, daß für die Straße keine Fluchtlinien bestehen oder auf Grund des Fluchtliniengesetzes nicht festgestellt werden können, ist für ihre Eigenschaft als einer vorhandenen im Sinne des § 15 des Fluchtliniengesetzes ohne Bedeutung.

## 35. Straßenherstellungskosten.
## Zur Frage der Grundlage für die Heranziehung zu Anliegerbeiträgen. Kann das festgestellte Bauprogramm abgeändert werden? Wann kommen Verbesserungen an einer fertigen Straße, deren Kosten die Anlieger nicht zu erstatten brauchen, in Betracht?

a) Entscheidung des Oberverwaltungsgerichts vom 2. Juli 1914 — IV. C. 140/13 —.

Die unerläßliche Grundlage der Heranziehung zu Anliegerbeiträgen ist die Feststellung des Bauprogramms, das nach dem Willen der einen oder der mehreren herstellenden Gemeinden für die Umgestaltung zu einer fertigen Ortsstraße maßgebend sein soll. Dieses Programm kann nach allen Richtungen hin geändert werden, wenn und solange der Ausbau nicht dem Programm entsprechend vollendet ist. Dann, aber auch nur dann erweisen sich spätere Arbeiten an einer fertigen Straße als Verbesserungen, deren Kosten die Anlieger nicht zu erstatten brauchen.

b) Entscheidung des Oberverwaltungsgerichts vom 18. Mai 1914 — IV. C. 197/13 —.

Ein Bauprogramm für eine Straße kann, solange es noch nicht im ganzen zur Durchführung gelangt, solange demnach die Straße noch nicht fertiggestellt ist, jederzeit von der Gemeinde abgeändert werden. Dieser Grundsatz bezieht sich auch auf Einzeleinrichtungen, selbst wenn sie bereits völlig fertiggestellt sind. Nur dürfen dann nicht die Kosten der aufgegebenen Einzeleinrichtung noch den Anliegern zur Last gelegt werden.

c) Entscheidung des Oberverwaltungsgerichts vom 7. Mai 1914 — IV. C. 202/13 —.

Die Gemeinde kann sich in ihrem Ortsstatute die Freiheit, das Bauprogramm beliebig zu bestimmen, wahren. Hat sie sich aber einmal in ihrer Freiheit beschränkt, so kann sie davon nicht abweichen, so lange nicht ein anderes Ortsstatut beschlossen und genehmigt ist.

## 36. Straßenherstellungskosten.
## Zur Frage der Spaltung der Straßenausbaukosten.

a) Entscheidung des Oberverwaltungsgerichts vom 7. Mai 1914 — IV. C. 8/14 —.

Als äußerste Grenze einer zulässigen Spaltung der Straßenausbaukosten ergibt sich die Fünfteilung: a) Freilegung, b 1) erste Einrichtung der Bürgersteige, b 2) erste Einrichtung der Straße ohne Bürgersteige, c) Entwässerung und d) Beleuchtungsvorrichtung.

b) Entscheidung des Oberverwaltungsgerichts vom 28. Mai 1914 — IV. C. 3/13 —.

Die Zulassung der Spaltung nach freiem Ermessen der Gemeinde ist unzulässig. Es ist rechtlich möglich, eine weitere Spaltung als in die zulässigen fünf Gruppen vorzunehmen. Das Ortsstatut muß aber feste Normen für die Spaltung festsetzen und darf die fünf Gruppen nicht überschreiten.

o) Entscheidung des Oberverwaltungsgerichts vom 18. September 1913 — IV. C. 99/13 —.

(Entsch. **65** 148.)

Die Fahrdammkosten dürfen überhaupt nicht abgespalten werden. Der Gemeindevorstand muß daher mit ihrer Einziehung warten, bis die ganze Straße fertiggestellt ist.

## 37. Straßenherstellungskosten. Wann ist ein Gebäude an einer Straße errichtet? Zur Frage, ob Lagerschuppen u. dgl. als Gebäude anzusehen sind.

a) Entscheidung des Oberverwaltungsgerichts vom 13. Januar 1916 — IV. C. 59/15 —.

(PrVerwBl. **38** 40.)

Bei der Beurteilung der Frage, ob die Errichtung eines Gebäudes als an der Straße erfolgt zu gelten hat, kommt es neben seiner Zugänglichkeit und den Verkehrsbeziehungen, die es zur Straße hat, wesentlich auf die örtliche Stelle an, die es auf dem an die Straße angrenzenden Grundstücke einnimmt, mithin namentlich auch auf eine Entfernung von der Straße.

b) Entscheidung des Oberverwaltungsgerichts vom 30. Januar 1919 — IV. C. 26/18 —.

(Entsch. **75** 100.)

Ein Gebäude ist an einer Straße errichtet, wenn das Grundstück, auf dem es erbaut ist, unmittelbar an die Straße grenzt und das Gebäude wirtschaftliche Beziehungen und Verbindungen zu der Straße hat (Urt. des Oberverwaltungsgerichts v. 2. 12. 1901 — Entsch. **40** 98).

c) Entscheidung des Oberverwaltungsgerichts vom 6. April 1914 — IV. C. 201/13 —.

Die Entscheidung darüber, was als ein Gebäude im Sinne des § 15 des Fluchtliniengesetzes zu erachten ist, liegt an sich auf tatsächlichem Gebiete.

d) Entscheidung des Oberverwaltungsgerichts vom 2. März 1914 — IV. C. 181/13 —.

Auf das Merkmal der Selbständigkeit kommt es für die Erfüllung des Begriffs der Gebäudeerrichtung nicht an.

e) Entscheidung des Oberverwaltungsgerichts vom 25. Mai 1914 — IV. C. 21/14 —.

Die Frage, ob ein Gebäude an der Straße errichtet ist, hat nach der Lage des einzelnen Falles, insbesondere unter Berücksichtigung der örtlichen Stelle, die es auf dem Grundstücke einnimmt, seine Beantwortung zu finden.

f) Entscheidung des Oberverwaltungsgerichts vom 12. März 1914 — IV. C. 192/13 —.

Bei nicht in der Fluchtlinie errichteten Gebäuden ist die Entfernung für die Frage, ob die Errichtung des Gebäudes an der Straße stattgefunden hat, stets zu berücksichtigen.

g) Entscheidung des Oberverwaltungsgerichts vom 2. Dezember 1901 — IV. C. 114/01 —.

(Entsch. **40** 98.)

Unzutreffend ist die Ausführung des Bezirksausschusses, daß die Hallenbauten vom 1887 und 1894 keine Beitragspflicht hätten begründen können, weil sie sich nicht bis unmittelbar an die J.straße erstreckten und deshalb im Sinne von § 15 des Gesetzes vom 2. Juli 1875 nicht als „an der Straße" errichtet anzusehen seien. Nur das Grundstück, auf dem gebaut wird, muß unmittelbar an die Straße grenzen; dagegen besteht nach der Rechtsprechung des Oberverwaltungsgerichts darüber kein Zweifel, daß ein Gebäude, auch wenn es die Straße nicht unmittelbar berührt, von ihr räumlich getrennt ist, dennoch als "an ihr errichtet" zu gelten hat, sofern es nur mit der Straße wirtschaftliche Verbindungen und Beziehungen hat (vgl. Urt. des OVG. v. 22. 11. 1892 und v. 12. 12. 1898 — Entsch. **23** 54, **34** 103; Friedrichs, Das Gesetz vom 2. 7. 1875, Bem. 7c zu § 15, Bem. 7b zu § 12, 4. Aufl., S. 180, 123, 124).

h) Entscheidung des Oberverwaltungsgerichts vom 22. März 1917 — IV. C. 89/16 —.

(PrVerwBl. **39** 189.)

Ein Lagerschuppen in Holzkonstruktion muß, woran in Fällen ähnlicher Art das Oberverwaltungsgericht in ständiger Rechtsprechung festgehalten hat, als ein Gebäude im Sinne des § 15 des Fluchtliniengesetzes angesehen werden. In den hierzu von Saran in der Bemerkung 25 zu § 15 des Fluchtliniengesetzes, S. 282 ff. gemachten Ausführungen ist insbesondere auch ausgeführt, daß schon leichte Holzschuppen auf bloßer Balkenunterlage als Gebäude anzusehen sind, und daß auch Gebäude, die nur vorübergehenden Zwecken dienen sollen, beitragspflichtig machen, sowie daß die baupolizeiliche Genehmigung für die Entstehung der Beitragspflicht ohne Bedeutung ist.

i) Entscheidung des Oberverwaltungsgerichts vom 27. November 1911 — IV. C. 32/11 —.

(Entsch. **60** 119.)

Es ist keine gesetzliche Bestimmung vorhanden und der Gerichtshof hat nirgends den Rechtsgrundsatz aufgestellt, daß ein Gebäude*), das auf einem an zwei Straßen angrenzenden Grundstücke liegt, notwendig im Sinne des § 15 des Fluchtliniengesetzes an der einen oder der anderen Straße liegen muß. Ebenso wie ein Gebäude auf einem von mehreren Straßen umschlossenen Platze im Sinne des § 15 a. a. O. an diesen mehreren Straßen liegen kann, kann es auch an keiner der Straßen liegen.

Der Gerichtshof ist stets davon ausgegangen, daß je nach Lage des Falles zu entscheiden sei, ob ein Gebäude unter Berücksichtigung seiner Zugänglichkeit, seiner Verkehrsbeziehungen und der örtlichen Stelle, die es auf dem Grundstücke einnimmt, als an der Straße errichtet anzusehen ist (vgl. Urt. v. 27. 4. 1903 — Entsch. des OVG. **43** 30).

k) Entscheidung des Oberverwaltungsgerichts vom 30. März 1922 — IV. C. 27/21 —.

(PrVerwBl. **44** 32.)

Ein Gebäude kann auch in der Weise errichtet werden, daß das neu aufgeführte Bauwerk mit vorhandenen Bau- und Konstruktionsanlagen bestimmungsgemäß und konstruktiv verbunden und zu einem organischen Ganzen vereinigt wird.

## 38. Straßenherstellungskosten.
## Inwieweit können bei der Berechnung der Straßenausbaukosten die Kosten der Bauleitung berücksichtigt werden?
## Zur Frage, wann mit der Anlegung einer Ortsstraße begonnen wird.
## Müssen die beiden Seiten einer abzurechnenden Straße stets die gleiche Frontlänge besitzen?

Entscheidung des Oberverwaltungsgerichts vom 22. Februar 1917 — IV. C. 80/16 —.

(PrVerwBl. **39** 19.)

Die Kosten der Bauleitung können immer nur dann in die Kostenrechnung eingestellt werden, wenn und insoweit sie durch den Bau gerade der betreffenden Straße entstanden sind. Insbesondere kommen dabei nur die Vergütungen und Löhne der besonders für diesen Bau angestellten und beschäftigten Personen in Betracht, nicht aber die Dienstbezüge der städtischen Beamten, die für die Erledigung der in der städtischen Verwaltung überhaupt vorkommenden bautechnischen Arbeiten angestellt sind.

*) Im vorliegenden Falle kommt ein Gartenhaus in Betracht.

Der Beginn der Anlegung einer Ortsstraße im Sinne des § 15 des Fluchtliniengesetzes muß nicht mit dem des Beginnes der Bauarbeiten im Gelände zusammenfallen, und die Gemeinde ist nicht gehindert, auf einem noch nicht in ihrem Eigentum stehenden Gelände eine Straße durch Festsetzung der Fluchtlinien zu projektieren und damit den Anfang mit ihrer Anlegung zu machen.

Irrig ist die Annahme, daß die beiden Seiten einer abzurechnenden Straße stets die gleiche Frontlänge besitzen müßten. Dieselben sind vielfach an sich nicht gleich lang, ihre Frontlängen brauchen aber auch, wenn die Anfangs- und Endpunkte zweier parallel liegender Straßenseiten die gleichen sind, nicht übereinzustimmen, weil die Frontlängen einmündender, bereits bestehender Querstraßen nicht mitzählen.

## 39. Straßenherstellungskosten.

### Können die Kosten der Pflasterung des Fahrdamms von den Anliegern vor der Herstellung des Bürgersteigs eingefordert werden?

Entscheidung des Oberverwaltungsgerichts vom 6. Januar 1916 — IV. C. 30/15 —.

(PrVerwBl. **38** 28.)

Wenn zu dem Straßenbauprogramm der Gemeinde die Herstellung des Fahrdammes und des Bürgersteigs gehört, so können die Kosten der Pflasterung des Fahrdammes von den Anliegern vor der Herstellung des Bürgersteigs nicht eingefordert werden, es sei denn, daß die Ausschließung der Herstellung des Bürgersteigs aus dem Bauprogramme im einzelnen Falle ausdrücklich beschlossen wird.

## 40. Straßenherstellungskosten.

### Wann ist eine wirtschaftliche Einheit mehrerer Grundstücke vorhanden? Zur Frage, wann ein Gebäude wirtschaftliche Beziehungen zu einer Straße hat. Können nach Errichtung eines Gebäudes eingetretene örtliche Veränderungen die Entstehung der Anliegerbeitragspflicht erzeugen?

a) Entscheidung des Oberverwaltungsgerichts vom 15. März 1917 — IV. C. 16/17 —.

(Entsch. **72** 122.)

Das Vorhandensein der wirtschaftlichen Einheit mehrerer Grundstücke kann ebenso wie das Vorliegen wirtschaftlicher Beziehungen eines Gebäudes zu einer Straße nur nach Maßgabe der zur Zeit der Entstehung der Beitragspflicht obwaltenden Verhältnisse beurteilt werden. In der Zukunft liegende Absichten und Möglichkeiten sind dabei nicht zu berücksichtigen.

Nach der Errichtung eines Gebäudes eingetretene örtliche Veränderungen können die rechtliche Entstehung der Anliegerbeitragspflicht nicht für eine Straße erzeugen, an die zur Zeit der Errichtung jenes Gebäudes das Grundstück, auf dem der Bau vor sich ging, nicht angrenzte und an der daher jenes Gebäude damals im Sinne des § 15 des Fluchtliniengesetzes vom 2. Juli 1875 weder tatsächlich noch rechtlich errichtet werden konnte.

b) Entscheidung des Oberverwaltungsgerichts vom 18. Mai 1914 — IV. C. 197/13 —.

Die verschiedenen Zwecke, denen ein demselben Eigentümer gehöriges Grundstück dient, sind allein nicht geeignet, die wirtschaftliche Einheit in Zweifel zu ziehen.

## 41. Straßenherstellungskosten.

### Zur Frage der Beitragspflicht nach Eingemeindungen.

a) Entscheidung des Oberverwaltungsgerichts vom 7. Dezember 1916 — IV. C. 52/16 —.

(Entsch. **72** 120.)

Gehört eine Straße zu dem Bezirke der Gemeinde A., während die Grundstücke der Anlieger Bestandteile des Bezirks der Gemeinde B. sind, und wird die Gemeinde B.

demnächst in die Gemeinde A. eingemeindet, so können die Anlieger wegen der Errichtung solcher Gebäude, die vor der Eingemeindung erbaut worden sind, nicht zu Beiträgen gemäß § 15 des Fluchtliniengesetzes herangezogen werden, weil es sich dabei um die Erstattung von Ausbaukosten für eine nicht zu der Gemeinde B. gehörige Ortsstraße handeln würde und anderseits das für die Gemeinde A. geltende Ortsstatut die zu der Gemeinde B. gehörigen Anlieger nicht erstattungspflichtig machen konnte.

b) Entscheidung des Oberverwaltungsgerichts vom 14. Mai 1914 — IV. C. 179/13 —.

Die infolge der Bezirksveränderung einer Gemeinde einverleibten Grundstücke und deren Besitzer treten, einerlei ob es sich dabei um die Eingemeindung ganzer Gemeinden oder nur um Teile solcher handelt, regelmäßig in die öffentlichen Rechte und Pflichten der Gemeinde, der sie nach der Eingemeindung angehören, von selbst ein.

## 42. Straßenherstellungskosten.
## Wer hat zu bestimmen, für welche Strecken einer Straße die Heranziehung zu Anliegerbeiträgen vorzunehmen ist?

Entscheidung des Oberverwaltungsgerichts vom 11. Februar 1915 — IV. C. 172/14 —.

(Entsch. **68** 157.)

Die Bestimmung darüber, für welche Strecken einer Straße die Heranziehung der Anlieger zu Straßenbaukosten vorzunehmen ist, insbesondere ob solche für einen Straßenteil gefordert oder für mehrere Straßenteile zusammen oder erst für die ganze Straße erfolgen soll, hat in erster Linie der Magistrat zu treffen, der die Finanzhoheit der Gemeinde ausübt und die Veranlagung zu verfügen hat. Dabei darf sich indes der Magistrat nicht mit ihn bindenden Beschlüssen der Stadtverordnetenversammlung oder mit Vorschriften des Ortsstatuts oder mit dem Begriffe des Straßenteils im Gegensatze zu einer unselbständigen Straßenstrecke in Widerspruch setzen.

## 43. Straßenherstellungskosten.
## Die Gemeinde hat nur einen Erstattungsanspruch und hat deshalb vorzuleisten.
## Wann darf die Gemeinde mit der Umlegung von Beiträgen vorgehen?
## Zur Frage der Berechnung der Straßenausbaukosten, wenn die Straße im Zuge eines öffentlichen Weges oder eines Privatweges angelegt wird.
## Welche Erwerbskosten kommen für die Berechnung der Straßenherstellungskosten in Betracht?

Entscheidung des Oberverwaltungsgerichts vom 23. Januar 1919 — IV. C. 30/18 —.

(Entsch. **75** 109.)

Nach § 15 des Fluchtliniengesetzes vom 2. Juli 1875 hat die Gemeinde nur einen Erstattungsanspruch und sie hat deshalb vorzuleisten. Daraus folgt, daß sie mit der Umlegung von Beiträgen erst vorgehen darf, nachdem die Straße oder diejenige Teileinrichtung, für welche auf Grund einer gültigen Spaltungsvorschrift des Ortsstatuts die Kostenbeiträge gesondert eingefordert werden können, vollständig dem Bauprogramme gemäß hergestellt worden ist.

Wird eine Straße im Zuge eines öffentlichen Weges angelegt, so darf die Gemeinde den Wert des ihrer freien Verfügung schon bisher entzogenen und als Verkehrsanstalt und polizeiliche Einrichtung der Aufsicht der Wegepolizeibehörde unterworfenen Wegegeländes bei den Straßenausbaukosten nicht in Rechnung stellen, muß aber auf der anderen Seite, wenn Teile des bisherigen öffentlichen Weges zu der neuen Straßenanlage nicht verwendet werden und der unbeschränkten Verfügung der Gemeinde anheimfallen, den Wert dieser Wegeteile oder den aus ihrer Veräußerung erzielten Erlös von den Straßenherstellungskosten in Abzug bringen (Entsch. des OVG. **25** 91, 95, 96; **42** 26, 30). Dieser in der besonderen rechtlichen Eigenschaft des Geländes öffentlicher Wege begründete Grundsatz findet aber keine Anwendung, wenn die Straße im Zuge eines von der Gemeinde übernommenen Privatweges angelegt wird und Teile dieses Privatweges verfügbar bleiben. Der Grund und Boden von Privatwegen ist für die Berechnung der Straßenherstellungskosten — wenigstens in der Regel — nicht anders zu beurteilen, als sonstiger Grundbesitz, der für die Straßenanlegung von der Gemeinde erworben worden ist. Für die Straßenherstellungskosten kommen nur diejenigen Erwerbskosten in Betracht, welche für das zur Straßenanlage wirklich benutzte Gelände aufgewendet worden sind; die Verwertung des verfügbar gebliebenen Geländes bleibt als mit dem Straßenbau nicht im Zusammenhange stehend außer Betracht.

## 44. Straßenherstellungskosten.
## Zur Frage der Umlegung der Beiträge auf die Straßenanlieger, insbesondere bei Grundstücken, die mit einer Eckabschrägung an zwei Straßen grenzen.

Entscheidung des Oberverwaltungsgerichts vom 10. April 1919 — IV. C. 53/18 —.

(Entsch. **75** 113.)

Der Bezirksausschuß nimmt an, die Eckabschrägung an der G.straße müsse — als Teil der Grundstücksfront des Klägers — deshalb ganz in Rechnung gestellt werden, weil die Stadtgemeinde, die für die G.straße Anliegerbeiträge nicht erheben könne, nicht mit der Hälfte der Kosten für die Eckabschrägung ausfallen dürfe. Für die Höhe des vom Kläger zu entrichtenden Beitrags kann es indes nicht von ausschlaggebender Bedeutung sein, ob die Stadtgemeinde bei Umlegung der Beiträge auf die Straßenanlieger für die Straßenbaukosten in vollem Umfange Deckung findet. Den Maßstab für die Höhe des von dem Anlieger zu entrichtenden Beitrags bildet nach der Regel des Gesetzes und nach der Bestimmung des Ortsstatuts lediglich die Länge der Straßenfront seines Grundstücks an der M.straße. Es kommt deshalb darauf an, ob und inwieweit die Grundstücksgrenze an der Eckabschrägung als Straßenfront an der M.straße anzusehen ist. Dies hat der Bezirksausschuß verkannt, seine Entscheidung unterlag daher der Aufhebung.

## 45. Straßenherstellungskosten.
## Sind die Eigentümer öffentlicher Wege in dieser Eigenschaft Träger der Anliegerbeitragspflicht?
## Privatwege sind bei Anwendung des § 15 des Gesetzes vom 2. Juli 1875 den Privatgrundstücken auch dann gleichzuachten, wenn die Fluchtlinienfestsetzung stattgefunden hat.
## Was besagt die Fluchtlinienfestsetzung?

Entscheidung des Oberverwaltungsgerichts vom 10. Juli 1919 — IV. C. 85/19 —.

(Entsch. **75** 114.)

Nach der Rechtsprechung des Oberverwaltungsgerichts steht es fest, daß die Eigentümer *öffentlicher* Wege in dieser Eigenschaft nicht Träger der Anliegerbeitragspflicht sein können. Dagegen sind Privatwege bei der Anwendung des § 15 des Gesetzes vom 2. Juli 1875 den Privatgrundstücken gleich zu achten, und die Festsetzung von Fluchtlinien allein bedingt anderseits nicht schon die Ausschaltung der Frontlinie der betroffenen Flächen bei der Zusammenrechnung der Frontlängen aller angrenzenden Grundstücke, deren Summe den Maßstab für die Verteilung der Gesamtkosten auf die Anlieger bildet. Ein Unterschied zwischen *Privatstraßen* und *Privatwegen* besteht insoweit nicht.

Die Vornahme der Fluchtlinienfestsetzung besagt nur, daß die Gemeinde die Fläche des Privatweges für die demnächstige Anlegung einer Ortsstraße in Aussicht genommen hat (vgl. Saran, Fluchtliniengesetz, S. 276, Anm. 19, Abs. 2, S. 329).

## 46. Straßenherstellungskosten. Welche Eigenschaft hat die Anliegerbeitragspflicht? Wer haftet für die Erfüllung der Anliegerbeitragspflicht, insbesondere bei einem Eigentumsübergange? Welchen Einfluß hat der Eigentumsübergang auf die dreijährige Verjährungsfrist (§ 87, Abs. 1, Ziff. 2 des Kom.-Abg.-Ges.)?

a) Entscheidung des Oberverwaltungsgerichts vom 22. Juni 1916 — IV. C. 54/14 und IV. C. 92/15 —.

(Entsch. **71** 146/154.)

Die Anliegerbeitragspflicht aus § 15 des Fluchtliniengesetzes ist eine persönliche Pflicht und ruht nicht als dingliche Last auf dem Grundstücke in der Weise, daß nur dieses für die Erfüllung haftet.

Im Falle der Veräußerung des Eigentums an dem angrenzenden Grundstücke kann, solange nicht die Beitragsforderung der Gemeinde bereits durch Heranziehung in Vollzug gesetzt und fällig geworden ist, der bisherige Eigentümer als nur jeweiliger Eigentümer zu dem Beitrage nicht herangezogen werden, sondern nur der neue Eigentümer.

Jeder spätere Grundstückseigentümer ist nicht als Rechtsnachfolger seines Eigentumsvorgängers verhaftet, sondern wird kraft seines Eigentums an dem angrenzenden bebauten Grundstücke dergestalt als verpflichtet angesehen, als habe er selbst das pflichtigmachende Gebäude errichtet. Er muß daher auch besonders herangezogen werden.

Anderseits bleibt der für die Entstehung der Beitragsforderung maßgebende Zeitpunkt der Errichtung des pflichtigmachenden Gebäudes und damit der Zeitpunkt der Entstehung der Forderung — von einem neuen Baufall abgesehen — bei einem Eigentumsübergange derselbe. Daraus folgt, daß auch der Beginn der dreijährigen Verjährungsfrist gemäß § 87, Abs. 1, Ziff. 2 des Kommunalabgabengesetzes durch den Eigentumswechsel unberührt bleibt, und daß die dem früheren Eigentümer gegenüber erfolgte Unterbrechung dieser Frist für den neuen Eigentümer belanglos ist.

b) Entscheidung des Oberverwaltungsgerichts vom 19. April 1917 — IV. C. 93/16 —.

(Entsch. **72** 128.)

Der einmal entstandenen Beitragsforderung bleibt bis zu ihrer Tilgung auch jeder spätere Erwerber eines Grundstücks als angrenzender Eigentümer ausgesetzt, indem er so angesehen wird, als habe er das Gebäude, dessen Errichtung die Beitragspflicht von vornherein begründet hat, selbst errichtet (Entsch. des OVG. v. 18. 6. 1914 — PrVerwBl. **37** 313 und PrGemZtg. 1916, 119).

c) Entscheidung des Oberverwaltungsgerichts vom 30. März 1914 — IV. C. 117/13 —.

Das Eigentum am Grundstücke ist lediglich die Voraussetzung für die Entstehung der Beitragspflicht. Die Beitragspflicht des Eigentumsnachfolgers ist nur dann nicht vorhanden, wenn die Forderung bezahlt oder verjährt ist.

## 47. Straßenherstellungskosten. Zur Frage der Entstehung und der Verjährung der Anliegerbeitragspflicht.

a) Entscheidung des Oberverwaltungsgerichts vom 2. Dezember 1901 — IV. C. 114/01 —.

(Entsch. **40** 98.)

Der Vorderrichter führt aus, daß die Angriffe der Klage gegen die Heranziehung zu Anliegerbeiträgen jedenfalls darum unbegründet seien, weil jede Errichtung eines Gebäudes an der neuen Straße die Beitragspflicht neu begründe. Dem ist beizutreten.

Die Beitragspflicht entsteht, sofern die Straße bereits fertiggestellt ist, mit der Errichtung eines Gebäudes an der Straße (vgl. Entsch. des OVG. **33** 127, 128, 130; **36** 64, 65; **38** 127); jede Errichtung eines Gebäudes erzeugt die Beitragspflicht, also auch dann, wenn die gleiche Pflicht schon vorher durch die Errichtung eines anderen Gebäudes entstanden war. Das neue Gebäude begründet dann eine neue Pflicht, welche nur insofern mit der früher entstandenen Verpflichtung in rechtlicher Verbindung steht, als beide auf denselben Gegenstand gerichtet sind und folgeweise durch die Tilgung der einen auch die andere erlischt. Daraus ergibt sich, daß die Verjährung für jede einzelne dieser Verpflichtungen selbständig zu beurteilen ist, die Verjährung der einen läßt die anderen unberührt; nur die materielle Tilgung (Zahlung, Erlaß) trifft den allen Verpflichtungen gemeinsamen Gegenstand und läßt sie alle erlöschen. Durch den Ablauf der Frist aus § 87, Abs. 1, Ziff. 2 des Kommunalabgabengesetzes für ein Gebäude verjährt also nicht die Beitragspflicht des Grundstücks überhaupt, sondern die Gemeinde wird durch den Ablauf der Frist nur gehindert, den Eigentümer wegen dieses bestimmten Gebäudes zu einem Beitrage heranzuziehen. Dagegen bleibt sie berechtigt, den Beitrag bei Errichtung eines weiteren Gebäudes auf demselben Grundstücke zu fordern. Die Ansicht der Kläger würde auch zu unannehmbaren Folgerungen führen. Wenn ein Gemeindevorstand Zweifel darüber hat, ob eine geringwertige bauliche Anlage als ein „Gebäude" im Sinne des § 15 des Gesetzes vom 2. Juli 1875 anzusehen, oder wenn er eine Anlage, die sich als „Gebäude" darstellt, doch ihrer Geringfügigkeit wegen und mit Rücksicht auf die unverhältnismäßige Höhe des Beitrags nicht heranziehen, sondern die weitere Bebauung des Grundstücks abwarten wollte, so würde er trotzdem — wenn die Ansicht der Kläger zuträfe — immer zur Heranziehung schreiten müssen. Denn andernfalls müßte er befürchten, daß ihm, wenn seit Errichtung dieser baulichen Anlage drei Jahre verflossen sind, die Verjährung entgegengestellt und damit jede spätere Heranziehung wegen eines neuen Gebäudes unmöglich gemacht würde.

b) Entscheidung des Oberverwaltungsgerichts vom 2. Dezember 1901 — IV. C. 84/01 —.

(Entsch. **40** 101.)

Geht man von der Ansicht aus, daß bei einer fertigen Straße die Errichtung des Gebäudes der Zeitpunkt ist, nach welchem sich das Maß der Beitragspflicht der Anlieger richtet, so kann, da diese Errichtung als eine sich notwendig über einen gewissen längeren Zeitraum erstreckende Einheit aufzufassen ist, nicht auf den Augenblick des Beginns Wert gelegt werden. Solange ein Haus nicht fertig... ist, bleibt es noch in der Errichtung begriffen, und erst in dem Zeitpunkte, wo die Errichtung vollendet ist, kann übersehen werden, welchen Umfang das mit dem Gebäude besetzte Grundstück auch bezüglich der Frontlänge an der Straße hat (Urt. des OVG. v. 5. 2. 1900 — Entsch. **37** 33). Diese Erwägungen führen dazu, den Beginn der Verjährungsfrist erst von der Vollendung des Baues zu rechnen, zumal auch dafür der Gesichtspunkt in Betracht kommt, daß die Möglichkeit der Berechnung des Beitrags und damit der Heranziehung vielfach erst mit der Vollendung des Baues gegeben ist. Das Jahr, in welches die Vollendung fällt, ist noch ein solches, innerhalb dessen der Bau errichtet wird; erst mit dem auf die Vollendung folgenden 1. April beginnt das erste Jahr nach der Errichtung.

c) Entscheidung des Oberverwaltungsgerichts vom 25. Juni 1914 — IV. C. 33/14 —.

Voraussetzung für die Entstehung der Beitragspflicht ist die Errichtung eines Gebäudes an einer Straße sowie die Fertigstellung der Straße oder — im Falle der sogenannten Spaltung — einer abspaltbaren Teileinrichtung mit der Möglichkeit, die Kosten zu berechnen und zu verteilen.

d) Entscheidung des Oberverwaltungsgerichts vom 6. März 1919 — IV. C. 63/19 —.

(Entsch. **75** 160.)

Die Erstattung des Anliegers aus § 15 des Fluchtliniengesetzes vom 2. Juli 1875 hat zur Voraussetzung einmal den Ausbau der Straße mit der Möglichkeit, die Ausbaukosten zu berechnen und zu verteilen, und sodann die Errichtung eines Gebäudes an der Straße.

e) Entscheidung des Oberverwaltungsgerichts vom 25. April 1913 — IV. C. 16/13 —.

Wenn ein Ortsstatut vom Bau „unmittelbar oder mittelbar" an der Straße spricht, so will es damit sagen, daß die Beitragspflicht nicht bloß dann entstehen soll, wenn das Gebäude die Straße berührt, sondern auch dann, wenn dies nicht der Fall ist, aber nach Lage der Sache und nach der Rechtsprechung doch ein Bau an der Straße anzunehmen ist, d. h. wenn die Beziehungen des Baues zur Straße durch die Zuführung von Licht und Luft von ihr aus gegeben sind oder Beziehungen wirtschaftlicher Art zwischen dem Gebäude und der Straße vorliegen.

f) Entscheidung des Oberverwaltungsgerichts vom 16. Februar 1914 — IV. C. 94/13 —

Für die Erhebung von Anliegerbeiträgen ist es ohne Einfluß, ob der Anlieger Vorteile von der Straße hat oder nicht.

g) Entscheidung des Oberverwaltungsgerichts vom 16. November 1916 — IV. C. 25/16 —.

(PrVerwBl. **38** 700.)

Die Ersatzforderung der Gemeinde auf Anliegerbeiträge entsteht erst mit der Gebäudeerrichtung und der völligen Fertigstellung der Straße. Erst mit diesem Zeitpunkte beginnt die Verjährung der Anliegerbeiträge.

h) Entscheidung des Oberverwaltungsgerichts vom 13. Januar 1916 — IV. C. 59/15 —.

(PrVerwBl. **38** 40.)

Die dreijährige Verjährungsfrist des § 87, Abs. 1, Ziff. 2 des Kommunalabgabengesetzes beginnt erst mit Ablauf des Rechnungsjahres, in dem das Gebäude errichtet worden ist, zu laufen.

i) Entscheidung des Oberverwaltungsgerichts vom 12. Oktober 1916 — IV. C. 104/15 —.

(Entsch. **71** 154.)

Die Ansicht, daß die in § 87, Abs. 1, Ziff. 2 des Kommunalabgabengesetzes bestimmte dreijährige Verjährungsfrist beim Vorhandensein einer Spaltungsvorschrift und wenn von der Spaltung Gebrauch gemacht worden sei, erst von da an zu laufen beginne, wo nach Errichtung eines Gebäudes an der Straße letztere fertig ausgebaut und die Berechnung der gesamten Kosten möglich sei, findet in der Rechtsprechung des Oberverwaltungsgerichts keine Stütze. Sie kann insbesondere nicht auf die Entscheidung vom 3. April 1913 (PrVerwBl. **36** 24) gegründet werden. Diese Entscheidung betraf nur die Grunderwerbskosten, und zwar waren es im damaligen Falle die letzten Straßenbaukosten, die zu erheben blieben. Für diese Kosten konnte allerdings die Verjährungsfrist erst zu laufen beginnen, nachdem die Straße gänzlich fertiggestellt war.

Ist im Ortsstatut eine zulässige Spaltungsvorschrift vorhanden und wird von ihr Gebrauch gemacht, so beginnt die Verjährung der Beitragsforderung für die abgespaltene Teileinrichtung schon dann, wenn nach Errichtung des Gebäudes die in Betracht kommende Einrichtung vollendet worden ist.

Auf die Bewilligung von Teilzahlungen für die Entrichtung eines Anliegerbeitrages, die nur einem Eigentumsvorgänger gegenüber zugestanden worden war, kann sich ein späterer Grundstückserwerber nicht berufen.

k) Entscheidung des Oberverwaltungsgerichts vom 22. Januar 1914 — IV. C. 210/12 —.

Die Verjährungsfrist beginnt erst mit dem Zeitpunkte zu laufen, in dem die drei Voraussetzungen vorliegen, daß der Straßenausbau vollendet, das die Beitragspflicht begründende Gebäude errichtet und die Möglichkeit vorhanden ist, die Straßenbaukosten zu berechnen.

l) Entscheidung des Oberverwaltungsgerichts vom 18. Mai 1914 — IV. C. 127/13 —.

Beitragsfrei ist ein Bau nicht allein, wenn er vor dem Erlaß eines Ortsstatuts, sondern auch, wenn er vor Beginn der Straßenanlegung vorgenommen worden ist.

## 48. Straßenherstellungskosten.
## Zur Frage der Beitragspflicht, wenn ein an die Straße angrenzendes Grundstück in mehrere Grundstücke zerlegt worden ist.

Entscheidung des Oberverwaltungsgerichts vom 25. Mai 1916 — IV. C. 8/16 —.

(Entsch. **71** 141.)

Ist für ein räumlich an die Straße angrenzendes Grundstück der unmittelbar an der Straße liegende Teil in der vollen Länge des Grundstücks in eine Anzahl selbständiger, an Dritte zur Benutzung vermieteter oder erweislich zu einer solchen Vermietung bestimmter Einzelgrundstücke zerlegt worden, so fehlt für die Heranziehung die gesetzlich unerläßliche Voraussetzung des Angrenzens des Grundstücks an die Straße im Sinne des § 15 des Fluchtliniengesetzes.

War dieser an der Straße belegene Landstreifen nur teilweise in selbständige Einzelgrundstücke zerlegt, so muß der Verwaltungsrichter den hierauf gestützten Einwand des Grundstückseigentümers schon deshalb berücksichtigen, weil durch den Abgang der Frontlänge dieser selbständigen Einzelgrundstücke eine Verminderung der beitragspflichtigen Gesamtfrontlänge und damit eine Herabminderung des geforderten Beitrages eintreten würde.

## 49. Straßenherstellungskosten.
## Welchen Einfluß haben die der Gemeinde für die Übernahme der Unterhaltung und Verwaltung einer bisherigen Provinzialstraße gewährten Entschädigungen und andere zu den Kosten der Straße geleisteten Beiträge auf die Beitragspflicht?

Entscheidung des Oberverwaltungsgerichts vom 20. November 1917 — IV. C. 353/17 —.

(PrVerwBl. **39** 401.)

Die Gemeinde ist nicht verpflichtet, Entschädigungen, die sie für die Übernahme der Unterhaltung und Verwaltung einer bisherigen Provinzialstraße empfangen hat, zur Deckung der dadurch erforderlich werdenden Aufwendungen zu verwenden. Eine solche Entschädigung fällt der Allgemeinheit zu, die die Trägerin der übernommenen Belastung ist; sie hat darüber zu entscheiden, in welcher Weise die Entschädigung verwendet werden soll, und ist nicht gehindert, ihre Angehörigen zu den Kosten der übernommenen Leistungen nach Maßgabe ihrer Finanzverfassung und der bestehenden Gesetze mit Beiträgen heranzuziehen.

Anders ist es zu beurteilen, wenn eine Gemeinde gerade zu den Kosten einer von ihr geplanten oder ausgeführten Veranstaltung von dritter Seite einen Beitrag in Geld oder Geldeswert erhalten hat; denn dann würden, insoweit dadurch die Kosten der Veranstaltung bereits gedeckt sind, von der Gemeinde keine Kosten mehr aufzuwenden sein.

## 50. Straßenherstellungskosten.
## Ist der Grundstückseigentümer beitragspflichtig, wenn das Gebäude von einer dritten Person (Pächter usw.) errichtet worden ist?

Entscheidung des Oberverwaltungsgerichts vom 22. März 1917 — IV. C. 89/16 —.

(PrVerwBl. **39** 189.)

Wird das neue Gebäude nicht vom Grundstückseigentümer, sondern von einer dritten Person (Pächter usw.) errichtet, so ist Voraussetzung der Beitragspflicht des Eigentümers des Grundstücks, daß er sein ausdrückliches oder stillschweigendes Einverständnis zu der Errichtung des Gebäudes oder doch zu seinem Fortbestehen gegeben hat. Ein das Einverständnis ausschließender Widerspruch des Grundstückseigentümers ist nur dann in genügender Weise zum Ausdruck gekommen, wenn der Eigentümer alles zur Wegschaffung des Gebäudes Erforderliche rechtlich und tatsächlich ihm Mögliche getan hat.

## 51. Straßenherstellungskosten.
## Zur Frage der Beitragspflicht, wenn die Errichtung des Gebäudes vor Inkrafttreten des Ortsstatuts begonnen, aber erst nach Inkrafttreten des Statuts vollendet worden ist.

Entscheidung des Oberverwaltungsgerichts vom 21. September 1916 — IV. C. 86/15 —.

(PrVerwBl. **38** 339.)

Eine vor Inkrafttreten des Ortsstatuts begonnene Gebäudeerrichtung begründet keine Verpflichtung zur Beitragsentrichtung, wenn das Gebäude auch erst nach Inkrafttreten des Ortsstatuts fertiggestellt worden ist.

## 52. Straßenherstellungskosten.
## Zur Frage des Umfanges der Pflicht zur Erstattung der durch den Straßenausbau entstandenen Kosten.

a) Entscheidung des Oberverwaltungsgerichts vom 24. September 1914 — IV. C. 136/13 —.

(Entsch. **68** 150.)

Der § 15 des Gesetzes vom 2. Juli 1875 sichert den Gemeinden die Erstattung der gesamten ihnen durch den Ausbau einer neuen Straße erwachsenen Ausgaben zu. Grenzen hat das Gesetz nach dieser Richtung nicht gezogen, und sofern das Ortsstatut die Erstattungspflicht nicht einschränkt, muß daher der Grundsatz zu seiner vollen Geltung gelangen. Das Oberverwaltungsgericht ist insbesondere nicht der Ansicht, daß unterschieden werden dürfe, ob die Schäden, deren Ersatz gefordert wird, erst infolge der Freilegung oder der ersten Einrichtung der Straße eingetreten, nur deren mittelbare Folge sind. Eine solche Unterscheidung läßt sich aus dem Gesetze nicht ableiten. Es kommt demgemäß nur auf die Feststellung an, welche Kosten der Gemeinde, sei es bei dem Erwerbe des Straßenlandes, sei es sonst durch den Ausbau der Straße, erwachsen sind. Hat die Gemeinde dabei Entschädigungen für Entwertung der Anliegergrundstücke zahlen müssen, so gehören diese ebenso zu den Aufwendungen, für die sie Erstattung verlangen kann, wie die gezahlten Erwerbspreise und die Ausbaukosten selbst. Dasselbe muß von den der Stadt erwachsenen Prozeßkosten gelten.

b) Entscheidung des Oberverwaltungsgerichts vom 17. Dezember 1914 — IV. C. 108/14 —.

(Entsch. **68** 155.)

Der Grundsatz, daß die gemäß § 15 des Fluchtliniengesetzes beanspruchten Straßenherstellungskosten die Eigenschaft eines Erstattungsanspruchs haben, gilt auch für die Kosten der fünfjährigen Straßenunterhaltung. Diese Kosten können daher auch nur insoweit gefordert werden, als sie zur Zeit der Forderung von der Gemeinde tatsächlich aufgewendet sind.

Die fünfjährigen Unterhaltungskosten können nur für die ganze Straße, nicht für einzelne Teileinrichtungen ihres Ausbaues verlangt werden. Ihre Erstattung kann auch erst verlangt werden, wenn der mit der Fertigstellung der ganzen Straße beginnende fünfjährige Zeitraum abgelaufen ist.

c) Entscheidung des Oberverwaltungsgerichts vom 23. Februar 1914 — IV. C. 170/13 —. (Entsch. **66** 150.)

Die Kosten der Abnutzung der beim Straßenbau benutzten Gerätschaften, die Kosten der Heizung und Beleuchtung der Baubuden, die durch den Ausbau der Straße entstandenen Nebenkosten durch Höherlegung und Instandsetzung der Bürgersteige und die Kosten der Anfuhr der Steine von ihrem jeweiligen Standorte zur Baustelle gehören zu den Straßenbaukosten.

d) Entscheidung des Oberverwaltungsgerichts vom 25. Juni 1914 — IV. C. 33/14 —.

Die Grenzen dessen, was die Gemeinde von den aufgewendeten Kosten erstattet verlangen darf, sind dahin festgesetzt worden, daß, abgesehen von der Unterhaltung, höchstens Ersatz der zur Freilegung, ersten Einrichtung, Entwässerung und Beleuchtungsvorrichtung der Straße erforderlichen Kosten zu leisten ist.

## 53. Straßenherstellungskosten.
## Zur Frage der Zulässigkeit von Nachforderungen an Straßenausbaukosten (Restkosten).

Entscheidung des Oberverwaltungsgerichts vom 23. April 1914 — IV. C. 120/13 —.

Die Restkosten für einen Straßenausbau können gefordert werden, wenn vorher schon Teilkosten erhoben und von den Anliegern ohne Widerspruch bezahlt worden sind. Daraus, daß die Anlieger unter Umständen eine Erhebung von Teilbeträgen als verfrüht zurückzuweisen befugt waren, folgt nicht die Unzulässigkeit von Nachforderungen.

## 54. Straßenherstellungskosten.
## Ist eine ortsstatutarische Vorschrift über die Erhebung der Anliegerbeiträge vor Erteilung der Bauerlaubnis zur Errichtung von Gebäuden rechtswirksam? Welche Wirkung hat eine solche vorzeitige unbeanstandet gebliebene Einziehung von Anliegerbeiträgen? Zur Frage, ob hinsichtlich der Anliegerbeitragspflicht die baupolizeiliche Genehmigung von Bedeutung ist.

Entscheidung des Oberverwaltungsgerichts vom 18. September 1913 — IV. C. 96/13 —.

Die Vorschrift, wonach die Erhebung der ortsstatutarischen Beiträge vor Erteilung der Bauerlaubnis zur Errichtung von Gebäuden zu erfolgen habe, gleichviel ob die Straße fertiggestellt sei oder nicht, widerspricht dem Gesetze. Durch eine solche vorzeitige unbeanstandet gebliebene Einziehung von Straßenbaukosten wird die nachträgliche Einziehung der weiter entstehenden, zur ersten Einrichtung der Straße gehörenden Kosten nicht behindert, auch dann nicht, wenn die frühere Einziehung eine vorbehaltliche war. Darauf, ob zur Errichtung des die Beitragspflicht begründenden Gebäudes die baupolizeiliche Genehmigung erteilt ist, kommt es nicht an, nur die Tatsache der Errichtung ist von Bedeutung.

## 55. Straßenherstellungskosten.
## Wer ist bei einer Heranziehung (Veranlagung) zu Anliegerbeiträgen der Forderungsberechtigte?
## Gegen wen hat sich die Klage im Verwaltungsstreitverfahren zu richten?

Entscheidung des Oberverwaltungsgerichts vom 27. November 1913 — IV. C. 67/13 —.

Nicht die Gemeinde ist bei einer Heranziehung zu Anliegerbeiträgen die Forderungsberechtigte, sondern der Gemeindevorstand als die das Steuerhoheitsrecht in Wahrung der Haushaltsinteressen der Gemeinde ausübende Behörde, und deshalb kann sich die Klage im Verwaltungsstreitverfahren nur gegen ihn richten.

## 56. Straßenherstellungskosten.
## Welchen Inhalt muß die Verfügung über die Heranziehung (Veranlagung) zu Anliegerbeiträgen haben?

a) Entscheidung des Oberverwaltungsgerichts vom 19. April 1917 — IV. C. 93/16 —.

(Entsch. **72** 128.)

Für die Heranziehung zu Anliegerbeiträgen ist ein besonderer Inhalt nicht vorgeschrieben. Es ist nur zu verlangen, daß sie schriftlich erfolgt ist und erkennen läßt, daß sie von dem Gemeindevorstande ausgeht, sodann wer zahlen soll, welche Summe gezahlt werden soll und daß ein Anliegerbeitrag gefordert wird. Auch in solchen Fällen, in denen die Zahlungsaufforderung nicht von dem Gemeindevorstande selbst, sondern von seinen Organen, z. B. von der Gemeindekasse ergangen war (Entsch. d. OVG. **62** 169), ist eine Heranziehung seitens des Gemeindevorstandes für gegeben erachtet worden. Es bestehen keine Bedenken, auch in dem auf Antrag des Gemeindevorstandes vom Amtsgerichte erlassenen und zugestellten Beschlusse über die Anordnung der Zwangsverwaltung eines Grundstücks wegen einer Anliegerbeitragsforderung an den als Schuldner in Anspruch Genommenen die Heranziehung zu einem Anliegerbeitrage zu erblicken.

b) Entscheidung des Oberverwaltungsgerichts vom 28. Mai 1914 — IV. C. 50/13 —.

(Entsch. **67** 151.)

Eine Heranziehungsverfügung, die die Festsetzung des Fälligkeitstages für die Entrichtung eines Anliegerbeitrages späterer Bestimmung vorbehält, mithin die Heranziehung erst von einem unbestimmten Zeitpunkte an wirksam werden läßt, ist nicht rechtsgültig und hat den Anliegerbeitrag nicht zur Hebung gestellt.

c) Entscheidung des Oberverwaltungsgerichts vom 4. Januar 1915 — IV. C. 110/14 —.

(PrVerwBl. **37** 732.)

Wenn eine ratenweise Zahlung eines Anliegerbeitrages zugelassen ist, so stellt eine Aufforderung zur Zahlung einer fälligen Rate keine neue Heranziehung dar. Gegen eine solche Aufforderung ist das Rechtsmittelverfahren nicht zulässig.

## 57. Straßenherstellungskosten.

**Heranziehung (Veranlagung), Einspruch und Einspruchsbescheid bilden für die Heranziehung zu Anliegerbeiträgen feste Grenzen.**
**Die Beitragsforderung kann im Verwaltungsstreitverfahren nicht auf eine neue Grundlage gestellt werden.**
**Zur Frage, wann der Gemeindevorstand in dem Einspruchsbescheide die Beitragsforderung erhöhen oder auf einen anderen tatsächlichen oder rechtlichen Grund stützen kann.**
**Der Zweck des Einspruchs gegen die Beitragsforderung.**
**Der Einspruchsbescheid setzt die Beitragsforderung endgültig fest.**
**Wann kann die Beitragsforderung geltend gemacht werden?**

Entscheidung des Oberverwaltungsgerichts vom 5. März 1914 — IV. C. 72/13 —.
(Entsch. 67 148.)

Heranziehung, Einspruch und Einspruchsbescheid bilden für die Heranziehung zu Anliegerbeiträgen feste Grenzen, innerhalb deren sich das Streitverfahren zu bewegen hat. Deshalb kann die Beitragsforderung während des Verwaltungsstreitverfahrens nicht auf eine neue tatsächliche oder rechtliche Grundlage gestellt werden. Im Einspruchsbescheide kann der Gemeindevorstand aber die Beitragsforderung noch erhöhen oder sie auf einen anderen tatsächlichen oder rechtlichen Grund insofern stützen, als die Forderung in diesem wegen eines anderen auf demselben Grundstücke errichteten Gebäudes, das bei der Heranziehung nicht erwähnt war, aufrecht erhalten oder auf ein zwar erst nach der Heranziehung, aber vor dem Einspruchsbescheide errichtetes anderes Gebäude gegründet wird. Dies folgt aus dem Wesen des Einspruchsverfahrens. Der Einspruch bezweckt, eine Nachprüfung der geltend gemachten, aber vom Pflichtigen beanstandeten Beitragsforderung herbeizuführen, und der Einspruchsbescheid setzt auf Grund dieser Nachprüfung fest, was nun endgültig Rechtens sein soll. Im Einspruchsbescheide kommt demnach die endgültige Heranziehung zur Erscheinung, und deshalb ist es folgerichtig, daß zu berücksichtigen ist, wenn sich in der Zeit seit der Heranziehung zu einem Anliegerbeitrage bis zum Einspruchsbescheide die tatsächlichen Verhältnisse geändert haben. Zur Zeit des Einspruchsbescheides und spätestens zu diesem Zeitpunkte muß in tatsächlicher Beziehung die Geltendmachung der Beitragsforderung möglich sein; sie muß entstanden sein, d. h. die Straße — oder im Falle einer Spaltungsvorschrift im Ortsstatute die abspaltbare Einrichtung — muß fertig hergestellt sein mit der Möglichkeit, die entstandenen Kosten zu berechnen, und ein Gebäude muß an der Straße errichtet sein.

## 58. Straßenherstellungskosten.

**Darf ein sachlicher Einspruchsbeschluß erlassen werden, wenn eine Heranziehung (Veranlagung) zu Anliegerbeiträgen nicht vorliegt?**

Entscheidung des Oberverwaltungsgerichts vom 12. Februar 1914 — IV. C. 130/13 —.

Lag eine Heranziehung zu Anliegerbeiträgen nicht vor, dann durfte der Gemeindevorstand auch nicht einen sachlichen Einspruchsbeschluß erlassen, als wenn es sich um eine Heranziehung handelte, und den Kläger auf ein Klagerecht hinweisen, das der letztere nicht hatte. Er durfte nur einen Bescheid erteilen, wonach in diesem Falle das Einspruchsverfahren mit nachfolgender Klage im Verwaltungsstreitverfahren nicht stattfinde.

### 59. Straßenherstellungskosten.
### Wann ist ein Anliegerbeitrag rückständig?
### Zur Frage der Anmeldung einer streitigen Forderung zum Teilungsverfahren nach Beendigung des Zwangsversteigerungsverfahrens.

Entscheidung des Oberverwaltungsgerichts vom 5. März 1914 — IV. C. 180/13 —.

Rückständig ist eine Straßenbaukostenforderung erst dann, wenn sie zur Hebung gestellt, wenn also der Eigentümer zu diesen Kosten bereits herangezogen worden ist. Ist eine solche Heranziehung erst nach Beendigung des Zwangsversteigerungsverfahrens erfolgt, so war der Gemeindevorstand zur Anmeldung der streitigen Forderung zum Teilungsverfahren weder verpflichtet noch berechtigt, und es ist das ganze Zwangsversteigerungsverfahren auf die Forderung der Gemeinde ohne Einfluß geblieben.

### 60. Straßenherstellungskosten.
### Wann liegt ein rechtswirksamer Verzicht einer Gemeinde auf Anliegerbeiträge vor?

Entscheidung des Oberverwaltungsgerichts vom 22. Januar 1914 — IV. C. 210/12 —.

Ein rechtswirksamer Verzicht einer Stadtgemeinde auf Anliegerbeiträge liegt nur in dem Falle vor, wenn die Stadtverordnetenversammlung dem Verzichte zugestimmt hat.

### 61. Straßenherstellungskosten.
### Ist nach erfolgter Zurückweisung einer Klage gegen die Heranziehung (Veranlagung) zu Anliegerbeiträgen wegen Fristversäumnis die Klage im Verwaltungsstreitverfahren auf Feststellung der Zahlungspflicht oder auf Rückzahlung geleisteter Beiträge zulässig?

Entscheidung des Oberverwaltungsgerichts vom 15. Juni 1914 — IV. C. 86/14 —.

Wenn eine Klage gegen die Heranziehung zu Anliegerbeiträgen wegen Fristversäumnis zurückgewiesen ist, ist für eine Klage auf Feststellung der Zahlungspflicht oder auf Rückzahlung geleisteter Beiträge im Verwaltungsstreitverfahren kein Raum.

### 62. Straßenherstellungskosten.
### Zur Frage, ob die Feststellungsklage hinsichtlich der gesetzlichen Voraussetzungen für die zukünftige Erhebung von Anliegerbeiträgen zugelassen ist.

Entscheidung des Oberverwaltungsgerichts vom 22. September 1913 — IV. B. 20/13 —.

Eine Feststellungsklage, ob in Beziehung auf eine bestimmte Straße die gesetzlichen Voraussetzungen für die zukünftige Erhebung von Anliegerbeiträgen gegeben sind, ist nicht im Gesetze zugelassen.

### 63. Straßenunterhaltungskosten.
### Zur Frage, ob es zulässig ist, die Anlieger neuer Straßen zu den Kosten der Unterhaltung ihrer Straßen anders als nach Maßgabe des § 15 des Fluchtliniengesetzes vom 2. Juli 1875 heranzuziehen.
### Steht es den Gemeinden, welche auf Grund des § 9 des Kommunalabgabengesetzes Beiträge zu einer einheitlichen Straßenunterhaltung erheben, frei, nach Ablauf der in dem § 15 des Fluchtliniengesetzes bestimmten fünf Jahre auch die Anlieger der neuen Straßen mit der Abgabe zu belegen?

Entscheidung des Oberverwaltungsgerichts vom 26. Mai 1905 — II. C. 386/04 —.

(Entsch. **46** 97.)

Die Meinung der Vorderrichter, daß jede Erhebung von Beiträgen auf Grund des § 9 des Kommunalabgabengesetzes zu den Kosten der Unterhaltung von Straßen, welche unter den § 15 des Baufluchtengesetzes fallen, unzulässig sei, steht in Übereinstimmung mit der Ansicht, welche in der Wissenschaft zur Herrschaft gelangt und auch von dem Oberverwaltungsgerichte mehreren Erkenntnissen zugrunde gelegt worden ist (vergl. u. a. Urt. v. 21. 3. 1902 — PrVerwBl. **24** 408). An ihr muß grundsätzlich auch jetzt festgehalten werden, aber der Gerichtshof ist in wesentlichen Einzelheiten zu einer Auffassung gelangt, welche von seiner bisherigen abweicht. Der von dem § 15 in Verbindung mit § 19 des Baufluchtengesetzes „nach der negativen Seite hin" aufgestellte Grundsatz geht nur dahin, daß die Anlieger neuer Straßen zu Sonderleistungen unmittelbar und speziell für die Herstellung und Unterhaltung ihrer Straße nur im Rahmen des § 15 in Anspruch genommen werden dürfen. Das Baufluchtengesetz steht also einer Belastung der Anlieger mit Beiträgen aus § 9 des Kommunalabgabengesetzes entgegen, wenn erstens das Unternehmen, dessen Kosten zu decken sind, gerade in der Herstellung oder Unterhaltung ihrer Straße besteht, und zweitens die Anlieger einen besonderen Beitrag zu diesem Unternehmen leisten sollen. Dagegen hindert das Gesetz nicht die Inanspruchnahme der Anlieger mit Beiträgen nach § 9 des Kommunalabgabengesetzes oder mit einer anderen Abgabe, z. B. mit einer Vorbelastung auf Grund des § 20, Abs. 2 des Kommunalabgabengesetzes oder mit einer (vor dem Inkrafttreten des Kommunalabgabengesetzes eingeführten) Zwecksteuer, wenn es sich um ein Unternehmen anderer Art, z. B. die Herstellung eines Straßendurchbruchs oder einer Brücke in der Nachbarschaft handelt, oder wenn von jenen Anliegern nicht eine Sonderleistung, sondern eine allgemeine Abgabe für Straßenbauzwecke verlangt wird. Von diesen Erwägungen aus hat der Gerichtshof bereits in einem Erkenntnisse vom 14. Oktober 1904 — II. C. 250/03 — angenommen, daß die Anlieger einer neuen Straße einer Zwecksteuer unterworfen seien, welche erhoben wurde für die Unterhaltung des ganzen Straßennetzes einer Stadt und von den Hausbesitzern als jährliche Abgabe aufzubringen war nach dem Verhältnisse der vor den einzelnen Häusern gelegenen Straßenfläche.

Weiter hat der Gerichtshof schon in dem Erkenntnisse vom 3. November 1897 (Entsch. des OVG. **32** 122) ausgesprochen, daß das ganze Straßennetz einer Gemeinde, soweit es von ihr unterhalten werden müsse, hinsichtlich dieser Unterhaltung in der Regel eine Einheit bilde, d. h. daß die Unterhaltung des ganzen Straßennetzes eine einheitliche Veranstaltung sei und daß Beiträge auf Grund des § 9 des Kommunalabgabengesetzes nur zu den Kosten der einheitlichen Veranstaltung von allen einen Vorteil genießenden Grundbesitzern oder Gewerbetreibenden erhoben werden dürften. Daraus folgt, und das ist an sich auch in den späteren Entscheidungen nicht verkannt worden, daß derjenige, welcher mit einem solchen Beitrage zur Straßenunterhaltung belegt wird, nicht einen Sonderbeitrag unmittelbar zu den speziellen Kosten der Unterhaltung einer bestimmten einzelnen Straße, sondern eine allgemeine Abgabe zu der Unterhaltung des ganzen Straßennetzes leistet, und zwar auch in den Fällen, wo nach Anleitung des Erkenntnisses vom 17. November 1899 (Entsch. des OVG. **36** 99 ff.) die Anlieger der einzelnen Straße erst dann belastet werden, wenn die einheitliche Veranstaltung gerade diese Straße in Angriff nimmt und dadurch deren Anliegern Vorteile von besonders großem Umfange zuwendet, und wenn dann die Bemessung der Beiträge gerade auch mit Rücksicht auf die Kosten dieses Teiles der Veranstaltung geschieht. Wird dies genügend gewürdigt, so ist nicht abzusehen, wie eine derartige Beitragserhebung von den Anliegern neuer Straßen durch das Verbot des Baufluchtengesetzes getroffen werden könnte, sofern nur die neuen Straßen als zu dem einheitlichen Netze gehörig betrachtet werden dürfen. Allerdings finden sich in Erkenntnissen des Oberverwaltungsgerichts Wendungen, in denen anscheinend die neuen Straßen dem einheitlichen Netze der älteren Straßen, auf welches der § 9 des Kommunalabgabengesetzes seine Wirksamkeit erstrecken könne, gegenübergestellt werden. Aber zunächst muß betont werden, daß als „einheitliche Veranstaltung" nicht das Straßennetz, sondern die Straßenunterhaltung in Betracht kommt, und daß auch die älteren Erkenntnisse, namentlich die oben erwähnten vom 3. November 1897 und 17. November 1899 nichts anderes meinen, wenn sie sagen, das gesamte Straßennetz bilde hinsichtlich der Unterhaltung eine Einheit. Ferner ist hervorzuheben, daß die regelmäßige Einheitlichkeit hergeleitet wird aus der durch das „gemeine Wegerecht“ in der Regel begründeten Verpflichtung der Gemeinden, das gesamte Straßennetz zu unterhalten. Wird das beachtet und wird als Veranstaltung die Straßenunterhaltung ins Auge gefaßt, so ist eine Einschränkung des Bereichs dieser Veranstaltung auf ein engeres Netz (etwa das Netz der älteren Straßen) nur insoweit gerechtfertigt, als gewisse Straßen (insbesondere die neueren) hinsichtlich der Unterhaltung nicht unter das „gemeine Wegerecht“ fallen. Und das trifft, wenigstens soweit der § 15 des Baufluchtengesetzes in Betracht kommt, für die neuen Straßen nur hinsichtlich der ersten fünf Unterhaltungsjahre zu. Ist dieser Zeitraum abgelaufen, so steht der § 15 der Wirksamkeit des gemeinen Wegerechts, auf welchem die Einheitlichkeit beruht, nicht mehr entgegen, und deshalb kann dann aus ihm kein Grund mehr für die Ausschließung der neuen Straßen aus dem Bereiche der einheitlichen Veranstaltung entnommen werden. Nach allem ist es zwar unzulässig, die Anlieger neuer Straßen zu den Kosten der Unterhaltung gerade ihrer Straßen anders als nach Maßgabe des § 15 des Baufluchtengesetzes heranzuziehen, wohl aber steht es den Gemeinden, welche auf Grund des § 9 des Kommunalabgabengesetzes Beiträge zu einer einheitlichen Straßenunterhaltung von den Anliegern erheben, frei, nach Ablauf der in dem § 15 gesetzten fünf Jahre auch die Anlieger der neuen Straßen mit der Abgabe zu belegen, obwohl durch sie auch die Kosten der Unterhaltung dieser Straßen gedeckt werden, ja sie müssen das sogar tun, wenn die gedachten Anlieger diejenigen besonderen Vorteile von der Veranstaltung haben, wegen deren die Beitragserhebung erfolgt (vergl. Erkenntnis vom 4. 12. 1903 — Entsch. des OVG. **45** 150ff. —).

## 64. Straßenunterhaltungskosten.

**Die Höhe der Beiträge zu den Straßenunterhaltungskosten hat sich nach den Vorteilen des einzelnen Grundeigentümers zu richten.**

**Zur Frage, was im Genehmigungsverfahren nach § 9 a. a. O. zu beachten ist. Steht dem Verwaltungsrichter im Verwaltungsstreitverfahren nach § 70 a. a. O. eine Nachprüfung darüber zu, ob bei dem einzelnen Grundeigentümer Vorteile wirklich vorhanden und ob sie in richtiger Weise gewürdigt sind?**

Entscheidung des Oberverwaltungsgerichts vom 17. Februar 1905 — II. C. 57/04 —.

(Entsch. **46** 75.)

Das Oberverwaltungsgericht hat schon mehrfach ausgesprochen, daß die Höhe der Beiträge sich nach den Vorteilen des einzelnen zu richten hat, und daß dies in dem Genehmigungsverfahren zu beachten ist, daß aber dem Verwaltungsrichter eine Nachprüfung darüber, ob bei dem einzelnen Vorteile wirklich vorhanden und ob sie in richtiger Weise gewürdigt sind, nicht zusteht, daß er sich vielmehr bei der Genehmigung des Beschlusses bescheiden muß, wenn er sieht, daß grundsätzlich die Vorteile des einzelnen berücksichtigt worden sind, und daß er sich darum — von besonderen Umständen abgesehen — z. B. regelmäßig damit begnügen kann, wenn besondere Vorteile der (Band **32** 116 ungenau als „Klasse“ bezeichneten) gesamten Anlieger einer neugepflasterten Straße im allgemeinen erkennbar sind. Bei den Ausführungen des Erkenntnisses vom 3. November 1897 (Entsch. **32** 110) handelte es sich zunächst um die Kennzeichnung der Stellung des Verwaltungsrichters. Von ihr ist S. 116/117 die Rede. Die weiteren Ausführungen gehen dann näher auf die Absichten des § 9 des Kommunalabgabengesetzes ein, und sie sprechen richtig von den Vorteilen der einzelnen Grundstücke.

## 65. Kanalbaukosten.

**Zur Frage, wie ein wirksamer Beschluß über Beiträge zu Kanalbaukosten (§ 9 des Kommunalabgabengesetzes) zustande kommen kann.**

**Was muß aus der Bekanntmachung des Gemeindebeschlusses über die Beitragsverpflichtung hervorgehen?**

**Zur Frage der Rechtsmittelbelehrung, wenn die Genehmigung des Beschlusses durch den Vorsitzenden des Bezirksausschusses allein auf Grund des § 117 des Landesverwaltungsgesetzes erteilt wird.**

Entscheidung des Oberverwaltungsgerichts vom 23. Mai 1916 — II. C. 155/15 —.

(PrVerwBl. **38** 129.)

Ein wirksamer Beitragsbeschluß wegen Beiträgen zu Kanalbaukosten kann nur zustandekommen, wenn ein vollständiger Plan der Veranstaltung und ein vollständiger Nachweis der entstandenen oder voraussichtlich entstehenden Kosten der ganzen Veranstaltung bei der Beschlußfassung vorliegt und demnächst offengelegt wird. Es genügt also keineswegs, daß nur im allgemeinen ausgesprochen wird, die Veranstaltung solle sich auf das ganze — jetzige oder zukünftige — Stadtgebiet beziehen, daß aber ein Plan und Kostennachweis nur für die zur Zeit der Beschlußfassung schon vorhandenen Straßen aufgestellt wird. Die Beiträge können nur von denjenigen Grundstücken, die an den in den Plan aufgenommenen Straßen liegen, erhoben werden. Hinsichtlich der nicht in den Plan aufgenommenen Straßen schwebt die zukünftige Veranstaltung noch in der Luft; hinsichtlich ihrer können wohl Richtlinien für die später auszuführende Veranstaltung und die später zu bewirkende Beitragserhebung aufgestellt werden; weil aber noch nichts darüber feststeht, wie und mit welchem Kostenaufwande die Veranstaltung ausgeführt werden wird, ist es unmöglich, für diese Grundstücke die besonderen Vorteile abzumessen, von denen die Bemessung der Beiträge abhängig ist. Allerdings mag es in manchen Fällen unmöglich sein, für eine in der Entwicklung begriffene Gemeinde einen in diesem Sinne vollständigen Plan einer Kanalisation aufzustellen, der auf Jahrzehnte genügt; es bleibt dann der Gemeinde, wenn sie Beiträge auf Grund des § 9 des Kommunalabgabengesetzes erheben will, nur übrig, schrittweise vorzugehen. Jedenfalls aber muß, wenn Beiträge von Grundstücken an solchen Straßen erhoben werden sollen, die in dem ausgelegten Plane nicht enthalten waren, hinsichtlich dieser Straßen das im § 9 vorgeschriebene Verfahren von neuem durchgeführt werden. Nur auf diese Weise kann den Beitragspflichtigen das ihnen im § 9 a. a. O. gegebene Einspruchsrecht gewährleistet werden.

Nach der ständigen Rechtsprechung des Oberverwaltungsgerichts muß die Bekanntmachung des Gemeindebeschlusses die wesentlichen Bestandteile der beschlossenen Beitragsverpflichtung, also insbesondere die Höhe des Beitrags und den Maßstab, nach dem der Beitrag berechnet werden soll, ersehen lassen. Denn der Zweck der Bekanntmachung ist, daß die Beitragspflichtigen sich aus ihr selbst über die an sie gestellten Anforderungen in allen wesentlichen Punkten unterrichten können.

Wenn die Genehmigung des Gemeindebeschlusses durch den Vorsitzenden des Bezirksausschusses allein auf Grund des § 117 des Landesverwaltungsgesetzes erfolgt, muß die im § 9, Abs. 5 des Kommunalabgabengesetzes vorgeschriebene Bekanntmachung des Beschlusses der Genehmigungsbehörde die im § 117, Abs. 3 des Landesverwaltungsgesetzes bestimmte Eröffnung über die zulässigen Rechtsbehelfe enthalten (vergl. auch Entsch. des OVG. v. 25. 1. 1916 — Entsch. **70** 159 —).

## 66. Der begriffliche Unterschied zwischen der Gemeindesteuerordnung und dem Steuerverteilungsbeschlusse.

Entscheidung des Oberverwaltungsgerichts vom 7. Juni 1921 — VIII. C. 36/21 —.

(Entsch. **76** 269.)

Die Steuerordnung als allgemeine Rechtsnorm hat die Rechtsgrundsätze festzustellen, nach denen der nach dem Steuerverteilungsbeschlusse auf die betreffende Steuerart entfallende Fehlbetrag des Gemeindehaushalts auf die in der Steuerordnung vorgesehenen Besteuerungsmaßstäbe unterzuverteilen ist, wobei die Höhe dieses Ausgabebedarfs rechtlich völlig außer Betracht bleibt. Der Steuerverteilungsbeschluß dagegen ist eine Verwaltungsmaßnahme, die sich lediglich auf die Festsetzung dieses Bedarfs für ein bestimmtes Rechnungsjahr, ausgedrückt in Prozenten der staatlich veranlagten Steuern, zu beschränken hat.

## 67. Die äußere Form der Gemeindesteuerordnungen. Muß in einer Gemeindesteuerordnung der Beschluß der Gemeindevertretung, auf dem die Ordnung beruht, angegeben werden?

Entscheidung des Oberverwaltungsgerichts vom 24. Oktober 1912 — VII. C. 168/12 —.

Das Kommunalabgabengesetz stellt für die äußere Form der Steuerordnung keine besonderen Regeln auf. Hieraus folgt, daß in der Steuerordnung der Beschluß der Gemeindevertretung, auf dem sie beruht, nicht angeführt zu werden braucht. Deshalb ist es auch unschädlich, wenn in einer Steuerordnung der in Betracht kommende Beschluß unrichtig bezeichnet ist.

## 68. Eine Steuerordnung muß die Voraussetzungen der Steuerpflicht und die Steuersätze durch objektive Normen im voraus fest bestimmen. Die Rechtskontrolle der Gemeindebesteuerung durch den Verwaltungsrichter.

Entscheidung des Oberverwaltungsgerichts vom 9. Februar 1915.

(Preuß.-Gem.-Ztg. 1915, S. 200.)

Es ist ein wesentliches Erfordernis einer Steuerordnung, daß sie die Voraussetzungen der Steuerpflicht und die Höhe der Steuer durch objektive Normen im voraus fest bestimmt. Eine Steuerordnung, die die Ermittlung des Steuersatzes dem freien Ermessen der Veranlagungsbehörde überläßt, enthält insoweit keine objektiven festen Normen und ermöglicht dadurch ungleiche Forderungen im Einzelfalle.

Die Bestimmtheit der Steuerordnung in Normen und Sätzen bildet auch die notwendige Voraussetzung für die vom Gesetze angeordnete Rechtskontrolle der Gemeindebesteuerung durch den Verwaltungsrichter. Denn dessen Nachprüfung hat gerade darauf zu sehen, ob die Veranlagung den bestehenden objektiven Normen entspricht. Sofern es an solchen Normen für die Ermittlung des Steuersatzes fehlt, würde damit die Veranlagung hinsichtlich der Höhe der Steuer einer wirksamen Rechtskontrolle entrückt sein. Der Mangel solcher Normen in der Steuerordnung kann auch nicht etwa dadurch ausgeglichen werden, daß die Veranlagungsbehörde ihrerseits ausdrücklich oder stillschweigend Normen aufstellt, die für die Ermittlung des Steuersatzes durch sie maßgebend sein sollen. Ganz abgesehen von sonstigen hiergegen zu erhebenden Bedenken, insbesondere dem, daß der Veranlagungsbehörde nach den Gemeindeverfassungsgesetzen die zur Aufstellung derartiger, das Ortsrecht ergänzender Normen erforderliche gesetzgebende Gewalt nicht zusteht, würde für die Praxis ein unmöglicher Zustand geschaffen, wenn die Veranlagungsbehörde die Normen, auf deren Einhaltung ihr Verfahren vom Verwaltungsrichter nachgeprüft werden soll, mit bindender Wirkung für diesen selbst festsetzen sollte. Normen, die die Steuerbehörde allein aufgestellt hat, würde sie jederzeit wieder allein ausdrücklich oder stillschweigend ändern dürfen. Es liegt auf der Hand, daß so veränderliche — vielleicht nicht einmal äußerlich festgelegte — Normen keine Grundlage für die Rechtskontrolle abgeben können. Ein derartiges Verfahren der Normen-(Satzungs-)Abänderung würde aber dem Gesetze widerstreiten, wonach Änderungen des Steuersatzes nur durch Steuerordnungen erfolgen können und daß die (Festsetzung und) Abänderung der Grundsätze für besondere direkte oder indirekte Gemeindesteuern der Genehmigung und Zustimmung der Aufsichtsbehörden bedarf.

## 69. Die Regelung des materiellen Steuerrechts der Gemeinden und des Rechts auf Auskunfterteilung durch Steuerordnungen. Zur Frage, ob die Gemeinden das Veranlagungs- und Erhebungsverfahren selbständig und unbeschränkt ordnen können.

Entscheidung des Oberverwaltungsgerichts vom 28. März 1916 — VIII. C. 73/16 —.

Das Kommunalabgabengesetz sagt nicht ausdrücklich, auf welchen Inhalt sich die Steuerordnungen zu beschränken haben. Aus ihrem Wesen als einer Ordnung der Steuer ergibt sich aber, daß ihre Satzungen sich in der Regelung der subjektiven und objektiven Steuerpflicht und in der Aufstellung der Grundsätze über die Höhe der Steuer zu erschöpfen haben, sofern nicht etwa den Gemeinden durch das Gesetz eine weitergehende Ermächtigung ausdrücklich erteilt ist, wie dies im § 63 des Kommunalabgabengesetzes hinsichtlich des Rechts auf Auskunfterteilung durch die Steuerpflichtigen geschehen ist. Dort ist bestimmt, daß durch die Steuerordnung die Rechte des Gemeindevorstandes (Steuerausschusses) und die Obliegenheiten des Steuerpflichtigen dahin geregelt werden können, daß der Gemeindevorstand (Steuerausschuß), soweit er nicht auf anderem Wege zur Kenntnis der für die Veranlagung maßgebenden Besteuerungsmerkmale gelangt ist, von den Steuerpflichtigen hierüber binnen einer angemessenen Frist Auskunft erfordern darf, und daß der Steuerpflichtige zur Auskunfterteilung verbunden ist. Dieser Vorschrift hätte es nicht bedurft, wenn in dem der Gemeinde durch § 23 a. a. O. zugestandenen Rechte zum Erlasse von Steuerordnungen an sich schon deren Befugnis enthalten wäre, neben dem materiellen Steuerrechte auch das Veranlagungsverfahren selbständig und unbeschränkt zu ordnen. Vielmehr muß gerade daraus, daß das Kommunalabgabengesetz in jenem Abschnitte unter der Überschrift „Veranlagung und Erhebung" besondere Grundsätze aufstellt und hierbei die Gemeinden lediglich ermächtigt, durch die Steuerordnungen das Recht auf Auskunfterteilung in dem durch § 63 a. a. O. bezeichneten Umfange zu regeln, der Schluß gezogen werden, daß ihnen andere ortsgesetzliche Abweichungen von dem allgemeinen Rechte hinsichtlich der Gestaltung des Veranlagungs- und Erhebungsverfahrens nicht gestattet sein sollen.

## 70. Die Ausgestaltung der Steuerordnungen, die Art der Berechnung der Steuer und die Kontrollvorschriften.

a) Entscheidung des Oberverwaltungsgerichts vom 30. September 1913 — VII. C. 813/12 —.

In der näheren Ausgestaltung der Steuerordnungen und demnach auch in der Art der Berechnung der Steuer ist dem örtlichen Steuergesetzgeber vom Gesetze freie Hand gelassen.

b) Entscheidung des Oberverwaltungsgerichts vom 3. Juli 1917 — II. C. 277/17 —.

(PrVerwBl. **39** 242.)

In einer Steuerordnung über indirekte Steuern können Kontrollvorschriften angeordnet werden; insbesondere kann dem Steuerschuldner die Pflicht zur Auskunfterteilung auferlegt werden.

## 71. Die Vorschriften über die Normen und Steuersätze in einer Gemeindesteuerordnung.

Entscheidung des Oberverwaltungsgerichts vom 3. Oktober 1916 — VIII. C. 36/16 —.

(Entsch. **71** 190.)

Jede Steuerordnung muß feste Normen enthalten, aus denen sich die Höhe des Steuereinheitssatzes ergibt oder errechnen läßt (Entsch. **57** 133, **62** 313). Dessen Höhe darf nicht dem Belieben der Gemeindeorgane bei der jährlichen Steuerverteilung überlassen bleiben.

## 72. Die Höhe der Steuersätze in Steuerordnungen.

Entscheidung des Oberverwaltungsgerichts vom 3. Juli 1917 — VIII. C. 138/16 —.

Bedenken gegen die Höhe der Steuersätze in Steuerordnungen unterliegen ausschließlich der Würdigung der Genehmigungsbehörden, nicht des Verwaltungsrichters (Entsch. des OVG. **39** 78).

## 73. Eine Steuerordnung, die die Abgabe so hoch bemißt, daß die Ausübung des Gewerbes ernstlich gefährdet werden könnte, soll nicht genehmigt werden. Die Angemessenheit der Steuersätze kann im Rechtsmittelverfahren nicht nachgeprüft werden. Zur Frage der Gültigkeit einer Steuerordnung, wenn die eingeführte Abgabe das Wesen einer Steuer nicht mehr hat.

Entscheidung des Oberverwaltungsgerichts vom 30. Mai 1916 — II. C. 20/16 —.

(PrVerwBl. **38** 116.)

Streng genommen ist die Bezeichnung „Erdrosselungssteuer" ein Widerspruch in sich selbst. Entweder handelt es sich um eine wirkliche Steuer oder um eine auf die Unterdrückung des Gewerbes gerichtete Maßnahme. Ob das eine oder das andere der Fall ist, hängt von der Gestaltung der „Steuer" ab. Wo zwar die steuerliche Eigenschaft gewahrt, die Abgabe aber so hoch bemessen wird, daß sie die Ausübung des Gewerbes ernstlich gefährden könnte, soll die Steuerordnung von den staatlichen Aufsichtsbehörden nicht genehmigt werden (vergl. Entsch. des OVG. vom 1. 5. 1914 — PrVerw.-Bl. **36** 679 —). Ist aber die Genehmigung in einem solchen Falle erfolgt, so muß der Verwaltungsrichter die Ordnung anwenden; die Angemessenheit der Steuersätze unterliegt seiner Nachprüfung nicht. Er könnte einer Ordnung die Gültigkeit nur dann absprechen, wenn die von ihr eingeführte Abgabe das Wesen einer Steuer nicht mehr hätte.

## 74. Zur Frage, ob eine Steuer gesetzwidrig ist, wenn durch die Besteuerung der Gewerbebetrieb erschwert wird und der Reingewinn zurückgeht oder wegfällt.

Entscheidung des Oberverwaltungsgerichts vom 16. Juni 1914 — II. C. 37/14 —.

Eine Erschwerung des Gewerbebetriebes wird durch jede Besteuerung einzelner Veranstaltungen eines solchen, ebenso wie durch eine Besteuerung des Gewerbebetriebes selbst oder des aus ihm fließenden Einkommens herbeigeführt. Dadurch wird aber die Besteuerung nicht gesetzwidrig und wird es auch nicht dadurch, daß manche Gewerbebetriebe infolge der Besteuerung einen erheblichen Rückgang des Reingewinns oder wohl gar dessen Wegfall erleiden.

## 75. Zur Frage des Begriffs der direkten und indirekten Steuern.

Entscheidungen des Oberverwaltungsgerichts vom 11. Dezember 1923 — II. C. 86/23 — und vom 30. September 1924 — II. C. 53/24 —.

(PrVerwBl. $\frac{\mathbf{45}\ 205.)}{\mathbf{46}\ 172}$

Vergleiche Nr. 112, 113 und 113b der Entscheidungen.

## 76. Maßstab für die Bemessung einer indirekten Gemeindesteuer.

Entscheidung des Oberverwaltungsgerichts vom 26. März 1908 — VII. C. 54/08 —.

(Entsch. **52** 137.)

Es gibt keine gesetzliche Vorschrift, die der Gemeindeautonomie in bezug auf den Maßstab für die Bemessung einer indirekten Steuer eine Beschränkung auferlegt*).

## 77. Die Erteilung der Genehmigung oder Zustimmung zu einer Steuerordnung mit einer Maßgabe.

a) Entscheidung des Oberverwaltungsgerichts vom 24. Februar 1915 — II. H. C. 143/14 —.

(Entsch. **68** 175.)

Das Oberverwaltungsgericht hat wiederholt ausgesprochen, daß es zum Zustandekommen eines Ortsgesetzes, wenn die Genehmigungsbehörde (Kreisausschuß, Bezirksausschuß oder höhere Aufsichtsbehörde) zu einer Steuerordnung die erforderliche Genehmigung oder Zustimmung nur mit einer „Maßgabe" erteilt, grundsätzlich noch eines Bekschlusses der Gemeindevertretung bedarf, der sich mit dieser Maßgabe einverstanden erlärt.

b) Entscheidung des Oberverwaltungsgerichts vom 30. Oktober 1923 — II. C. 186/22 —.

(Entsch. **78** 106.)

Der Gerichtshof hat zwar in ständiger Rechtsprechung die Auffassung vertreten, daß zum Zustandekommen eines gültigen Ortsrechts die Übereinstimmung der beschließenden und genehmigenden Faktoren erforderlich ist, und daß grundsätzlich, wenn die staatlichen Aufsichtsinstanzen ihre Genehmigung oder Zustimmung nur mit einer Maßgabe erteilt haben, noch ein erneuter Beschluß seitens der übrigen Gesetzgebungsfaktoren gefaßt werden muß, welcher sich mit dieser Maßgabe einverstanden erklärt. Doch wurde eine derartige nochmalige Beschlußfassung dann für entbehrlich erachtet, wenn es sich nicht um eine eigentliche Maßgabe, d. h. eine solche handelt, welche nur eine bedingte, die von der Gemeinde beschlossene Steuerordnung rechtlich in wesentlichen Punkten abändernde Genehmigung bedeutet (vergl. Nöll-Freund, Kommunalabgabengesetz, 8. Aufl., Anm. 3a zu § 77 und die dort angeführten Entscheidungen, insbesondere diejenige vom 17. November 1914 — Entsch. des OVG. **68** 199 —).

c) Entscheidung des Oberverwaltungsgerichts vom 6. Juni 1912 — VII. C. 114/12 —.

Wenn der Oberpräsident seine Zustimmung zu einer Steuerordnung auf eine bestimmte Dauer erteilt hat, ist eine nochmalige Beschlußfassung der Gemeindevertretung und ein nochmaliges Angehen des Bezirksausschusses als Genehmigungsbehörde nicht erforderlich.

---

*) Hinsichtlich der Getränkesteuer vgl. die §§ 15 u. 16 des Finanzausgleichsgesetzes in der Fassung der Bekanntm. vom. 27. April 1926 (RGBl. I, S. 203). Diese Steuer kann nur nach dem Kleinhandelspreise oder nach der Menge des steuerbaren Getränkes bemessen werden.

**78. Zur Frage, ob durch die Genehmigung (Zustimmung) der Steuerbeschlüsse (Steuerordnungen) der Gemeinden das Ortsrecht ergänzt wird.**
**Die Aufsichtsbehörde hat das Ortsrecht zu genehmigen oder zu verwerfen, sie ist aber nicht befugt, das Ortsrecht zu ändern.**
**Die Aufsichtsbehörde kann die Gültigkeitsdauer der Genehmigung (Zustimmung) zeitlich begrenzen.**
**Wird vor Ablauf der bestimmten Frist die Zeitbeschränkung nicht zurückgezogen oder die Gültigkeitsdauer der Genehmigung (Zustimmung) nicht verlängert, so tritt die Steuerordnung mit dem Ablaufe der in Betracht kommenden Zeit endgültig außer Kraft. In einem solchen Falle muß die Steuerordnung von neuem beschlossen und die Genehmigung und gegebenenfalls auch die Zustimmung zu dieser Ordnung eingeholt werden.**

Entscheidung des Oberverwaltungsgerichts vom 31. Mai 1904 — II. C. 297/03 —*).

(Entsch. **46** 66.)

Die von den Aufsichtsbehörden vorbehaltene Prüfung und Genehmigung von Steuerbeschlüssen der Gemeinden ist kein das Lokalrecht ergänzender Akt; auf Grund ihrer Prüfung der Gemeindehaushaltsbeschlüsse, die im Aufsichtswege nur genehmigt oder verworfen, nicht aber geändert werden können, hat die Aufsichtsbehörde lediglich zu bestimmen, ob und wie lange der Steuerbeschluß rechtliche Gültigkeit haben soll.

Solange daher die Genehmigung aussteht, bleibt der Beschluß in der Schwebe; wird sie versagt, so entsteht kein Besteuerungsrecht. Wird die Erteilung der Genehmigung gemäß § 77, Abs. 4 des Kommunalabgabengesetzes vom 14. Juli 1893 auf eine von vornherein zu bestimmende kürzere Frist — statt der längeren oder unbegrenzten Zeitdauer des Steuerbeschlusses — von einem oder mehreren Jahren beschränkt, so wird damit infolge der finanzwirtschaftlichen Prüfung der Gemeindeverhältnisse dem Beschlusse die Rechtsgültigkeit nur auf diese Zeit gewährt, die Weitergeltung aber versagt. Wenn die Aufsichtsbehörden einem auf unbeschränkte Zeitdauer lautenden Steuerbeschlusse die Genehmigung erteilen wollen, so müssen sie sich von vornherein darüber schlüssig machen, ob etwa und wie lange die gegenwärtigen Zeitverhältnisse eine Zeitbeschränkung gebieten. Entscheiden sie sich für eine solche ohne Vorbehalt, so ist die Ordnung mit dem Ablaufe der Zeit endgültig beseitigt. Später kann sie nicht durch eine bloße Verlängerung der Genehmigung neu belebt werden, vielmehr bedarf es dazu eines neuen Beschlusses der in Betracht kommenden Körperschaften und, wenn die Veröffentlichung vorgeschrieben war, einer neuen Veröffentlichung.

**79. Die Bestimmung über den Zeitpunkt des Inkrafttretens einer Abgabenordnung ist ein wesentlicher Bestandteil der Ordnung.**
**Der Zeitpunkt des Inkrafttretens einer Gebührenordnung muß von der Gemeindevertretung beschlossen werden. Die Genehmigung der Aufsichtsbehörde (des Bezirks- oder Kreisausschusses) ist erforderlich.**
**Ein Mangel, der einen wesentlichen Bestandteil des Ortsgesetzes betrifft, nimmt dem Ortsgesetze im ganzen die rechtliche Gültigkeit.**

Entscheidung des Oberverwaltungsgerichts vom 7. November 1916 — II. C. 447/16 —.

(Entsch. **72** 103.)

Die Bestimmung der Gebührenordnung: „Das Inkrafttreten dieser Gebührenordnung wird durch Magistratsbeschluß bestimmt" ist ungültig. Der Zeitpunkt des

*) Vgl. auch die Entsch. des OVG. v. 22. 9. 1921 — IV. C. 89/20 — (Entsch. 77 167).

Inkrafttretens ist ein wesentlicher Teil der Gebührenordnung; er muß von der Gemeindevertretung beschlossen und von der zuständigen Aufsichtsbehörde genehmigt werden. Die vielfach in Gebührenordnungen vorkommende und vom Oberverwaltungsgerichte noch niemals beanstandete Bestimmung, daß die Gebührenordnung mit der Veröffentlichung in Kraft treten soll, gibt zwar auch dem Gemeindevorstande, der allein die Veröffentlichung zu bewirken hat, die Macht, das Inkrafttreten zu einem gewissen Zeitpunkte herbeizuführen. Indessen ist die Sachlage dabei insofern anders, als diese Bestimmung regelmäßig dahin aufzufassen sein wird, daß die Veröffentlichung so bald bewirkt werden soll, als dies in dem ordnungsmäßigen Geschäftsgange möglich ist, und deshalb ist in diesem Falle der Zeitpunkt des Inkrafttretens tatsächlich von den zum Erlasse der Gebührenordnung berufenen Behörden festgesetzt. Sollte in Einzelfällen die Bestimmung den Sinn haben, daß die Veröffentlichung und damit das Inkrafttreten der Ordnung (z. B. wegen Unvollständigkeit einer Kanalanlage bis nach deren Vollendung) hinausgeschoben werden soll, so würde der Gemeindevorstand allein nicht über den Zeitpunkt der Veröffentlichung befinden dürfen, sondern auch ein Beschluß der Gemeindevertretung und die Genehmigung der zuständigen Aufsichtsbehörde erforderlich sein. Auch der hier berührte Mangel betrifft einen wesentlichen Bestandteil des Ortsgesetzes und nimmt der Gebührenordnung im ganzen die rechtliche Gültigkeit.

## 80. Zur Frage der Verkündigung (Veröffentlichung) der Steuerordnungen sowie der Genehmigung und Zustimmung.

a) Entscheidung des Oberverwaltungsgerichts vom 17. Oktober 1912 — VII. C. 31/12 —.

Die Verkündigung einer Steuerordnung muß in der Regel in der Weise erfolgen, daß alles, was zum Verständnis ihres sachlichen Inhalts erforderlich ist, bekannt gemacht wird. Eine Steuerordnung kann nicht durch Mitteilung an einzelne Gemeindemitglieder diesen gegenüber in Kraft gesetzt werden, während sie den übrigen gegenüber unwirksam bleibt. Das ist keine Verkündigung der Steuerordnung.

b) Entscheidung des Oberverwaltungsgerichts vom 12. Mai 1905 — II. 870 —.

(PrVerwBl. **27** 538.)

Allerdings ist in den Art. 4 und 9 der Ausführungsanweisung vom 10. Mai 1894 zum Kommunalabgabengesetze für Gebühren- und Steuerordnungen eine Bekanntmachung in ortsüblicher Weise vorgeschrieben. Doch hat diese Anordnung, wie das Oberverwaltungsgericht in der Entscheidung vom 2. März 1900 (PrVerwBl. **21** 477) ausgesprochen hat, nur die Bedeutung einer aus Zweckmäßigkeitsrücksichten erlassenen Dienstanweisung, von deren Beobachtung die Verbindlichkeit der Steuerordnungen nicht abhängig ist.

c) Entscheidung des Oberverwaltungsgerichts vom 20. Februar 1914 — VII. C. 676/13 —.

Gegenstand der Veröffentlichung braucht nur die Steuerordnung selbst, ihrem sachlichen Inhalte nach, zu sein, nicht auch die erteilte Genehmigung und Zustimmung, insofern nur tatsächlich diese genehmigenden und zustimmenden Maßnahmen der Aufsichtsbehörden — als Voraussetzungen der Gültigkeit der Steuerordnung — vorliegen.

d) Entscheidung des Oberverwaltungsgerichts vom 22. September 1921 — IV. C. 89/20 —.

(Entsch. **77** 167.)

Es besteht keine gesetzliche Bestimmung des Inhalts, daß die nach dem Kommunalabgabengesetze für eine Steuerordnung erforderliche Genehmigung und Zustimmung (§§ 18 und 77 das.) zu veröffentlichen seien. Auch in anderer Weise läßt sich die Notwendigkeit solcher Veröffentlichung nicht begründen, insbesondere kann sie nicht etwa aus der Natur jener Erklärung hergeleitet werden. Diese bilden nicht einen Teil der Steuerordnung, sondern stehen ihr als selbständige Entschließungen der Aufsichtsbehörden gegenüber. Auch die Steuerordnungen selbst bedürfen nach der ständigen Rechtsprechung des Oberverwaltungsgerichts zu ihrer Rechtsverbindlichkeit an sich nicht der Veröffentlichung. Der Gesetzgeber hat ausweislich der Verhandlungen über das Zustandekommen des Kommunalabgabengesetzes (vergl. Kommissionsbericht des Herrenhauses zu § 18 Drucks. des Herrenhauses Nr. 90, S. 13) aus bestimmten Gründen davon abgesehen, die Veröffentlichung der Steuerordnungen vorzuschreiben. Darum kann der Bestimmung des Art. 9, Ziff. 4, letzter Absatz der Ausführungsanweisung zum Kommunalabgabengesetze, daß die Steuerordnungen in ortsüblicher Weise bekannt zu machen seien, nur die Bedeutung einer aus Zweckmäßigkeitsgründen erlassenen Dienstanweisung zuerkannt werden, von deren Beobachtung die Rechtsverbindlichkeit einer Steuerordnung nicht abhängt (Urt. v. 18. 10. 1900 — Entsch. des OVG. **38** 99ff. —). Indes kann eine Steuerordnung oder ein Nachtrag zu einer solchen selbst die Veröffentlichung vorschreiben. Wenn sie das, wie hier durch § 14 der Steuerordnung und den letzten Satz des Nachtrags von 1914 geschehen, in der Weise tut, daß sie den Zeitpunkt ihres Inkrafttretens nicht durch Benennung eines im voraus bestimmten Tages bezeichnet, sondern vom Eintritte des Ereignisses ihrer Veröffentlichung abhängig macht, so bedarf es selbstverständlich der letzteren. In solchem Falle kann die Veröffentlichung mit der beabsichtigten Rechtswirkung zwar erst dann erfolgen, wenn die Steuerordnung rechtsgültig zustande gekommen ist, d. h. wenn sie die erforderliche Genehmigung und Zustimmung erhalten hat (Urt. v. 12. 12. 1910 — Entsch. des OVG. **58** 7 —); indes ist auch hier die Mitveröffentlichung dieser keinen Bestandteil der Steuerordnung bildenden Erklärungen nicht erforderlich. Ist aber ihre Veröffentlichung rechtlich nicht notwendig, so kann ihre Notwendigkeit auch nicht daraus gefolgert werden, daß eine frühere Zustimmung unnötigerweise veröffentlicht worden ist. Soweit die Klägerin und der Bezirksausschuß ihre abweichende Auffassung mit dem Hinweis auf die Unzuträglichkeiten begründen, die aus der Nichtveröffentlichung der Zustimmungserklärung in solchem Falle für den Steuerzahler leicht entstehen könnten, übersehen sie, daß sie sich damit der Frage der Zweckmäßigkeit des gedachten Verfahrens zuwenden, während es hier lediglich auf dessen Rechtmäßigkeit ankommt. Übrigens sind, worauf nur nebenbei hinzuweisen ist, die angedeuteten Schwierigkeiten und Unzuträglichkeiten dem gedachten Falle der Verlängerung eines Nachtrags keineswegs eigentümlich; sie können sich auch stets beim Erlaß einer neuen Steuerordnung einstellen, weil eine solche nach dem geltenden Rechte der Veröffentlichung nicht bedarf.

## 81. Der Zeitpunkt des Inkrafttretens von Ordnungen über direkte Gemeindesteuern. Zur Frage der Steuerheranziehung (Veranlagung), wenn die Ordnung über eine direkte Steuer im Laufe eines Steuerjahres in Kraft getreten ist.

Entscheidung des Oberverwaltungsgerichts vom 24. April 1914 — VIII. C. 1/14 —.

Steuerordnungen haben zwar keine rückwirkende Kraft, aber Veranlagungen, die nach dem Inkrafttreten einer neuen Steuerordnung erfolgen, haben gleichmäßig für das ganze, eine Einheit bildende Steuerjahr auch dann zu geschehen, wenn die neue Steuerordnung nicht mit dem Beginne des neuen Steuerjahres, sondern erst später in Kraft getreten war. Aber eine anderweite Heranziehung auf Grund der neuen Ordnung ist dann unzulässig, wenn bereits vor ihrem Inkrafttreten eine Heranziehung auf Grund der bei Beginn des Steuerjahres geltenden alten Ordnung für das betreffende Steuerjahr erfolgt war*).

*) Vgl. jedoch § 70a des KomAbgGes. in der Fassung des Gesetzes vom 26. 8. 1921 (GS. S. 495), wenn im Verwaltungsstreitverfahren eine Abgabenordnung für rechtsungültig erklärt worden ist.

## 82. Wonach ist die Gültigkeit einer Rechtsnorm (Gemeindesteuerordnung usw.) zu beurteilen?

Entscheidung des Oberverwaltungsgerichts vom 3. Oktober 1916 — VIII. C. 114/16 —.

(PrVerwBl. **38** 479.)

Die Gültigkeit einer Rechtsnorm ist nach der rechtlichen Anwendungsmöglichkeit zu beurteilen, die sie ihrem Inhalte nach sich selbst beilegt, nicht aber nach dem Umfange ihrer tatsächlichen Anwendbarkeit auf Grund der jeweiligen, zufälligen örtlichen Verhältnisse.

## 83. Wesentliche Voraussetzung für die Rechtswirksamkeit einer Gemeindesteuerordnung.

Entscheidung des Oberverwaltungsgerichts vom 17. Oktober 1912 — VII. C. 271/12 —.

Eine wesentliche Voraussetzung für die Rechtswirksamkeit einer Gemeindesteuerordnung ist, daß die maßgebenden Faktoren, hier also insbesondere die Gemeindebehörde als Steuergesetzgeber und der Kreisausschuß als Aufsichtsbehörde, in bezug auf alle wesentlichen Punkte der Steuerordnung übereinstimmen. Daraus indessen, daß späterhin in einem Einzelfalle in einem Veranlagungs- und Verwaltungsstreitverfahren die Gemeindebehörde einer Bestimmung in der Steuerordnung eine Auslegung zu geben versucht, die von den Verwaltungsgerichten, darunter einem zugleich die Aufsichtsbehörde bildenden, wie hier dem Kreisausschusse, mißbilligt wird, folgt noch keineswegs der Mangel einer solchen Übereinstimmung in dem entscheidenden Zeitpunkte des Erlasses der Steuerordnung.

## 84. Zur Frage, wann die Rechtsungültigkeit einer einzelnen Vorschrift die Rechtsungültigkeit der ganzen Steuerordnung herbeiführt. Wann wird eine Steuerordnung wirksam, die mit dem Tage ihrer Verkündigung in Kraft treten soll?

a) Entscheidung des Oberverwaltungsgerichts vom 17. Februar 1914 — VIII. C. 159/13 —.

(PrVerwBl. **35** 844.)

Ob die Rechtsungültigkeit einer einzelnen Vorschrift die Rechtsungültigkeit der ganzen Steuerordnung herbeiführt oder ob die an sich rechtsungültige Vorschrift nur als nicht vorhanden zu betrachten ist, die Rechtsgültigkeit der übrigen Bestimmungen aber unberührt bleibt, hängt davon ab, ob jene Vorschrift für den Bestand der Steuerordnung derart wesentlich ist, daß bei ihrem Ausscheiden die übrigen Bestimmungen der Steuerordnung die ihnen von den Gemeindeorganen und der bestätigenden Aufsichtsbehörde beigelegte Bedeutung verlieren, oder ob deren Inhalt ein selbständiges Fortbestehen auch ohne die ungültige Vorschrift zuläßt.

b) Entscheidung des Oberverwaltungsgerichts vom 19. Juni 1917 — III. C. 77/16 —.

(PrVerwBl. **39** 254.)

Die Ungültigkeit einzelner Bestimmungen einer örtlichen Steuerordnung zieht die Ungültigkeit der ganzen Ordnung nur dann nach sich, wenn die ungültigen Bestimmungen für den Bestand der Ordnung derart wesentlich sind, daß bei ihrem Ausscheiden auch die übrigen Bestimmungen die rechtliche Grundlage verlieren. (Vergl. auch Bd. 72, S. 103 der Entsch. des Oberverwaltungsgerichts.)

c) Entscheidung des Oberverwaltungsgerichts vom 20. Juni 1913 — VII. C. 724/12 —.

Die Ungültigkeit einzelner Bestimmungen hat nicht ohne weiteres die Hinfälligkeit der ganzen Steuerordnung zur Folge. Letzteres ist nur dann der Fall, wenn der ungültige Teil der Steuerordnung für deren Bestand wesentlich ist, wenn durch den Wegfall die Steuerordnung in ihren Grundlagen erschüttert werden würde und wenn anzunehmen ist, daß die Erhebung der Steuer infolge des Mangels nicht mehr im Sinne des örtlichen Steuergesetzgebers liegt.

Tritt die Steuerordnung mit dem Tage ihrer Verkündigung in Kraft, so bedeutet das, daß sie mit Beginn dieses Tages wirksam werden soll.

### 85. Zur Frage der Rechtsgültigkeit der Kreissteuerordnungen. Der Steuersatz ist ein wesentlicher Bestandteil der Steuerordnung.

Entscheidung des Oberverwaltungsgerichts vom 6. Juni 1913 — VII. C. 775/12 —.

Zur Rechtsgültigkeit einer vom Kreistage beschlossenen Steuerordnung bedarf es der Genehmigung durch den Bezirksausschuß und der Zustimmung des Preuß. Ministers des Innern und des Preuß. Finanzministers, welche die Erteilung der Zustimmung auf die Oberpräsidenten übertragen können. Eine Steuerordnung ist dann nicht rechtswirksam zustande gekommen, wenn die vorbezeichneten drei Faktoren über einen wesentlichen Bestandteil der Steuerordnung nicht übereinstimmen. Ein solcher ist die Bestimmung über die Höhe des Steuersatzes.

### 86. Zur Frage, ob eine für ungültig erklärte Steuerordnung weiter besteht. Änderung einer innerlich fehlerhaften Steuerordnung.

Entscheidung des Oberverwaltungsgerichts vom 3. Oktober 1913 — VII. C. 8/13 —.

(Entsch. **65** 153.)

Eine innerlich fehlerhafte Steuerordnung besteht formell weiter, bis sie aufgehoben oder abgeändert wird. Eine solche Änderung ist im vorliegenden Falle durch Nachtrag herbeigeführt worden. Einer erneuten Beschlußfassung über den von dem Nachtrage nicht betroffenen Teil der Steuerordnung bedurfte es nicht. Die Rechtslage ist dieselbe, wie wenn eine auch innerlich (materiell) fehlerfreie Steuerordnung durch einen Nachtrag abgeändert wird.

### 87. Ist die Klage auf Ungültigkeitserklärung einer Steuerordnung gegeben? Welche Wirkung hat eine verwaltungsgerichtliche Entscheidung, in der die Ungültigkeit einer Steuerordnung festgestellt ist.

Entscheidung des Oberverwaltungsgerichts vom 1. Mai 1914 — VII. C. 336/13 —.

(PrVerwBl. **35** 924.)

Eine Klage auf Ungültigkeitserklärung einer Steuerordnung ist nicht gegeben. Wenn eine Steuerordnung an einem wesentlichen Mangel leidet, so kann der Verwaltungsrichter allerdings in die Lage kommen, ihre Ungültigkeit festzustellen. Dies ist jedoch nur zulässig, wenn die Entscheidung über einen Antrag auf Freistellung (oder Herabsetzung der Steuer) von der Gültigkeit der Steuerordnung abhängt, und die Feststellung der Ungültigkeit bezieht sich dann stets nur auf den einzelnen entschiedenen Fall; allgemeine formale Wirkung hat sie nicht, vielmehr muß in etwaigen späteren Fällen über die Gültigkeit der Steuerordnung von neuem entschieden werden.

### 88. Der Erlaß und die Wirkung einer Gemeindesteuerordnung mit rückwirkender Kraft an Stelle einer im Verwaltungsstreitverfahren für rechtsungültig erklärten Abgabenordnung.

Entscheidung des Oberverwaltungsgerichts vom 31. Oktober 1922 — VIII. C. 43/22 —.

(Entsch. **78** 124.)

Ist im Verwaltungsstreitverfahren eine Gemeindeabgabenordnung für rechtsungültig erklärt und ist auf Grund des § 70a des Gesetzes vom 26. August 1921 zur Änderung des Kommunalabgabengesetzes usw. (GS. S. 495) einer neuen Ordnung, die die gleiche oder eine gleichartige Abgabe regelt, rückwirkende Kraft beigelegt worden, so hat dies nicht die Wirkung, daß dadurch auch die Veranlagungen, die auf Grund der früheren ungültigen Steuerordnung vorgenommen waren, rückwirkend gültig werden, sondern nur die Bedeutung, daß nach dem Erlasse der neuen Steuerordnung eine neue Veranlagung für die Zeit seit dem Inkrafttreten der für ungültig erklärten Ordnung zulässig ist. Durch den § 70a a. a. O. ist der § 84 des Kommunalabgabengesetzes lediglich dahin eingeengt worden, daß im Falle der Ungültigkeitserklärung einer Steuerordnung die Gemeindebehörde auf Grund der neuen Steuerordnung den Pflichtigen rückwirkend für die Zeit seit dem Inkrafttreten der für ungültig erklärten Ordnung veranlagen darf, obwohl der Pflichtige in den diesem Zeitraume angehörenden Steuerjahren weder übergangen noch steuerfrei geblieben war.

### 89. Worauf kommt es bei der Auslegung der Steuerordnungen an?

a) Entscheidung des Oberverwaltungsgerichts vom 1. Mai 1914 — VII. C. 770/13 —.

Es kommt nicht lediglich auf die Absicht des örtlichen Steuergesetzgebers oder die Intentionen der einzelnen Stadtverordneten, vielmehr auf den zum Ausdrucke gebrachten Inhalt der Steuerordnung an.

b) Entscheidung des Oberverwaltungsgerichts vom 20. Januar 1914 — VII. C. 229/13 —.

Für die Auslegung einer Steuerordnung kommt es nicht darauf an, welche Ansicht eine Partei vertritt. Eine Beweispflicht besteht insoweit nicht. Vielmehr ist die Feststellung des objektiven Rechts lediglich Sache des Gerichts.

### 90. Verteilung des Gemeindesteuerbedarfs.
### Die Anhörung der Vertretungen der Steuerpflichtigen vor der alljährlichen Beschlußfassung über die Verteilung des Gemeindesteuerbedarfs auf die verschiedenen Steuerarten.

Entscheidung des Oberverwaltungsgerichts vom 12. Juni 1923 — VIII. C. 6/23 —.

(Entsch. 78 148.)

Wenn durch den § 54, Abs. 3 des Kommunalabgabengesetzes in der Fassung des Gesetzes vom 26. August 1921 (GS. S. 495)*) die Pflicht der Gemeindeverwaltungen zur Anhörung von Vertretungen der Steuerpflichtigen insoweit eine Erweiterung erfahren hat, daß sie nicht wie bisher auf den Erlaß neuer Steuerordnungen beschränkt blieb, sondern auf die Fassung von Umlagebeschlüssen ausgedehnt wurde, so ist auch hier anzunehmen, daß es sich nicht um eine Vorschrift zwingenden Rechtes handeln sollte, deren Nichtbeachtung die Ungültigkeit des Umlagebeschlusses zur Folge hätte.

### 91. Verteilung des Gemeindesteuerbedarfs.
### Muß in den Steuerverteilungsbeschlüssen das Aufkommen der einzelnen Gemeindesteuerarten in Prozenten der entsprechenden staatlich veranlagten Steuern ausgedrückt werden?

Entscheidung des Oberverwaltungsgerichts vom 13. Februar 1923 — VIII. C. 153/22 —.

(Entsch. 78 135.)

Es kann die bisher aus den §§ 56, 57 des Kommunalabgabengesetzes hergeleitete Auffassung, daß in den Steuerverteilungsbeschlüssen und in den nach § 59 an ihre Stelle tretenden Anordnungen der Aufsichtsbehörden zur Vermeidung der Ungültigkeit des

*) Hinsichtlich der Gewerbesteuer vgl. jetzt § 45 der Verordnung über die vorläufige Neuregelung der Gewerbesteuer in der Fassung der Bekanntmachung v. 6. 5. 1926 (GS. S. 149) u. Art. 28 des Ausf.-Anw. v. 15. 4. 1926 zum Ges. v. 23. 3. 1926 über die Regelung der Gewerbesteuer für die Rechnungsjahre 1925 u. 1926 (Min.-Bl. i. Verw. 1926, S. 373).

Ortsrechts das Aufkommen der einzelnen Gemeindesteuerarten in Prozenten der entsprechenden staatlich veranlagten Steuern ausgedrückt werden muß, nicht ferner aufrecht erhalten werden, nachdem das Gesetz vom 26. August 1921 (G. S. S. 495) es ausdrücklich für statthaft und genügend erklärt hat (§ 54, Abs. 2 und § 59, Abs. 1 der neuen Fassung), daß in den Steuerverteilungsbeschlüssen und den Anordnungen oder Genehmigungen der Aufsichtsbehörden die Steuersätze einer besonderen Steuer ohne Umrechnung in Prozente der entsprechenden staatlich veranlagten Steuer festgesetzt und genehmigt werden. Trotzdem bleibt selbstverständlich in der Sache selbst die Verpflichtung der Aufsichtsbehörden bestehen, vor Erteilung der erforderlichen Genehmigungen oder dem Erlasse von Anordnungen jene Umrechnung vorzunehmen, da nur auf diese Weise die Möglichkeit geschaffen wird, das Verhältnis der Belastung der einzelnen Realsteuern zueinander zu erkennen und danach zu beurteilen, ob die Verteilungsregeln der §§ 56, 57 beachtet sind und ob und inwieweit es danach einer Genehmigung oder einer Zulassung von Ausnahmen bedarf. Dieselbe Pflicht liegt dem Verwaltungsrichter ob, falls unter den Parteien Streit darüber besteht.

### 92. Verteilung des Gemeindesteuerbedarfs.

**Richtet sich die Höchstgrenze für den Gesamtbetrag der Gemeindesteuer, die von einer Gemeinde in einem bestimmten Steuerjahre erhoben werden darf, nach dem vom Staate wirklich veranlagten Steuersoll oder nach dem von der Gemeinde bei dem Voranschlage angenommenen Soll?**

Entscheidung des Oberverwaltungsgerichts vom 20. September 1904 — II. 1558 —.

(PrVerwBl. **26** 541.)

Daß das wirklich veranlagte Soll an und für sich maßgebend ist, kann nach den Vorschriften der §§ 54ff. des Kommunalabgabengesetzes vom 14. Juli 1893 keinem Zweifel unterliegen. Es kann aber der ihm nach diesen Vorschriften zukommenden Bedeutung auch dadurch nicht verlustig gehen, daß es seinem Betrage nach noch nicht feststeht, wenn die Gemeinde über die Verteilung des Steuerbedarfs Beschluß faßt. In diesem Falle muß zwar eine Summe anschlagsweise angenommen werden, die aber nicht endgültig an die Stelle des wirklich veranlagten Solls tritt, sondern nur vorläufig und hilfsweise in Betracht gezogen wird. Weicht das wirklich veranlagte von dem anschlagsweise angenommenen ab, so ist jenes, nicht dieses maßgebend. Das anschlagsweise angenommene Steuersoll hat also nicht die Bedeutung, daß es für die Berechnung des zulässigen Steuermaximums definitiv maßgebend ist, so daß, je nachdem es kleiner oder größer ist als das wirklich veranlagte Soll, geringere oder höhere Zuschläge, als beschlossen und genehmigt sind, zu erheben wären; sondern es hat vielmehr nur die Bedeutung, daß es dient zur Ermittlung der Zuschläge, die von dem wirklich veranlagten Soll, auch wenn dies höher oder niedriger ist, zu erheben sind.

### 93. Nachtragsumlagen.

**Sind die Gemeinden berechtigt, im Laufe des Rechnungs- (Steuer-) Jahres eine Nachtragsumlage zu beschließen?**

**Zur Frage, ob die rechtliche Begründung, die Angemessenheit und die Zweckmäßigkeit der einzelnen Einnahme- und Ausgabeposten des Gemeindehaushalts im Verwaltungsstreitverfahren zwischen dem Steuerpflichtigen und der Gemeinde über die Berechtigung des Steueranspruchs der Gemeinde geprüft werden können.**

a) Entscheidung des Oberverwaltungsgerichts vom 6. Dezember 1921 — II. C. 70/21 —.

(PrVerwBl. **43** 381.)

Die Gemeinden sind berechtigt, gegebenenfalls mit Genehmigung der Aufsichtsbehörde, im Laufe des Steuerjahres eine Erhöhung der Gemeindezuschläge zu den

Staatssteuern zu beschließen, wenn dies zu dem Zwecke geschieht, um Deckung für Gemeindebedürfnisse zu beschaffen, die erst im Laufe des Steuerjahres hervorgetreten sind.

Die rechtliche Begründung, die Angemessenheit und Zweckmäßigkeit der einzelnen Einnahme- und Ausgabeposten des Gemeindehaushalts können im Verwaltungsstreitverfahren zwischen dem Steuerpflichtigen und der Gemeinde über die Berechtigung des Steueranspruchs der Gemeinde nicht in Frage gestellt und von dem Verwaltungsrichter geprüft werden. Dem Steuerpflichtigen erübrigt in dieser Beziehung nur, entweder vor der Feststellung des Haushalts bei den städtischen Behörden oder nachher bei der Aufsichtsbehörde vorstellig zu werden. Das ist in ständiger Rechtsprechung des Oberverwaltungsgerichts anerkannt.

b) Entscheidung des Oberverwaltungsgerichts vom 3. Oktober 1916 — VIII. C. 36/16 —.

(Entsch. **71** 190.)

Das Oberverwaltungsgericht hat wiederholt die Gemeinden für berechtigt erklärt, eine Nachtragsumlage zu erheben, wenn sich im Laufe des Steuerjahres die Notwendigkeit neuer im Etat nicht vorgesehener Ausgaben herausstellt, zu deren Deckung neue Einnahmen beschafft werden müssen. (Urt. v. 20. 1. 1905, 17. 2. 1908 — PrVerwBl. **26** 923, **30** 659 —). Im vorliegenden Falle handelt es sich nicht um eine Nachtragsumlage wegen eines erhöhten Ausgabebedarfs. Dieser hat sich während des Steuerjahres nicht erhöht, er beträgt sowohl bei der ersten als auch bei der zweiten Umlage 586288 M. Die Nachtragsumlage soll nur dazu dienen, den durch einen Abgang im Gemeindeeinkommensteuersoll eingetretenen Fehlbetrag in den bei der Steuerverteilung angenommenen Deckungsmitteln des unverändert bleibenden Bedarfs zu beseitigen. Die Gründe aber, die nach den angeführten Entscheidungen des Gerichtshofes dafür maßgebend gewesen sind, Nachtragsumlagen wegen eines erhöhten Ausgabebedarfs zuzulassen, gelten auch für Nachtragsumlagen wie die hier beschlossene. Das Kommunalabgabengesetz enthält keine Bestimmung, wonach derartige Nachtragsumlagen unzulässig sind. Insbesondere liegt eine nach den §§ 84 ff. unzulässige Nachforderung von Steuern einem einzelnen Steuerpflichtigen gegenüber bei solchen Nachtragsumlagen nicht vor, sondern es handelt sich bei ihnen um die Unterverteilung eines ungedeckten Fehlbetrages des Steuerbedarfs auf alle Pflichtigen nach Maßgabe des örtlichen Steuerrechts. War hiernach zur Deckung des Fehlbetrages eine Nachtragsumlage an sich zulässig, so mußte sie sich doch auf diesen Fehlbetrag beschränken. Es war nicht statthaft, den übrigen bereits umgelegten Steuerbedarf in die Nachtragsumlage einzubeziehen und den ganzen Bedarf noch einmal anderweitig auf die Steuerpflichtigen zu verteilen. (Urt. vom 25. 10. 1910 — Entsch. **57** 261 —). Das würde zu dem als unzulässig abzulehnenden Ergebnisse führen, daß alle Folgen der Unanfechtbarkeit der ersten Veranlagungen beseitigt, namentlich auch die unrichtig vorgenommenen, aber damals nicht angefochtenen Veranlagungen und auch die im Verwaltungsstreitverfahren ausgesprochenen Änderungen der ersten Veranlagung außer Kraft gesetzt würden. Der Fehlbetrag mußte ferner durch die Nachtragsumlage auf alle Steuerpflichtigen verteilt werden. Die Gemeindevertretung hatte allerdings eine nochmalige Umlegung des gesamten Ausgabebedarfs auf sämtliche Steuerpflichtigen — unter Veränderung des Ortsrechts für die kopfsteuerpflichtigen Betriebe — beschlossen. Tatsächlich ist aber nicht so verfahren worden. Dem Beschlusse zuwider sind nicht alle Steuerpflichtigen neu zur Aufbringung des Gesamtbedarfs veranlagt worden, sondern es ist nur die Kopfsteuer der beiden für diesen Besteuerungsmaßstab allein in Betracht kommenden Großbetriebe soweit erhöht worden, daß der Ausfall an Einkommensteuer der Klägerin dadurch gedeckt wurde. Die Veranlagungen sämtlicher übrigen Steuerpflichtigen sind unberührt bestehen geblieben. Dieses Verfahren war unzulässig.

## 94. Wann entsteht nach dem Kommunalabgabengesetze die Abgabenschuld?*) Eine Gemeindeumlage oder eine Nachtragsumlage, die vor Ablauf des Rechnungsjahres beschlossen und genehmigt worden ist, darf noch nach Ablauf des Rechnungsjahres veranlagt und erhoben werden. Muß ein Umlagebeschluß veröffentlicht werden?

Entscheidung des Oberverwaltungsgerichts vom 31. Januar 1922 — VIII. C. 119/21 —.

(Entsch. **77** 183.)

Nach § 1a des Kommunalabgabengesetzes (vergl. Art. II, § 1 des Gesetzes zur Abänderung einiger Vorschriften des Gemeindeabgabenrechts vom 6. Mai 1920 — G.S. S. 309 —) entsteht die Abgabenschuld, sobald der Tatbestand verwirklicht ist, an den das Gesetz den Anspruch des Abgabengläubigers knüpft. Dies gilt auch dann, wenn die Abgabenschuld durch eine Veranlagung „festgestellt" werden muß. Es genügt, um die Erhebung einer Abgabenschuld nach Ablauf eines Rechnungsjahres als statthaft erscheinen zu lassen, daß das Ortsrecht innerhalb des Rechnungsjahres ordnungsmäßig zustande gekommen ist. Der Veröffentlichung des Umlagebeschlusses innerhalb des Rechnungsjahres bedurfte es zum Zustandekommen eines gültigen Ortsrechts nicht. Die §§ 65 und 66 des Kommunalabgabengesetzes schreiben, wie sich schon aus der Überschrift des Abschnitts, in welchem sie enthalten sind, ergibt, die Bekanntmachung der Steuern lediglich als Voraussetzung für deren Veranlagung und Erhebung vor, machen aber keineswegs die Gültigkeit der Steuerverteilungsbeschlüsse (vergl. §§ 54ff., § 59 des Kommunalabgabengesetzes) von ihrer Veröffentlichung abhängig.

## 95. Gemeindezuschlag zur Grundvermögenssteuer. Ist die Erhebung eines Gemeindezuschlags von mehr als 150 vom Hundert zur Grundvermögenssteuer zulässig?

Entscheidung des Oberverwaltungsgerichts vom 21. Januar 1925 — VII. C. 14/24 —.

(PrVerwBl. **46** 422.)

Nach der Entwicklung der gesetzlichen Bestimmungen**) und deren schließlichem Aufbau ist aus steuerpolitischen Gründen zunächst jede Zuschlagserhebung, die den Satz von 100% übersteigt, an eine Genehmigung geknüpft worden. Die sich hieran schließende Anordnung, daß eine Erhebung von Zuschlägen über 150% nicht stattfinden soll, bedeutet keine Mußvorschrift dergestalt, daß eine Überschreitung der Höhe von 150% gesetzlich verboten sei. Mit dem Worte „soll" ist gesetzestechnisch regelmäßig keine Zwangsnorm mit der Wirkung geschaffen, daß dadurch jede Ausnahme von der durch die Sollvorschrift vorgesehenen Regel als ausgeschlossen gelten müßte. Hätte der Gesetzgeber jene Bestimmung entgegen der mit dem Worte „soll" namentlich auf dem Gebiete der Steuergesetzgebung grundsätzlich verbundenen Bedeutung als eine Zwangsnorm schaffen wollen, so hätte solches in anderer Weise zum unzweideutigen Ausdrucke gebracht werden müssen. Dies ist nicht geschehen. Es kann deshalb auch die Vorschrift, daß eine Erhebung von Zuschlägen über 150% nicht stattfinden soll, nur dahin aufgefaßt werden, daß mit ihr den Genehmigungsbehörden zur Pflicht gemacht ist, eine Überschreitung jenes Satzes lediglich in bestimmten, sie besonders rechtfertigenden Ausnahmefällen zu billigen.

---

*) Vgl. auch Entsch. des OVG. v. 10. 7. 1923 (Entsch. 78 153).

**) Vgl. § 18, Abs. 1 des Gesetzes über die Erhebung einer vorläufigen Steuer vom Grundvermögen v. 14. 2. 1923 (GS. S. 29) in der Fassung der Verordnung v. 22. 10. 1923 (GS. S. 478), des Ges. v. 28. 2. 1924 (GS. S. 119), des Ges. v. 26. 6. 1925 (GS. S. 83) u. der Verordnung v. 28. 12. 1925 (GS. S. 178).

## 96. Gemeindegrundsteuer.

**Zur Frage, ob in einer Gemeindegrundsteuerordnung die Steuersätze abgestuft werden können.**

Entscheidung des Oberverwaltungsgerichts vom 12. Dezember 1922 — VIII. C. 118/22 —.

(Entsch. 78 126.)

Nach der Auslegung, welche durch das Gesetz zur Deklarierung des Kommunalabgabengesetzes vom 24. Juli 1906 (G.S. S. 376) dessen § 27, Abs. 1 erfahren hat, darf in einer Gemeindegrundsteuerordnung zwar eine Abstufung der Steuersätze vorgeschrieben werden, insbesondere ist es zulässig, einzelne Grundstücksarten und Besitzgruppen mit verschiedenen Sätzen zu den Steuern vom Grundbesitze heranzuziehen, ebensowenig schließt der § 27 a. a. O. aus, daß einzelne Grundstücksarten oder Besitzgruppen nach verschiedenen Normen besteuert werden. Die Verschiedenheit von Abstufungen der Gemeindegrundsteuer darf jedoch, gleichviel ob die verschiedene Bemessung der Abgabe sich auf die Grundstücksarten oder auf Besitzgruppen bezieht, immer nur von Eigenschaften abhängig gemacht werden, welche den Grundstücken selbst innewohnen, nicht jedoch von Voraussetzungen, welche an die Person des jeweiligen Eigentümers der Grundstücke geknüpft sind; denn sonst würden die Steuern vom Grundbesitz ihr Wesen von Sachsteuern verlieren und das von Personalsteuern annehmen.

## 97. Gemeindegrundsteuer.

**Zur Frage, ob die Steuersätze bei einer Verteilungssteuer fest oder nur Rechnungsansätze sind.**

**Es liegt der die Abgabe fordernden Gemeindebehörde ob, die Abgabenpflicht darzutun.**

**Der Steuerpflichtige hat die Tatsachen geltend zu machen, auf die er seinen Freistellungs- oder Ermäßigungsanspruch stützt.**

**Für die Beurteilung der Frage, ob eine Überhebung an Gemeindegrundsteuer stattgefunden hat, ist nicht der in den Haushaltsplan eingesetzte Gesamtbetrag, sondern der als Umlage genehmigte Prozentsatz der Staatssteuer maßgebend.**

Entscheidung des Oberverwaltungsgerichts vom 7. November 1922 — VIII. C. 84/22 —.

(Entsch. 78 131.)

Der Rüge der Klägerin, der Vorderrichter habe zu Unrecht angenommen, daß es sich bei den in der Steuerordnung bestimmten Steuersätzen um Verhältniszahlen handele, kann nicht beigetreten werden. Feste Steuersätze kann es begrifflich bei einer Verteilungssteuer von alljährlich wechselndem Bedarfe nicht geben. Es ist daher zu unterstellen, daß die in der Steuerordnung angegebenen Beträge nur Rechnungsansätze sind, die sich je nach dem jeweiligen Bedarfe bei der Unterverteilung ermäßigen oder erhöhen. Nur wenn die Steuerordnung etwa ausdrücklich aussprechen sollte, jene Steuersätze sollten die wirklich zu entrichtenden Steuerbeträge darstellen, wäre diese Auslegung ausgeschlossen. Hier ist das in der Steuerordnung nicht bestimmt, es hat also die Deutung der Steuerordnung in der Richtung, daß es sich um Verhältniszahlen handele, Platz zu greifen.

Nach der ständigen Rechtsprechung des Oberverwaltungsgerichts steht fest, daß der die Abgabe fordernden Gemeindebehörde allein obliegt, zu behaupten und erforderlichenfalls darzutun, auf welche Tatsachen sich ihr Steueranspruch gründet, also bei der Veranlagung zur Grundsteuer, daß es sich um ein in der Gemeinde belegenes Grundstück handele und daß der wegen der Steuer in Anspruch Genommene dieses Grundstück als Eigentümer seiner Substanz nach zu vertreten habe, daher der Träger der Steuerpflicht sei. Steht dagegen die Abgabenpflicht fest, so hat der Steuerpflichtige seinerseits alle Tatsachen geltend zu machen und darzulegen, auf welche er seinen Freistellungs- oder Ermäßigungsanspruch stützt.

Außerdem hatte die Klägerin behauptet, das Istaufkommen nach der Steuerordnung überschreite den genehmigten Prozentsatz des staatlich veranlagten Grund- und Gebäudesteuersolls. Allerdings hatte sie dabei unzutreffend in Vergleich gesetzt das im Haushaltungsanschlage zu Grunde gelegte Aufkommen mit jenem Prozentsatze. Das schätzungsweise als Unterlage für die Umlage angenommene Aufkommen war hier nicht von Bedeutung, sondern allein der von der Gemeinde tatsächlich veranlagte Gesamtbetrag.

## 98. Gemeindegrundsteuer.

### Welcher Zeitpunkt ist für die Veranlagung eines Steuerobjekts zu einer kommunalen Realsteuer maßgebend?

Entscheidung des Oberverwaltungsgerichts vom 28. September 1920 — VIII. C. 34/20 —.

(PrVerwBl. **42** 214.)

Eine ausdrückliche Vorschrift darüber, welcher Zeitpunkt für die Veranlagung eines Steuerobjekts zu einer kommunalen Realsteuer maßgebend sein soll, enthält das Kommunalabgabengesetz nicht. In der Rechtsprechung des Oberverwaltungsgerichts wird aber als dieser Zeitpunkt der Tag des Beginns des Veranlagungszeitraums angesehen, also regelmäßig der 1. April des Rechnungsjahres oder in dem Falle, daß die Gemeindebehörden gemäß § 64 a. a. O. an Stelle des Rechnungsjahres einen mehrjährigen Veranlagungszeitraum haben treten lassen, der 1. April des ersten Rechnungsjahres eines solchen Zeitraums. Diese Annahme beruht auf der Erwägung, daß die Veranlagung zur Steuer für die Einheit des Rechnungsjahres oder des nach § 64 des Kommunalabgabengesetzes etwa beschlossenen mehrjährigen Veranlagungszeitraums zu erfolgen hat.

## 99. Gemeindegrundsteuer.

### Die Gemeindegrundsteuer ist eine Objekt-(Real-)steuer.

### Zur Zahlung der Gemeindegrundsteuer ist derjenige verpflichtet, der das vom Gesetze als steuerpfichtig bezeichnete Grundstück der Substanz nach rechtlich vollständig vertritt.

### Wer vertritt rechtlich das Grundstück der Substanz nach?

### Bis zum Beweise des Gegenteils ist der im Grundbuche eingetragene Eigentümer zur Gemeindegrundsteuer heranzuziehen.

Entscheidung des Oberverwaltungsgerichts vom 16. Oktober 1923 — VIII. C. 66/23 —.

(Entsch. **78** 121.)

Die für die Zugehörigkeit eines Grundstücks zum tatsächlichen Vermögen eines Ergänzungssteuerpflichtigen hergeleiteten Rechtsgrundsätze können auf die Gemeindegrundsteuer nicht übertragen werden. Letztere ist eine Objekt-(Real-)steuer, welcher „die Grundstücke" als Gegenstand der Besteuerung unterworfen sind (vergl. § 24 des Kommunalabgabengesetzes). Verpflichtet zur Zahlung der Abgabe ist daher, wie das Oberverwaltungsgericht in ständiger Rechtsprechung dargelegt hat, derjenige, welcher das vom Gesetz als steuerpflichtig bezeichnete Grundstück der Substanz nach rechtlich vollständig vertritt. Nur derjenige vertritt aber rechtlich das Grundstück der Substanz nach vollständig, welcher nach den Vorschriften des bürgerlichen Rechts das Eigentum daran erworben hat. Dies ist regelmäßig der eingetragene Eigentümer; denn nach § 873 des Bürgerlichen Gesetzbuchs ist zur Übertragung des Eigentums an einem Grundstücke nicht nur die Einigung des Berechtigten und des anderen Teiles über den Eintritt der Rechtsänderung, sondern auch die Eintragung der Rechtsänderung in das Grundbuch erforderlich. Daraus folgt, daß bis zum Beweise des Gegenteils der eingetragene Eigentümer zur Grundsteuer heranzuziehen ist, also bis zum Beweise, daß einer der Fälle vorliegt, in welchen durch Gesetz ausdrücklich angeordnet worden ist, daß es ausnahmsweise zum Übergange des Eigentums der Auflassung nicht bedarf. Sache des eingetragenen Eigentümers wäre es daher, im Falle seiner Heranziehung darzutun, daß die Eintragung seines Eigentums nicht der wahren Rechtslage entspreche und er daher trotz der Eintragung im Grundbuche nicht Eigentümer des Grundstücks sei, beispielsweise falls durch Zustellung eines Enteignungsbeschlusses das Eigentum des enteigneten Grundstücks auf einen Dritten gemäß § 44 des Enteignungsgesetzes vom 11. Juni 1874 (GS. S. 221) übergegangen ist. Die Ausführungen der Kläger, daß sie über einen Teil des Grundbesitzes Kaufverträge abgeschlossen und die veräußerten Trennstücke den Erwerbern bereits zum Besitz übergeben hätten, sind ungeeignet, um zu beweisen, daß sie nicht mehr Eigentümer jener Grundflächen seien; denn durch einen Kaufvertrag wird nur die persönliche Verpflichtung des Veräußerers, das Eigentum an dem Grundstücke durch Auflassung auf den Erwerber zu übertragen, und des Erwerbers, die Auflassung entgegenzunehmen, begründet, aber nicht die dingliche Wirkung des Eigentumsüberganges selbst erzielt. Die tatsächliche Übertragung des Eigentumsbesitzes verleiht ebensowenig das Eigentumsrecht, auf welches es hier allein ankommt.

## 100. Gemeindegrundsteuer.
## Die Heranziehung (Veranlagung) einer ungeteilten Erbengemeinschaft zur Gemeindegrundsteuer.
## Die Beschränkung der Erben durch die Einrichtung einer Testamentsvollstreckung.

a) Entscheidung des Oberverwaltungsgerichts vom 20. Februar 1914 — VIII. C. 199/13 —.

(PrVerwBl. **35** 765.)

Bei einer ungeteilten Erbengemeinschaft muß die Heranziehung zur Gemeindegrundsteuer an alle Miterben gemeinschaftlich wegen der ganzen Steuer gerichtet werden, was in der Weise zu geschehen hat, daß jeder Miterbe eine Heranziehungsverfügung erhält, aus der die Mitheranziehung der übrigen Erben erkennbar ist.

b) Entscheidung des Oberverwaltungsgerichts vom 15. Mai 1914 — VIII. C. 240/13 —.

(Entsch. **67** 171.)

Die Heranziehung zur Gemeindegrundsteuer hat sich gegen denjenigen zu richten, der das Grundstück seiner Substanz nach vertritt. Das Eigentum an einem zu einem ungeteilten Nachlasse gehörigen Grundstücke hat die Gemeinschaft der Miterben und nicht der einzelne Miterbe.

Durch die Einrichtung einer Testamentsvollstreckung werden die Erben beschränkt. Geht diese Beschränkung soweit, daß der Testamentsvollstrecker ein zum ungeteilten Nachlasse gehöriges Grundstück der Substanz nach zu vertreten hat, dann ist er und nicht mehr die Gemeinschaft der Miterben derjenige, an den die Heranziehung zur Grundsteuer zu richten ist.

## 101. Gemeindegrundsteuer.
## Kann ein Gebäude selbständig ohne den Grund und Boden besteuert werden? Wer ist zur Gemeindegrundsteuer heranzuziehen und für die Steuer haftbar, wenn das Eigentum am Grund und Boden einer anderen Person als das Eigentum am Gebäude zusteht?

Entscheidung des Oberverwaltungsgerichts vom 2. Dezember 1913 — VIII. C. 160/13 —.

(Entsch. **65** 171.)

Ein Gebäude kann nicht selbständig, sondern nur zusammen mit dem zugehörigen Grund und Boden besteuert werden. Ob das Eigentum am Grund und Boden einer anderen Person als das Eigentum am Gebäude zusteht, ändert hieran nichts; denn dadurch wird die Verbindung des Gebäudes mit dem Grund und Boden und also auch die Einheitlichkeit des das Steuerobjekt bildenden, aus Grund und Boden und Gebäude bestehenden Grundstücks nicht berührt.

Für die Steuer kann nur derjenige haftbar gemacht werden, der das Grundstück der Substanz nach vollständig vertritt, nicht aber jemand, der nur im begrenzten Umfange Rechte daran ausüben darf. Nur der Grundstückseigentümer vertritt aber das Grundstück seiner Substanz nach auch in dem Falle, daß das auf dem Grundstücke errichtete Gebäude nicht in seinem Eigentum steht. Der Gebäudeeigentümer erhält in keiner Beziehung das Recht, das Grundstück seiner Substanz nach zu vertreten. Der Eigentümer des auf fremdem Grund und Boden errichteten Gebäudes ist daher für die Grundsteuer nicht haftbar.

## 102. Gemeindegrundsteuer.
## Vertritt der Zwangsverwalter den Grundstückseigentümer in dem Verfügungsrechte?

Entscheidung des Oberverwaltungsgerichts vom 23. Januar 1914 — VIII. C. 217/13 —.

(Entsch. **66** 173.)

Eine Vertretung des Grundstückseigentümers durch den Zwangsverwalter in dem Verfügungsrechte des ersteren findet nach dem Gesetze nicht statt.

## 103. Gemeindegrundsteuer.
## Wer ist zur Gemeindegrundsteuer heranzuziehen, wenn ein Grundstück zu einer Konkursmasse gehört oder wenn ein Grundstück von dem Konkursverwalter aus der Konkursmasse freigegeben ist?

Entscheidung des Oberverwaltungsgerichts vom 4. Dezember 1914 — VIII. C. 161/14 —.

(Entsch. **68** 215.)

Zur Grundsteuer für ein Grundstück, das zu einer Konkursmasse gehört, darf nicht der Gemeinschuldner, sondern nur der Konkursverwalter herangezogen werden, weil der Gemeinschuldner mit der Eröffnung des Konkursverfahrens die Befugnis zur Verwaltung und Verfügung hinsichtlich des zur Konkursmasse gehörigen Vermögens verliert und diese Befugnis auf den Konkursverwalter übergeht.

Dagegen ist die Heranziehung zur Steuer für ein Grundstück, das der Konkursverwalter aus der Konkursmasse freigegeben hat, an den Gemeinschuldner zu richten, auch wenn der Vermerk der Eröffnung des Konkursverfahrens im Grundbuche nicht gelöscht worden ist. Durch das Ausscheiden eines Grundstücks aus der Konkursmasse und nicht erst durch die Löschung des Konkurseröffnungsvermerks im Grundbuche erlangt der Gemeinschuldner wieder das Verwaltungs- und Verfügungsrecht über das freigegebene Grundstück.

## 104. Gemeindegrundsteuer.
## Welchen Einfluß hat ein Wechsel im Eigentume des Grundstücks auf die Veranlagung?
## Zur Frage der Rechtsmittel, die dem neuen Eigentümer gegen die Veranlagung zustehen.

a) Entscheidung des Oberverwaltungsgerichts vom 16. Juni 1914 — VIII. C. 51/14 —.

(Entsch. **67** 174.)

Veranlagt wird bei der Grundsteuer das Grundstück; zahlungspflichtig für die veranlagte Grundsteuer ist der Eigentümer des Grundstücks. Tritt ein Wechsel im Eigentume des Grundstücks ein, so findet nicht eine Neuveranlagung des Grundstücks, sondern nur eine Heranziehung des neuen Eigentümers zu der bereits veranlagten Jahressteuer statt. Der neue Eigentümer tritt bis zum Ablauf des Steuerjahres in die Steuerpflicht des früheren Eigentümers nach Maßgabe der Veranlagung des letzteren ein. Hieraus folgt einmal, daß stets eine Heranziehung des neuen Eigentümers zu der dem früheren Eigentümer gegenüber unanfechtbar festgesetzten Grundsteuer erforderlich ist und sodann, daß dem neuen Eigentümer gegen diese Heranziehung zwar die Rechtsmittel der §§ 69ff. des Kommunalabgabengesetzes zustehen, daß er jedoch materiell mit ihnen nicht mehr die Richtigkeit der Veranlagung des Grundstücks, sondern nur die rechtliche Zulässigkeit seiner eigenen Heranziehung zu der auf das Grundstück gelegten Steuer und die Übereinstimmung des Betrages dieser Steuer mit dem Betrage der ihm selbst abgeforderten Steuer in Abrede stellen kann.

b) Entscheidung des Oberverwaltungsgerichts vom 4. Dezember 1914 — VIII. C. 161/14 —.

(Entsch. **68** 215.)

Wird die bereits veranlagte Grundsteuer nach Veräußerung des Grundstücks für den Rest der Steuerperiode vom Erwerber gefordert, so stehen diesem Einwendungen gegen die Höhe der Steuerforderung, zu der sein Rechtsvorgänger unanfechtbar herangezogen war, nur zu, wenn das Grundstück eine wesentliche Veränderung erfahren hat.

## 105. Gemeindegrundsteuer. Nachveranlagung nach § 84 des Kommunalabgabengesetzes.

a) Entscheidung des Oberverwaltungsgerichts vom 30. Mai 1916 — VIII. C. 100/16 —.

(PrVerwBl. **38** 131.)

Eine Nachveranlagung nach § 84 des Kommunalabgabengesetzes ist zulässig, wenn ein Steuerpflichtiger in einer Gemeinde mehrere Grundstücke besitzt und eines dieser Grundstücke nicht zur Gemeindesteuer oder steuerfrei veranlagt worden ist.

b) Entscheidung des Oberverwaltungsgerichts vom 6. Juni 1916 — VIII. C. 90/16 —.

(PrVerwBl. **38** 72.)

Eine Nachveranlagung im Sinne des § 84 des Kommunalabgabengesetzes ist zulässig, wenn die staatliche Veranlagung zu irgend einer Zeit des Steuerjahres, auf die sie sich bezieht, bestanden hat.

## 106. Gemeindegrundsteuer. An wen sind die Steuerforderungen zu richten? Zur Frage der Bestellung eines Stellvertreters durch den Grundstückseigentümer für die seine Grundstücke betreffenden Angelegenheiten.

Entscheidung des Oberverwaltungsgerichts vom 28. März 1916 — VIII. C. 73/16 —.

(Entsch. **71** 180.)

Der Eigentümer eines Grundstücks als der zu dessen Vertretung seiner Substanz nach Berechtigte und Verpflichtete hat, gleichviel wo er wohnt, das Recht zu verlangen, daß alle das Grundstück betreffenden Steuerforderungen an ihn persönlich gerichtet werden, sofern er nicht etwa aus freiem Willen selbst einen Bevollmächtigten hierfür bestellt hat oder ihm durch das zuständige Gericht ein Vormund oder Pfleger bestellt worden ist. Er kann durch Ortsrecht nicht dazu gezwungen werden, für alle seinen Grundbesitz betreffenden Angelegenheiten mit rechtsverbindlicher Wirkung einen Stellvertreter zu benennen.

## 107. Gemeindegrundsteuer. Wird die kommunale Eigenschaft eines Grundstücks durch die grundbuchmäßige Bezeichnung oder durch das Grundsteuerkataster nachgewiesen?

a) Entscheidung des Oberverwaltungsgerichts vom 20. März 1914 — VIII. C. 233/13 —.

Die grundbuchmäßige Bezeichnung von Liegenschaften liefert an sich keinen Nachweis ihrer Eigenschaft.

b) Entscheidung des Oberverwaltungsgerichts vom 3. Juli 1917 — VIII. C. 48/17 —.

(PrGemZtg. **1917** 380.)

Das Oberverwaltungsgericht hat in ständiger Rechtsprechung dargelegt, daß die Grundsteuerkataster nicht dazu bestimmt sind, die kommunale Zugehörigkeit der Grundstücke nachzuweisen. Die Zulegung eines Grundstücks zu einem Grundsteuerkatasterbezirke ist ohne entscheidende Bedeutung für seine kommunale Zugehörigkeit, sie beweist höchstens, daß dabei von der Ansicht ausgegangen worden ist, das Grundstück gehöre zu diesem Bezirke.

### 107a. Gewerbesteuer.

### Sind gegen die Forderung von Gewerbesteuervorauszahlungen gemäß der Verordnung über die Neuregelung der Gewerbesteuer vom 23. 11. 1923 (GS. S. 519)*) die Rechtsmittel der §§ 69 und 70 des Kommunalabgabengesetzes zulässig?

Entscheidung des Oberverwaltungsgerichts vom 2. Dezember 1924 — VIII. C. 29/24 —.

(PrVerwBl. **46** 539.)

Vergl. Nr. 142 der Entscheidungen.

### 108. Getränkesteuer.

### Zu welcher Abgabenart gehören die nach § 14 des Finanzausgleichsgesetzes in der Fassung vom 23. Juni 1923 (RGBl. I S. 494)**) eingeführten Gemeindegetränkesteuern?

### Was ist Steuergegenstand?

### Die Bierbesteuerung, insbesondere die Bemessung der Steuerhöhe.

Entscheidung des Oberverwaltungsgerichts vom 20. Januar 1925 — II. C. 59/24 —.

(PrVerwBl. **46** 550.)

Die nach § 14 des Finanzausgleichsgesetzes in der Fassung vom 23. Juni 1923 (RGBl. I, S. 494) den Gemeinden (Gemeindeverbänden) überlassenen Getränkesteuern sind reine Verbrauchsabgaben. Steuergegenstand ist der örtliche Verbrauch der reichsgesetzlich bezeichneten Getränke (vergl. auch Markull, Kommentar zum Finanzausgleichsgesetze 1923 zu § 14, S. 263 zu IV und Zeitschrift für Zölle und Verbrauchssteuern (Zollwarte) 1924, Nr. 23, S. 175/76). Damit ist wortdeutlich und begrifflich klar zum Ausdruck gebracht, daß seitens der Gemeinden (Gemeindeverbände) unter anderen Getränken nur das Bier besteuert werden darf, das innerhalb des Gemeindebezirks (Gemeindeverbandes) verbraucht wird. Im Rahmen einer derartigen Verbrauchssteuer und mit ihr grundsätzlich nicht unvereinbar können wohl für eine Abstufung innerhalb der für die Bierbesteuerung reichsrechtlich zugelassenen Höchstgrenze von 5% des Kleinhandelspreises rein sachliche und verkehrsübliche Unterscheidungen hinsichtlich dieses Getränkes die Grundlage für eine verschiedene Steuerhöhe bilden. So würde es reichsrechtlich nicht unzulässig und mit dem Zwecke einer örtlichen Verbrauchssteuer nicht unvereinbar sein, sogenanntes einfaches Bier niedriger als 5%, Starkbier mit dem Höchstsatze von 5% zu besteuern, wobei im übrigen nicht unbemerkt bleiben mag, daß eine verschiedene Bemessung der Steuersätze sich nicht lediglich nach dem bloßen Alkoholgehalte richten darf, da die Brauindustrie auf Grund der Vorschriften des Biersteuergesetzes zur Angabe des Alkoholgehalts der einzelnen Biersorten nicht verpflichtet ist (vergl. die Richtlinien für Gemeindebiersteuerangelegenheiten des Deutschen Brauer-Bundes vom Dezember 1924, S. 3 zu II). Für die Zulässigkeit einer rein sachlichen Unterscheidung nach der angedeuteten Richtung spricht überdies die Tatsache, daß das

---

*) Wegen der neuen Fassung der Gewerbesteuerverordnung vgl. GS. 1926, S. 149.

**) Wegen der neuen Fassung des Finanzausgleichsgesetzes siehe RGBl. 1926, I, S. 203. Es kommen jetzt die §§ 15 und 16 dieses Gesetzes in Betracht.

Reichsgesetz selbst im Abs. 1, 2 des § 14 cit. bei den Getränken sachliche Unterscheidungen anerkennt.

Dagegen ist es mit den reichsrechtlichen Normen unvereinbar, den Herstellungsort des Bieres für die Bemessung der Steuerhöhe als so maßgebend zu bezeichnen, daß das an dem Orte der Besteuerung, dem Verbrauchsorte, hergestellte Bier niedriger besteuert wird, als das außerhalb dieses Ortes hergestellte Bier. Mit solcher Unterscheidung wird der Boden eines reinen Sachunterschieds verlassen und unter Außerachtlassung des Verbrauchssteuercharakters nicht der Verbrauch verschiedenartiger Getränke gleicher Gruppe sachlich verschieden gestaltet und danach verschieden steuerlich belastet, sondern eine bestimmte örtliche Ware wird lediglich wegen ihres Herstellungsorts steuerlich begünstigt. Hierin liegt eine reichsrechtlich unzulässige Verkoppelung einer Verbrauchs- mit einer Einfuhrabgabe, die indirekte Schaffung einer Art Einfuhrzolles durch Höherbesteuerung auswärts hergestellten Bieres (vergl. auch Boethke in der Zeitschrift für Zölle usw. 1924, S. 176 r. oben). Der § 3 der Steuerordnung für die Stadt X. verstößt hiernach gegen zwingendes Reichsrecht und ist deshalb ungültig.

Die Ungültigkeit des § 3 muß in vorliegendem Falle auch zur Ungültigkeit der Steuerordnung selbst führen.

## 109. Hundesteuer.
## Zum Begriffe des „Haltens" eines Hundes.
## Wer ist steuerpflichtig?
## Zur Frage der Heranziehung (Veranlagung) zur Hundesteuer.

a) Entscheidung des Oberverwaltungsgerichts vom 4. Mai 1911 — VII. C. 523/10 —.

(Entsch. **59** 107.)

Der Begriff des „Haltens" eines Hundes ist in der Rechtsprechung des Oberverwaltungsgerichts bis jetzt noch nicht in erschöpfender Weise umgrenzt. Hinsichtlich des Begriffs des Tierhaltens im Sinne des § 833 des Bürgerlichen Gesetzbuchs hat das Reichsgericht in einem Urteile vom 20. November 1905 (Entsch. i. Zivs. **62** 79ff., vergl. auch Entsch. i. Zivs. **66** 3ff.) ausgeführt, daß das Bürgerliche Gesetzbuch den gedachten Begriff als etwas von vornherein Gegebenes voraussetze und daß weder aus dem Gesetzbuche selbst noch aus den veröffentlichten Materialien entnommen werden könne, was darunter zu verstehen sei. Danach müsse an dem Sprachgebrauch des täglichen Lebens als an das zunächst Maßgebende angeknüpft werden. Dem aber entspreche die Annahme, daß die Bezeichnung, jemand halte ein Tier, allgemein auf denjenigen anwendbar sei, der im eigenen Interesse durch Gewährung von Obdach und Unterhalt die Sorge für das Tier übernommen habe, und zwar nicht nur zu einem vorübergehenden Zwecke, sondern auf einen Zeitraum von einer gewissen Dauer. Ziehe man ferner in Betracht, daß es sich beim „Halten" des Tieres immer nur um ein tatsächliches Verhältnis handele, so lasse sich das Wesen dieses Verhältnisses in seiner sprachgebräuchlichen Bedeutung darin erblicken, daß das Tier von demjenigen gehalten werde, der es in seinen Wirtschaftsbetrieb oder — im weitesten Sinne verstanden — in seinen Haushaltungsbetrieb eingestellt habe, um es auf diese Weise dauernd seinen Zwecken dienstbar zu machen.

Diese durchaus zutreffenden Ausführungen lassen sich auch in Betreff des Begriffs des Hundehalters für das Gebiet des Steuerrechts verwerten, für das es gleichfalls an andern ausreichenden Anhaltspunkten zu einer Begriffsbestimmung fehlt, für das vielmehr gleichfalls der Begriff als etwas von vornherein Gegebenes vorausgesetzt wird. Danach rechtfertigt sich für das Gebiet des Steuerrechts die Annahme, daß derjenige den Hund „hält", der ihn in seinen Haushalt oder Wirtschaftsbetrieb (im weitesten Sinne) eingestellt hat, um ihn auf diese Weise seinen Zwecken oder denen seiner Haushaltungsangehörigen oder Wirtschaftsgehilfen während eines Zeitraums von einer gewissen Dauer dienstbar zu machen. Die Einstellung muß also im Interesse des Einstellers oder seiner Haushaltungsangehörigen oder Wirtschaftsgehilfen erfolgen, wobei es dann freilich unerheblich ist, ob es sich um geldwerte Interessen oder nur um Zwecke des Vergnügens u. dergl. handelt.

Diese Begriffsbestimmung entspricht insbesondere auch gerade den steuerlichen Gesichtspunkten, und zwar gleichviel, ob diese polizeilicher Natur sind — Einschränkung der Zahl der Hunde —, oder ob im einzelnen Falle mehr der Charakter der Luxussteuer in den Vordergrund tritt; denn danach trifft die Steuer denjenigen, der Veranlassung zum Vorhandensein des Hundes gibt und sich den Luxus eines Hundes leistet.

Derjenige, der nicht im eigenen Interesse, sondern lediglich im Interesse des Eigentümers auf dessen Kosten einen Hund in Pflege genommen hat, kann nicht als Halter des Hundes angesehen werden.

Die Bestimmungen im Ortsgesetze (der Steuerordnung) über Voraussetzungen, Höhe und Fälligkeit der Steuer entheben den Steuergläubiger nicht der Verpflichtung, den einzelnen Steuerschuldner zur Steuer heranzuziehen, wogegen diesem dann erst der Einspruch zusteht (§ 69 des Kommunalabgabengesetzes). Lediglich eine Erinnerung der Steuerpflichtigen in den Zeitungen kann die Heranziehung nicht ersetzen. Selbst die Auslegung einer Hundesteuerhebeliste enthält keine Heranziehung (Entsch. des OVG. **37** 101, **52** 134).

b) Entscheidung des Oberverwaltungsgerichts vom 17. Februar 1914 — II. C. 221/13 —.

(Entsch. **66** 157.)

Die Entrichtung der Hundesteuer kann nur von dem Abgabepflichtigen selbst gefordert werden, und für abgabepflichtig erklärt werden kann mit Rechtswirkung nach § 16 des Kommunalabgabengesetzes nur derjenige, der einen Hund „hält", nicht auch derjenige, der einen Hund „verwahrt", sofern unter dem Verwahren etwas anderes als unter dem Halten verstanden wird (vergl. die unter a abgedruckte Entsch. des OVG. v. 4. 5. 1911 — Entsch. **59** 107 —).

c) Entscheidung des Oberverwaltungsgerichts vom 16. Februar 1915 — II. C. 289/14 —.

(PrVerwBl. **37** 106.)

Eine Vorschrift, die neben demjenigen, der einen Hund hält, auch diejenige Person, in deren Verwahrung sich der Hund befindet, für steuerpflichtig erklärt, ist gesetzwidrig und rechtsungültig, denn nach § 16 des Kommunalabgabengesetzes kann mit Rechtswirkung nur derjenige, der einen Hund „hält", für steuerpflichtig erklärt werden, nicht auch derjenige, der einen Hund „verwahrt", sofern unter Verwahren etwas anderes verstanden werden soll als das Halten.

Eine vorübergehende Verpflegung eines kranken Hundes zwecks Heilung stellt kein Halten dar.

d) Entscheidung des Oberverwaltungsgerichts vom 2. Mai 1916 — II. C. 10/16 —.

(PrVerwBl. **38** 70.)

Ein Hund wird an dem Orte gehalten, an dem ihm Unterkunft — in der Regel auch seine Nahrung — gewährt wird und an dem er einem Haushalte als Haustier angehört. Dieser Haushalt braucht nicht notwendig derjenige des Hundehalters selbst zu sein, es kann auch — wie z. B. in dem Falle der Entscheidung des Oberverwaltungsgerichts vom 17. Februar 1914, II. C. 221/13 (Entsch. **66** 157) — der eines Beauftragten sein.

Derjenige hält den Hund, der ihn in seinem Haushalt oder Wirtschaftsbetrieb (im weitesten Sinne) eingestellt hat, um ihn auf diese Weise seinen Zwecken oder denen seiner Haushaltungsangehörigen oder Wirtschaftsgehilfen während eines Zeitraumes von einer gewissen Dauer dienstbar zu machen (vergl. auch die unter a abgedruckte Entscheidung des Oberverwaltungsgerichts vom 4. Mai 1911, VII. C. 523/10 — (Entsch. **59** 107 —).

## 110. Hundesteuer.
## Zum Begriffe der „Bewachung“ durch Hunde.
## Zur Frage der Befreiung von der Steuer für Hunde, die zur Bewachung von Menschen gehalten werden.

Entscheidung des Oberverwaltungsgerichts vom 7. Oktober 1913 — II. C. 58/13 —.

Nur Gegenstände, nicht etwa auch Menschen werden von Hunden bewacht, und die Erwägung, daß die Bewachung mittelbar auch den Menschen, die in den bewachten Häusern usw. wohnen, zum Schutze dient, gestattet nicht, den Begriff der Bewachung auch auf solche Fälle auszudehnen, in denen Menschen Hunde um sich halten, um sich selbst gegen Angriffe zu schützen.

## 111. Hundesteuer.
## Sind Vorschriften einer Steuerordnung, die die Entscheidung über die Unentbehrlichkeit eines Hundes zur Bewachung von Grundstücken in das Ermessen des Gemeindevorstandes stellen, rechtsgültig?

a) Entscheidung des Oberverwaltungsgerichts vom 9. Juni 1914 — II. C. 22/14 —.

Eine Bestimmung, der zufolge das Ermessen des Gemeindevorstandes über die Unentbehrlichkeit eines Hundes entscheidet, ist rechtsungültig. Die Ungültigkeit besteht aber nur hinsichtlich der Worte „nach dem Ermessen des Gemeindevorstandes“, also diese Worte haben als nicht vorhanden zu gelten.

b) Entscheidung des Oberverwaltungsgerichts vom 9. Februar 1915.

(PrGemZtg. **1915** 200.)

Rechtsungültig ist die Vorschrift einer Hundesteuerordnung, wonach Befreiung von der Steuer für Hunde, die zur Bewachung von Grundstücken gehalten werden, nur eintritt, falls sie dazu nach dem Ermessen der Gemeindebehörde unentbehrlich sind (vergl. Entsch. des OVG. **44** 75).

## 112. Jagdpachtsteuer.
## Zur Frage des Begriffs der direkten und indirekten Steuern. Die Jagdpachtsteuer gehört zu den indirekten Steuern des Kommunalabgabengesetzes; ihre Einführung ist nach § 13 des Gesetzes zulässig.

Entscheidung des Oberverwaltungsgerichts vom 11. Dezember 1923 — II. C. 86/23 —.

(PrVerwBl. **45** 205.)

Der Kläger hält die Steuerforderung vornehmlich deswegen für unzulässig, weil die Jagdpachtsteuer eine direkte Steuer sei und als solche von der Gemeinde nicht erhoben werden dürfe. Diese Ausführung geht fehl. Nach dem Steuerrechte des Kommunalabgabengesetzes wird bei den direkten Steuern eine dauernde Pflichtigkeit des Steuerpflichtigen vorausgesetzt. Zu den indirekten Steuern werden dagegen alle diejenigen Steuern gerechnet, welche nur dann entrichtet werden, wenn der — regelmäßig im voraus nicht zu bestimmende — Fall der Steuerpflicht eintritt. Der Begriff der indirekten Steuer wird auch nicht dadurch ausgeschlossen, daß sie wiederkehrend für gewisse Perioden nach bestimmten Sätzen zu entrichten ist, so wird die Hundesteuer, d. h. die Steuer, die auf das Halten von Hunden gelegt ist, in dem Kommunalabgabengesetze ausdrücklich als indirekte Steuer bezeichnet. Nach dieser Begriffsbestimmung gehört die hier in Frage stehende Steuer zu den indirekten Steuern des Kommunalabgabengesetzes; die Steuerpflicht tritt ein bei Abschluß eines Pachtvertrags. Nach § 13 des Kommunalabgabengesetzes war die Gemeinde zur Erhebung dieser indirekten Steuer berechtigt und auch nicht gehindert, sie auf bestehende Pachtverträge anzuwenden. Die Steuer ist auch nicht, wie der Kläger meint, darum ungerechtfertigt, weil nur vier Jagdpächter von ihr betroffen werden. Eine Steuerordnung muß allerdings eine allgemeine Rechtsnorm darstellen, die nach ihrer Fassung nicht lediglich dazu bestimmt ist, einen einzelnen Fall zu treffen (vergl. die Entsch. v. 14. 11. 1916 — Entsch. des OVG. **71** 68 —). Dieser Forderung genügt aber die vorliegende Steuerordnung, die nach ihrer Fassung alle Pachtverträge über die im Bereich der Stadt M. belegenen Jagdbezirke der Steuer unterwirft.

## 113. Jagdsteuer.

**Zur Frage des Begriffs der indirekten Steuern. Die Jagdpachtsteuer und die auf die Ausübung des Jagdrechts gelegte kommunale Steuer sind indirekte Steuern. Eine auf die Ausübung des Jagdrechts gelegte kommunale Steuer kann auch von der Ausübung des Jagdrechts in nichtverpachteten Jagdbezirken (Eigenjagdbezirken) erhoben werden.**

Entscheidung des Oberverwaltungsgerichts vom 30. September 1924 — II. C. 53/24 —. (PrVerwBl. **46** 172.)

Der Bezirksausschuß hat die Jagdsteuerordnung des Kreises G. vom 30. Mai 1922 in der Fassung des Nachtrags vom 2. Februar 1923 für ungültig erklärt, weil sie auch die Besitzer der Eigenjagdbezirke besteuert, und den Kläger von der Jagdsteuer freigestellt. Dagegen richtet sich die Revision des Beklagten. Das Rechtsmittel ist begründet.

Das Kreis- und Provinzialabgabengesetz vom 23. April 1906 (GS. S. 159) in der Fassung der Novelle vom 26. August 1921 (GS. S. 495) gibt in § 6 den Kreisen die Befugnis zur selbständigen Einführung indirekter Steuern, ohne den Begriff der indirekten Steuern zu erläutern oder eine Beschränkung auf bestimmte Steuerarten auszusprechen. Für die Entscheidung in dem vorliegenden Streitverfahren ist danach ausschlaggebend die Beantwortung der Frage, ob die hier in Betracht kommende Jagdsteuer als eine indirekte Steuer zu gelten hat. Im Schrifttum ist der Begriff der indirekten Steuern äußerst bestritten und wiederholt die Meinung vertreten worden, daß eine befriedigende Begriffsbestimmung überhaupt nicht möglich sei (siehe u. a. Nöll-Freund, Kommunalabgabengesetz, 8. Aufl., Anm. 5b zu § 1; Freund, Kreis- und Provinzialabgabengesetz, 2. Aufl., Anm. 2 zu § 6; von Bitter, Handwörterbuch, 2. Aufl., Band 1, Seite 394; Schönberg, Handbuch der politischen Ökonomie, 4. Aufl., Band 3, erster Halbband, Seite 250, 251; Lotz, Finanzwissenschaft in Marquardsens Handbuch des öffentlichen Rechts Seite 222, 223; Popitz, Kommentar zum Umsatzsteuergesetze vom 24. Dezember 1919, 2. Aufl., Seite 32; Strutz, Grundbegriffe des Steuerwesens 1919, Seite 8ff.). In der Rechtsprechung des Preußischen Oberverwaltungsgerichts ist stets daran festgehalten worden, daß für die Beurteilung, ob eine Steuer im Systeme des Landessteuerrechts als eine direkte oder indirekte aufzufassen sei, lediglich das preußische Steuerrecht und der in ihm zum Ausdruck gebrachte Sprachgebrauch maßgebend sein müsse (siehe u. a. Preuß. Verwaltungsblatt Jahrg. 28, Seite 372). Unter Beobachtung dieses Grundsatzes hat das Oberverwaltungsgericht in der von den Parteien wiederholt in bezug genommenen Entscheidung vom 11. Dezember 1923 (Preuß. Verwaltungsblatt Jahrg. 45, Seite 205) eine von dem Stadtkreise Merseburg eingeführte Jagdpachtsteuer als indirekte Steuer anerkannt. Den die Eigenart und das Wesen einer Steuer bestimmenden steuerlichen Vorgang bildete in jenem Falle der Abschluß des Pachtvertrags, wie dies auch in den Gründen der Entscheidung deutlich zum Ausdrucke gelangt ist. Sie entsprach dem geltenden preußischen Steuerrechte, wonach grundsätzlich die Steuern, bei denen der Abschluß von Verträgen den steuerpflichtigen Gegenstand, das Steuerobjekt, bildet, zu den indirekten Steuern gehören.

Im vorliegenden Falle ist der steuerpflichtige Vorgang ein anderer. Nach § 1 der Steuerordnung des Landkreises G. vom 30. Mai 1922 in der Fassung des Nachtrags vom 2. Februar 1923 ist steuerpflichtig jeder, der auf den im Landkreise G. belegenen

Grundstücken das Jagdrecht ausübt oder durch Dritte ausüben läßt. Steuergegenstand ist hiernach nicht das Jagdrecht als der Inbegriff bestimmter rechtlicher Befugnisse des Inhabers und losgelöst von jeder Rechtsbetätigung, vielmehr ausschließlich die Ausübung jenes Rechtes. Die Nichtausübung wird von der Steuerordnung nicht erfaßt. Der steuerliche Vorgang, für dessen Beurteilung im übrigen dahingestellt bleiben kann, ob das Jagdrecht selbst nur als ein Ausfluß des Grundeigentums oder als ein, wenn auch mit letzterem im Zusammenhang stehendes, so doch selbständiges Sonderrecht aufzufassen ist, ist hiernach klar umgrenzt. Nach der Steuerordnung wird jede Ausübung der Jagd, die sich auf ein für sie kausales Recht stützt, mit einer Steuer belegt. Steuerpflichtig ist demnach sowohl der Grundeigentümer, der im Eigenjagdbezirke die Jagd in eigener Person oder durch Stellvertreter ausübt, als auch der Jagdpächter, der auf dem Jagdgebiete selbst jagt oder durch Stellvertreter jagen läßt. Ob nun ein Jagdberechtigter durch die Ausübung des ihm zustehenden Okkupationsrechts am Wilde die Jagdausübung in eigener Person oder durch Dritte betätigt oder ob er von solcher Ausübung überhaupt Abstand nimmt, läßt sich regelmäßig mit Sicherheit nicht voraussehen. Der Eintritt der Steuerpflicht ist sonach regelmäßig im voraus nicht ohne weiteres bestimmbar. Gerade in diesem Kriterium des Mangels eines im voraus bestimmbaren Falles der Steuerpflicht ist aber nach der Rechtsprechung des Oberverwaltungsgerichts und namentlich nach der Entscheidung vom 11. Dezember 1923 ein ausschlaggebendes Wesensmerkmal einer indirekten Steuer nach preußischem Rechte zu erblicken. Deren Begriff wird, wie in der angezogenen Entscheidung weiter hervorgehoben ist, im übrigen auch dadurch nicht ausgeschlossen, daß die Steuer wiederkehrend für gewisse Perioden nach bestimmten Sätzen zu entrichten ist. Auch durch die im § 6 der Steuerordnung den Steuerpflichtigen auferlegte Verpflichtung, binnen bestimmter Frist dem Kreisausschusse „die Jagdberechtigungen unter Beifügung des Pachtvertrages zur Besteuerung anzuzeigen", wird der Steuergegenstand, wie er im § 1 der Steuerordnung bestimmt ist, in seinem Wesen nicht geändert. § 6 regelt lediglich die im Interesse der Steuerbehörde behufs Prüfung des Vorliegens etwaiger steuerpflichtiger Vorgänge verordnete Anmeldung der Jagdverpachtungen. Damit ist weder eine Festlegung des Steuergegenstandes ausgesprochen, noch kann eine solche daraus irgendwie hergeleitet werden. Auch dafür, daß durch die Steuerordnung etwa ein anderer als der in ihr zum Ausdrucke gebrachte Steuergegenstand von dem Gesetzgeber in Wirklichkeit habe erfaßt und durch den in der Ordnung selbst bezeichneten Gegenstand nur habe verdeckt werden sollen, liegt kein Anhalt vor.

Muß schon hiernach die in der angezogenen Steuerordnung des Landkreises G. geregelte, mit dem Reichssteuerrechte nicht in Widerspruch stehende Jagdsteuer als eine indirekte Steuer angesprochen werden, so kommt weiter in Betracht, daß sie auch weder in die Kategorie einer Grundsteuer, noch in die einer Steuer vom Einkommen nach preußischem Rechte eingereiht werden kann. Hinsichtlich der Steuer vom Grundbesitze war bereits nach früherem Rechte der Steuergegenstand, das Steuerobjekt, allein das Grundstück. Die Steuer war aus dem Grundstücke zu entrichten und insoweit dinglicher Natur. Aus dieser Rechtslage hat das Oberverwaltungsgericht auch stets die gebotene Folgerung gezogen, daß zur Zahlung der Grundsteuer als einer Realsteuer nur der Eigentümer verpflichtet sei, „der das Grundstück der Substanz nach vollständig vertritt", und daß eine Haftung für die Grundsteuer seitens des Grundstückspächters oder Nießbrauchers nicht in Frage kommen könne (Entsch. vom 6. Februar 1900, PrVerwBl. Jahrg. 22, Seite 10, Entscheidungen des Oberverwaltungsgerichts Band 41, Seite 88, ferner Nöll-Freund Anm. 4 zu § 24 des Kommunalabgabengesetzes; vergl. auch Mustersteuerordnung (Grundsteuerordnung), Nöll-Freund, Seite 680, §§ 5, 6, 7 und namentlich 9, 11).

Wenn nun auch mit Rücksicht auf die durch die neuere Rechtslage auf den Gebieten der Reichsmieten- und der preußischen Pachtschutzgesetzgebung eröffneten Möglichkeiten einer Abwälzung der Grundsteuer auf dritte Personen im § 4 des durch die Verordnung vom 22. Oktober 1923 (GS. S. 478) und die Novelle vom 28. Februar 1924

(GS. S. 119) insoweit nicht geänderten Gesetzes über die Erhebung einer vorläufigen Steuer vom Grundvermögen vom 14. Februar 1923 (GS. S. 29) eine Mithaft des Pächters, Nutznießers und Nießbrauchers für die Grundvermögenssteuer geschaffen ist, so hat doch auch die neuere Gesetzgebung an dem Grundsatze bedingungslos festgehalten, daß das Grundstück das Steuerobjekt bildet, und die Grundvermögenssteuer dinglicher Natur ist (vergl. Suckow, Grundvermögenssteuer zu § 4, Seite 74; Rohde, preußisches Grundvermögenssteuergesetz, Seite 98).

Im Gegensatz hierzu ergreift die hier zur Beurteilung stehende Steuerordnung nicht den Grundbesitz, von dem übrigens eine Grundsteuer auch dann zur Hebung gelangt, wenn er ungenutzt bleibt, vielmehr lediglich, wie dargetan, die Ausübung der Jagd in dem erörterten Umfang, also nicht reale Objekte.

Ebensowenig ist die Jagdsteuer eine Steuer vom Einkommen. Der Umstand, daß bei einer Ausübung der Jagd durch den Jagdpächter die Jagdpachtsumme und bei einer Jagdausübung durch den Eigentümer in Eigenjagdbezirken eine fiktive Pachtsumme den Maßstab für die Steuerberechnung abgibt, beeinflußt nicht die Steuerart mit der Wirkung, daß allein durch diese Berechnungsfaktoren eine ihrer Natur nach indirekte Steuer zu einer direkten Besteuerung des persönlichen Einkommens umgeschaffen wird. Nach alledem kann auch von einer mit einer Grundvermögens- oder Einkommenbesteuerung in Verbindung zu bringenden Doppelbesteuerung begrifflich nicht die Rede sein, ganz abgesehen davon, daß die hier zur Beurteilung stehende Jagdsteuer auch im übrigen einer besonderen Verbotsnorm gegen Doppelbesteuerung nicht unterfällt.

Verfehlt ist auch der Hinweis im Schrifttume, daß jede Jagdausübung als Betätigung eines „Jagdunternehmens" aufzufassen sei und dessen Besteuerung nur als eine direkte Steuer gelten könnte. Bei der Jagdausübung, wie sie von der Steuerordnung erfaßt wird, kann von einem „Unternehmen", einem „Geschäftsbetriebe" weder sprachlich noch steuerbegrifflich die Rede sein. Soweit nach allgemeinen oder landessteuerrechtlichen Normen ein Unternehmen, ein Geschäftsbetrieb als solche steuerrechtlich erfaßt werden, kommt immer nur eine auf die Dauer gewollte und abgestellte, wenn auch aus einer Summe von Einzelhandlungen sich zusammensetzende Tätigkeit in Frage. Mag auch ein Unternehmen, ein Betrieb, jeweils schon durch ein einziges auf der Tätigkeit des Unternehmens beruhendes Ereignis in eine für die Besteuerung maßgebende Erscheinungsform getreten sein, so gehört doch zum Unternehmensbegriff selbst die von vornherein auf Erhaltung eines Dauerzustandes gerichtete Tätigkeit. Dies alles trifft bei einer schon durch die Einzelbetätigung als solche steuerlich erfaßten Jagdausübung nicht zu. § 1 der Steuerordnung setzt weder sprachlich noch begrifflich eine auf Schaffung eines Dauerzustandes gerichtete Tätigkeit des ein Jagdrecht Ausübenden voraus. Vielmehr ist gemäß § 1 der Steuerordnung eine Jagdrechtsausübung bereits mit einer Einzelbetätigung solcher Ausübung in die für die Besteuerung maßgebende Rechtsform getreten.

Muß somit die Steuerordnung des Landkreises G. vom 30. Mai 1922/2. Februar 1923 als rechtsgültig erachtet werden, so unterlag die Entscheidung der Vorinstanz, die das Gegenteil annimmt, wegen Rechtsirrtums der Aufhebung. Bei freier Beurteilung erweist sich die Sache als spruchreif.

Die Steuerhöhe ist nicht beanstandet. Bei einer Prüfung von Amts wegen sind Bedenken gegen die Höhe der geforderten Steuer nicht zu erheben. Die auf Freistellung von der Steuer gerichtete Klage war deshalb abzuweisen mit der aus § 103 des Landesverwaltungsgesetzes zu Lasten des Klägers sich ergebenden Kostenfolge.

## 113a. Jagdsteuer.

**Die höhere Heranziehung auswärtiger (nichtkreiseingesessener) Jagdpächter zur Jagdsteuer ist zulässig.**

**Ministerialerlasse, die die Ermäßigung der Jagdsteuer zum Gegenstande haben, berühren eine in gesetzmäßiger Form bindend ausgesprochene Genehmigung der Jagdsteuerordnung nicht.**

**Zur Frage der Berechnung und der Umwertung eines im voraus gezahlten Jagdpachtbetrages.**

**Aus einer Vorschrift, durch die der Veranlagungsbehörde das Recht eingeräumt wird, aus Billigkeitsgründen im Einzelfalle Steuerbeträge zu ermäßigen, erwächst für den Steuerpflichtigen keinerlei Rechtsanspruch.**

Entscheidung des Oberverwaltungsgerichts vom 12. Mai 1925 — II. C. 90/24 —.

(Zeitschr. „Wild u. Hund" 1925, Nr. 37, S. 1243 u. Pr. Verw.- u. Fin.-Ztg. **31** 342.)

Die vom Kläger gerügte höhere Heranziehung auswärtiger (nichtkreiseingesessener) Pächter ist nach der Rechtsprechung des Gerichtshofes über indirekte Kommunalsteuern (vgl. Entscheidungen Band 55 ,Seite 118 und 108, Band 58, Seite 132) nicht zu beanstanden, so daß das Ortsgesetz, wie bereits in der Entscheidung vom 30. September 1924 (vergl. Pr. Verw.-Bl. **46** 172) dargelegt ist, inhaltlich keinem Bedenken unterliegt.

Gegenüber der Genehmigung vom 14. März/25. April 1923 zum Nachtrag I des Ortsgesetzes, welcher die erhöhten Steuersätze verordnet, weist Kläger noch auf die Erlasse des Ministers des Innern vom 4. Dezember 1924 und 7. Januar 1925 (vergl. Min.-Bl. i. Verw. S. 20) sowie einen Bescheid an den Jagdschutzverein vom 2. Mai 1925 hin, in welchen die Ressortminister die erhöhten Sätze als durch die Geldentwertung bedingt bezeichnet und die Gemeinden angehalten hätten, angesichts der gefestigten Währung auf den im Jahre 1922 vorgesehenen grundlegenden Steuersatz von 15 v. H. (statt 30 v. H.) des Pachtpreises zurückzugehen. Hieraus geht hervor, daß die 1923 ausgesprochene Genehmigung nur eine gewissermaßen bedingte Zustimmung darstelle in dem Sinne, daß die Genehmigung nur unter der Voraussetzung einer Fortwirkung der Inflation gelten solle. Daraus folge, daß eine über die Zeit der Inflation hinausreichende Genehmigung nicht erteilt worden sei.

Diese Darlegungen sind rechtsirrig. Abgesehen davon, daß diese ministeriellen Verfügungen erst geraume Zeit nach der Heranziehungsverfügung und nach der Zeit, für welche die Besteuerung erfolgte, erlassen sind, enthalten sie lediglich Anweisungen an die Landkreise und an die Genehmigungsbehörden, die eine in gesetzmäßiger Form bindend ausgesprochene frühere Genehmigung nicht berühren.

Hiernach muß das Ortsgesetz als gültig angesehen und die Vorentscheidung aufgehoben werden. Da die Sache bei freier Beurteilung nicht spruchreif ist, war die Zurückweisung an den Bezirksausschuß geboten, der die gegen die Höhe der Heranziehung gerichteten Angriffe zu erörtern hat.

Der Beklagte hat den gemäß § 2 des Ortsgesetzes der Steuer zugrunde zu legenden Pachtpreis anscheinend durch Schätzung ermittelt, obschon ein rechtsverbindlicher Pachtvertrag hierüber vorlag. Ob der als Gegenleistung für die Jagdnutzung zwischen Pächter und Verpächter vereinbarte Pachtzins im voraus, in Raten oder nachträglich zahlbar ist, bleibt für die rechtliche Bedeutung belanglos. Wenn, wie hier, ein Betrag von 7500 M. im Jahre 1918 als Pachtpreis für die sechs Jahre 1918—1924 im voraus gezahlt ist, so wird für das Jahr vom 1. August 1923 bis 31. Juli 1924 ein entsprechender Teilbetrag als Pachtzins zugrunde zu legen sein.

Dieser Betrag ist nach allgemein bürgerlich-rechtlichen Grundsätzen durch Umwertung auf den maßgeblichen Reichsmarkwert ziffernmäßig umzurechnen. Die freiwilligen Zuwendungen des Pächters an die verpachtenden Gemeinden scheinen nach dem bisherigen Akteninhalte keine Nebenleistungen im Sinne des § 2 des Ortsgesetzes zu enthalten, weil sie mit der Jagd in keinem Zusammenhange stehen.

Den im Jahre 1918 gezahlten Betrag ohne weiteres einem Reichsmarkbetrage gleichzustellen, wie beide Parteien anzunehmen scheinen, ist unrichtig. Nach den reichsgesetzlichen Bestimmungen (vergl. III. Steuernotverordnung vom 14. Februar 1924, RGBl. 1924, Teil I, S. 74, § 4, Abs. 2) hatte eine Geldentwertung bereits 1918 eingesetzt. Papiermarkzuwendungen von 1923 können auch keinesfalls — wie der Bericht des Gemeindevorstehers vorsieht — mit den Vorauszahlungen von 1918 ohne Umwertung addiert und dadurch völlig verschiedene Wertfaktoren zusammengeworfen werden.

Hiernach muß der auf Grund des Pachtvertrages tatsächlich gezahlte und entsprechend dem Markverfall umgewertete Pachtzins für die Höhe der Abgabe maßgeblich sein (vergl. Tabellen zur Berechnung des Goldmarkbetrags bei Mügel, Kommentar zur III. Steuernotverordnung, 2. Aufl., 1925).

Die Berufung des Klägers auf § 4 des Ortsgesetzes kann keinen Erfolg haben, weil aus dieser Vorschrift keinerlei Rechtsanspruch für den Steuerpflichtigen erwächst, sondern darin lediglich dem Kreisausschuß die Befugnis eingeräumt wird, aus Billigkeitsgründen im Einzelfalle Steuerbeträge zu ermäßigen.

## 113b. Jagdsteuer.

**Eine auf die Ausübung des Jagdrechts gelegte kommunale Steuer ist eine indirekte Steuer.**

**Durch Steuerordnungen der Gemeinden (Gemeindeverbände) können auch Rechtsausübungen zum Steuergegenstande bestimmt werden.**

**Das Jagdrecht gehört nicht zu den dinglichen Rechten.**

**Zur Frage der Verschleierung eines Steuergegenstandes durch eine Steuerordnung.**

**Bei der Jagdausübung (der Betätigung des Jagdrechts) sind deren Beginn und Beendigung bestimmbare und feststellbare Ereignisse.**

Entscheidung des Oberverwaltungsgerichts vom 23. Juni 1925 — II C. 149/24 —.

(PrVerwBl. **47** 137.)

Die die Jagdsteuerordnung des Landkreises Z.-S. für ungültig erklärende Entscheidung des Bezirksausschusses steht im Widerspruche mit der im Preuß. Verwaltungs-Blatte Jahrg. 46, S. 172 abgedruckten Entscheidung des Gerichtshofs vom 30. September 1924 (II. C. 53/24). Von den in der letzteren vertretenen Grundsätzen abzugehen, bieten auch die neuerlichen Angriffe des Klägers gegen die Gültigkeit der Steuerordnung jenes Landkreises keinen Anlaß.

Die Hauptrüge des Klägers geht dahin, daß durch § 1 der Steuerordnung die Ausübung eines Jagdrechtes nur „scheinbar" besteuert werde, da aus § 2 mit Notwendigkeit folge, daß der „Pachtwert", also der „Nutzungswert" der Steuergegenstand, somit in Wirklichkeit eine direkte Steuer vom Grundbesitze geschaffen sei und § 1 nur eine „Verschleierung" des Steuergegenstandes darstelle. Dabei müsse berücksichtigt werden, daß die „Jagdnutzung bei Eigenjagdbezirken lediglich eine aus dem Grundeigentume stammende Nutzung" sei und die Besteuerung der Ausübung eines solchen Nutzungsrechts, das dinglichen Charakter trage, als eine Art dingliche Steuer, nämlich als Abart der Grundvermögenssteuer, zu gelten habe. Überdies sei die Ausübung eines Jagdrechts „kein greifbares objektives Kriterium für einen Steuergegenstand". Diese Angriffe verkennen das Wesen der hier in Betracht kommenden Steuer. Mangels einer entgegenstehenden reichs- oder landesrechtlichen Verbotsnorm können durch Steuerordnungen der Gemeindeverbände auch Rechtsausübungen zum Steuergegenstande geschaffen werden, ebenso wie Rechtsvorgänge reichsrechtlich unter anderem durch die

Grunderwerb- und Wertzuwachssteuer steuerlich erfaßt werden und nach der letzteren Richtung auch der autonomen Erfassung seitens der Gemeinden und Gemeindeverbände unterliegen (vergl. Pape in Koppes Jahrbuch des Steuerrechts, III. Jahrg., S. 497). Bei der Jagdausübung handelt es sich nicht allein um rein äußerliche Vorgänge, vielmehr um die Betätigung bestimmter Rechtsbefugnisse, deren Verwirklichung nicht schon durch eine anderweite Besteuerung ergriffen wird. Die Annahme des Klägers, die Besteuerung der Ausübung des Jagdrechts in Eigenjagdbezirken sei eine Abart der Grundvermögenssteuer, weil das Jagdrecht selbst dinglicher Natur sei, ist rechtsirrig. Die dinglichen Rechte sind nach bürgerlichem Rechte scharf umgrenzt, ihre Zahl ist eine geschlossene. Zu ihnen gehört das Jagdrecht nicht. Auch nach früherem Partikularrechte, wie es in Preußen bis zur Einführung des BGB. bestanden hat und zufolge des Artikels 69 des Einführungsgesetzes zum BGB. unberührt geblieben ist, gehört das Jagd- und Jagdpachtrecht nicht zu den dinglichen Rechten; es entbehrte früher und entbehrt auch jetzt der Eintragungsfähigkeit für das Grundbuch (vergl. u. a. Dernburg, Sachenrecht des Deutschen Reichs und Preußens, 2. Aufl., S. 320/1; Förster-Eccius, Preußisches Privatrecht, 6. Aufl., II., S. 232ff.). Danach ist es rechtsbegrifflich ausgeschlossen, die Ausübung eines Jagdrechts überhaupt oder solche Ausübung in Eigenjagdbezirken der Betätigung eines dinglichen Rechts gleichzustellen und daraus die Folgerung zu ziehen, die steuerliche Erfassung derartiger Betätigung falle in das Gebiet der Realsteuern, insbesondere in das der Grundvermögenssteuer.

Daß ferner die Jagdsteuer, wie sie durch die Mustersteuerordnung und die ihr folgende, hier in Betracht kommende Steuerordnung des bezeichneten Kreises geschaffen ist, nicht als eine Einkommensteuer gelten kann, ist in der angezogenen Entscheidung des Gerichtshofs bereits ausgeführt worden.

Hinfällig ist weiter der Hinweis des Klägers, der durch § 1 der Steuerordnung geschaffene Steuergegenstand sei nur ein scheinbarer, in Wirklichkeit sei nicht eine Besteuerung des Rechtsvorganges, vielmehr unter einer Rechtsverschleierung ausschließlich eine direkte Besteuerung des Grundbesitzes geschaffen worden. Wie bei bürgerlichen Rechtsbeziehungen die Berücksichtigung des Einwandes des Scheines gegenüber einem formgerecht geschlossenen Vertrage den jeden Zweifel ausschließenden Beweis eines die ernstliche Willensbetätigung verleugnenden Rechtsakts verlangt, so gilt mindestens das gleiche für die Berücksichtigung des Einwandes, ein formgültig zustande gekommenes Steuergesetz habe einen Steuerscheingegenstand geschaffen und den wirklichen Steuergegenstand verschleiert. Hierfür müßten aus dem Steuergesetze selbst absolut zwingende Beweismomente entnommen werden können. Der Hinweis des Klägers auf § 2 der Steuerordnung und den dort geregelten Steuermaßstab ist nicht geeignet, jenen Beweis zu erbringen. Wird bei der steuerlichen Erfassung einer Rechtsausübung nicht ein jeden Wertfaktor ausschließender und insoweit unbilliger Einheitstarif gewählt, so kann aus der Schaffung eines Maßstabes der im § 3 der Steuerordnung vorgesehenen Art entfernt nicht ein Beweis der Verschleierung des Steuergegenstandes entnommen werden. Bei der Besteuerung einer Rechtsausübung liegt es in der Natur der Sache, als Maßstab für die Steuer den Wert der Leistungen zu berücksichtigen, die bei einer Übertragung des Rechts dafür gewährt werden, also bei einer Jagdverpachtung den Pachtpreis. Fehlt es an einer Rechtsübertragung auf Dritte, ist es nur folgerichtig, bei der Ausübung der Jagd in Eigenjagdbezirken einen nach objektiven Merkmalen zu bestimmenden Ersatzpreis als Maßstab zu wählen. Es kann deshalb aus den im § 2 der Steuerordnung bestimmten und dem Steuergegenstande des § 1 adäquaten Maßstäben nicht der Schluß gezogen werden, der Gegenstand der Besteuerung sei ein verschleierter.

Verfehlt sind schließlich die Ausführungen des Klägers, die Steuerordnung lasse bei Berücksichtigung der den Anfangs- und Endtermin der Besteuerung regelnden Bestimmungen der §§ 5, 6 die erforderliche Klarheit und Bestimmtheit vermissen. Wie bei jeder Rechtsausübung, sind auch bei der Jagdausübung, der Betätigung des Jagdrechts, deren Beginn und Beendigung bestimmbare und feststellbare Ereignisse. Selbstverständlich ist dabei, daß der Eintritt jener Ereignisse Tatfrage ist, für deren Ermittlung im Einzelfalle die Bestimmungen der §§ 5, 6 der Steuerordnung eine hinreichend klare und einwandfreie Handhabe bieten. Mögen auch in Sonderfällen die Feststellungen über den Beginn oder die Beendigung der Steuerpflicht, der Nachweis des Eintritts oder der Beendigung der im § 1 der Steuerordnung vorgesehenen Voraussetzung der Jagdrechtsausübung auf Schwierigkeiten tatsächlicher oder rechtlicher Art stoßen können, so kann jedenfalls in den durch die §§ 5, 6 getroffenen Bestimmungen und deren Verhältnis zu § 1 nicht eine unlösbare Unklarheit und Unbestimmtheit der Art gefunden werden, daß daraus eine Ungültigkeit der Steuerordnung entnommen werden müßte.

Ist nach alledem die Steuerordnung des Landkreises Z.-S. als gültig zu erachten, unterlag die auf der gegenteiligen Annahme beruhende Entscheidung der Vorinstanz der Aufhebung.

## 114. Schankerlaubnissteuer.

**Für die Anwendung des Ortsrechts ist entscheidend, wann die Schankerlaubnis erteilt worden ist.**

**Was ist zur Erlangung der Schankerlaubnis erforderlich und ausreichend?**

Entscheidung des Oberverwaltungsgerichts vom 19. Dezember 1922 — II. C. 148/22 —.

(PrVerwBl. **45** 13.)

Für die Anwendung des Ortsrechts (Besteuerungsrechts) ist entscheidend, wann der Kläger die Erlaubnis zum Kleinhandel mit geistigen Getränken erlangt hat. Wie der Gerichtshof in ständiger Rechtsprechung erkannt hat, ist zur Erlangung der Schankerlaubnis erforderlich und ausreichend, daß die zur Erteilung der Erlaubnis zuständige Behörde die Erteilung beschließt und daß dieser Beschluß dem Antragsteller amtlich bekanntgemacht wird. Die Bekanntmachung muß nicht gerade durch Aushändigung der Erlaubnisurkunde geschehen, sondern kann auch in anderer Weise erfolgen.

## 115. Vergügungssteuer.

**Dem Reichsrate ist nur die Befugnis gegeben, Vorschriften über die Besteuerung von Vergnügungen zu erlassen. Diese Vorschriften haben auch nur die Besteuerung von Vergnügungen zum Gegenstande.**

**Eine Vergnügungssteuer kann nur für die Veranstaltung von Vergnügungen erhoben werden.**

Entscheidung des Oberverwaltungsgerichts vom 6. November 1923 — II. C. 81/23 —.

(Entsch. **78** 112.)

Die bindende rechtliche Kraft der Reichsratsbestimmungen über die Vergnügungssteuer beruht auf § 13 des Landessteuergesetzes*). Durch diese Gesetzesvorschrift wird der Reichsrat ermächtigt, Bestimmungen über die Vergnügungssteuer zu erlassen, in denen Art und Umfang der Steuerpflicht, die Steuersätze und die sonstigen steuerlichen Befugnisse der Gemeinden geregelt werden. Dem Reichsrate ist damit nur die Befugnis gegeben, Vorschriften über die Besteuerung von Vergnügungen zu erlassen; denn eine Vergnügungssteuer kann nur für die Veranstaltung von Vergnügungen erhoben werden. Aus der Fassung der vom Reichsrate erlassenen Bestimmungen ist auch nicht zu entnehmen, daß er seine gesetzliche Befugnis anders aufgefaßt habe.

---

*) Jetzt Finanzausgleichsgesetz (RGBl. 1926, I, S. 203).

## 116. Vergnügungssteuer.

**Die Staffelung der Steuersätze bei der Kartensteuer nach Gruppen der Veranstaltungen ohne prozentuale Abstufung der Sätze innerhalb der einzelnen Gruppen nach dem Preise der ausgegebenen Eintrittskarten. Die Nachprüfung der Höhe der Steuersätze ist nicht Aufgabe der Verwaltungsgerichte. Bei der Bestimmung des Begriffs „Vergnügung" ist von demjenigen der „Lustbarkeit" auszugehen. Zur Frage, ob die Gemeinden auch Veranstaltungen (Vergnügungen), die in den Reichsratsbestimmungen über die Vergnügungssteuer nicht genannt sind, in den Kreis ihrer Besteuerung ziehen dürfen. Steuerliche Erfassung eines Tatbestandes in mehrfacher Hinsicht und von verschiedenen Gesichtspunkten aus.**

Entscheidung des Oberverwaltungsgerichts vom 30. Oktober 1923 — II. C. 186/22 —.

(Entsch. **78** 106.)

Der § 8 der Steuerordnung staffelt die Steuersätze bei der Kartensteuer nach Gruppen der steuerpflichtigen Veranstaltungen, ohne die Steuersätze innerhalb der einzelnen Gruppen wie in Art. II, § 8 der Reichsratsbestimmungen vom 9. Juni 1921 (RGBl. S. 856)*) prozentual nach dem Preise der ausgegebenen Eintrittskarten abzustufen. Es erscheint dies zulässig, weil durch Art. III, § 7 der Reichsratsbestimmungen für die Gemeinden die Möglichkeit eröffnet ist, nicht nur die Steuersätze des Art. II, § 8 zu erhöhen, sondern auch die steuerpflichtigen Veranstaltungen zu Gruppen zusammenzufassen und verschieden zu besteuern. Den Gemeinden ist es daher, wie der Gerichtshof bereits in der Entscheidung vom 7. November 1922 (PrVerwBl. **45** 114) ausgeführt hat, unbenommen, die Staffelung der Steuersätze auch in der Weise vorzunehmen, daß die Sätze nur nach den Gruppen der steuerpflichtigen Veranstaltungen, nicht aber auch innerhalb der Gruppen nach dem Preise der für die einzelne steuerpflichtige Veranstaltung ausgegebenen Eintrittskarten abgestuft werden. Ein derartiges Vorgehen bedarf bei dem Spielraume, den Art. III, § 7 der Reichsratsbestimmungen den Gemeinden gewährt, nur der Genehmigung der in Art. III, § 1 bezeichneten staatlichen Aufsichtsbehörden, nicht aber gemäß Art. III, § 12 neben derjenigen der Landesregierung außerdem noch der Zustimmung des Reichsministers der Finanzen.

Die Nachprüfung der Höhe der Steuersätze liegt, wie der Gerichtshof in bisheriger Rechtsprechung angenommen hat (vergl. z. B. Entsch. v. 1. Mai 1914 und 30. Mai 1916 — PrVerwBl. **36** 679 u. **38** 116), den Genehmigungsbehörden ob. An dieser Auffassung hält der Gerichtshof auch gegenüber den Reichsratsbestimmungen fest. Es kann nicht Aufgabe der Verwaltungsgerichte sein, in die Einzelheiten der Steuersätze einzugreifen, nachdem die Verwaltungsbehörden in mehreren Instanzen diese Sätze geprüft haben.

Die Klägerin ist der Ansicht, daß bei der Bestimmung des Begriffs „Vergnügung" von demjenigen der „Lustbarkeit" auszugehen sei, den die Rechtsprechung des Oberverwaltungsgerichts herausgebildet und den auch das Landessteuergesetz**), auf welchem die Reichsratsbestimmungen beruhen, nicht durch einen wesentlich veränderten Begriff ersetzt habe. Diese Anschauung ist zutreffend.

Die Gemeinden sind nach Art. III, § 2 der Reichsratsbestimmungen nicht gehindert, auch andere, in Art. II, § 1 nicht genannte Veranstaltungen in den Kreis ihrer Besteuerung zu ziehen, vorausgesetzt nur, daß es sich um „Vergnügungen" handelt.

---

*) Vgl. jetzt die am 7. 7. 1923 bekanntgemachte neue Fassung der Reichsratsbestimmungen (RGBl. 1923, I, S. 583) und die Abänderungen hierzu vom 10. 4. 1924 (RGBl. 1924, I, S. 411).

**) Jetzt Finanzausgleichsgesetz (RGBl. 1926, I, S. 203).

Diese Auffassung ist umsomehr begründet, als nach § 1, Abs. 1 der Steuerordnung, entsprechend den Bestimmungen des Reichsrats, alle in dem Bezirke der Stadt K. veranstalteten Vergnügungen besteuert werden sollen. Die hier fraglichen Rundfahrten würden also unter der Voraussetzung, daß sie sich als Vergnügungen darstellen, steuerpflichtig sein, auch wenn sie nicht ausdrücklich in Abs. 2 unter Nr. 8 als steuerpflichtig bezeichnet worden wären, und der Umstand, daß sie als steuerpflichtig ausdrücklich erwähnt sind, kann dann nicht die Wirkung der Steuerbefreiung haben.

Es ist nichts Ungewöhnliches, daß derselbe Tatbestand steuerlich in mehrfacher Hinsicht und von verschiedenen Gesichtspunkten aus erfaßt und behandelt wird.

## 117. Vergnügungssteuer.

### Die Begriffe Kabarett, Bars und Diele zur Kennzeichnung der Steuerobjekte. Zur Frage der Besteuerung der Veranstaltungen in Betrieben dieser Art.

Entscheidung des Oberverwaltungsgerichts vom 28. März 1922 — II. C. 7/22 —.

(PrVerwBl. **44** 192.)

Zwar wird sich für den fremdsprachigen Ausdruck Kabarett kaum eine den Begriff in allen Fällen deckende Bestimmung geben lassen, zumal die Fortentwicklung dieser Art von Lustbarkeiten unter dem Einflusse der Zeit und Geschmacksrichtungen stetig neue Formen zeigen wird. Die Bezeichnung hat sich aber in neuerer Zeit für eine gewisse Art von Lustbarkeiten eingebürgert, die sowohl durch die seitens des Vorderrichters gekennzeichnete Gestaltung der Vorführungen wie auch durch die Ausstattung des Betriebs und die Art der Zusammensetzung des Publikums, auf dessen Besuch vorwiegend gerechnet wird, sich deutlich kennzeichnet und sich deshalb so wesentlich von dem Betriebe in Kaffeehäusern einerseits und Varietétheatern andererseits unterscheidet, daß die Feststellung im einzelnen nach der Gesamtheit aller in Betracht kommenden Umstände für das Verkehrsleben keine ernste Schwierigkeit bietet.

Das Ortsgesetz entbehrt daher nicht der Klarheit und Bestimmtheit, wenn es die dem Genuß- und Verkehrsleben entlehnten Begriffe, wie Kabarett, Bars, Diele zur Kennzeichnung der Steuerobjekte heranzieht. Diese Begriffe werden nicht zur Bezeichnung von Einzelveranstaltungen (§ 3) verwendet, sondern dienen nur als Unterscheidungsmerkmale zur Begründung einer höheren Besteuerung. Die bei einfacher Darbietung auf 10 und 20 v. H. bemessenen Kartensteuersätze werden nach § 6 der Steuerordnung auf 60 v. H. erhöht, wenn die Veranstaltungen in Kabaretts, Bars, Dielen, d. h. in der mit diesen Begriffen verbundenen nach Rahmen, Aufmachung und Charakter besonderen Art luxuriöser Unterhaltung geboten werden. Dieser Form der Besteuerung stehen rechtliche Bedenken nicht entgegen; die Steuerordnung ermöglicht auch jedem Veranstalter die Übersicht über die steuerlichen Folgen seines Vorhabens.

Der Umstand, daß Eintrittspreis und Art des Verzehrs der Tagesstunde angepaßt werden, d. h. daß nachmittags Kaffee, Tee usw. und abends Wein usw. geboten wird, ist für die Steuerpflicht ebensowenig ausschlaggebend, wie der weitere Umstand, daß die Dauer der Vorstellungen und die Zahl der mitwirkenden Künstler nachmittags und abends verschieden ist. Der Vorderrichter hat aus den Tatumständen ohne Rechtsirrtum die Merkmale ermittelt und dargelegt, die die Vorstellungen als Lustbarkeiten in Kabaretts kennzeichnen und die Anwendung der Steuervorschrift des § 6, Ziff. 1, letzter Absatz des Ortsgesetzes seitens des Beklagten rechtfertigen.

## 118. Vergnügungssteuer.
## Anwendung des § 13 der Reichsratsbestimmungen über die Vergnügungssteuer (RGBl. 1923, I, S. 583 und 1924, I, S. 411), wenn der Unternehmer der Veranstaltung gegen die Vorschriften zur Beibringung der Besteuerungsunterlagen verstoßen hat.
## Zur Frage des Zwecks der vorbezeichneten Vorschrift.
## Hat der Kläger gegenüber einer auf Ermittlungsunterlagen nicht gestützten Steuersumme den Gegenbeweis zu führen?

Entscheidung des Oberverwaltungsgerichts vom 5. Mai 1925 — II. C. 6/25 —.

(PrVerwBl. **47** 40.)

Voraussetzung für die Anwendung des § 13 der Reichsratsbestimmungen für die Vergnügungssteuer ist nach dessen ausdrücklichem Inhalte, daß der Unternehmer gegen die Vorschriften zur Beibringung der Besteuerungsunterlagen in einer Weise verstößt, daß die für die Berechnung der Steuer maßgebenden Verhältnisse nicht mit Sicherheit festzustellen sind. Für einen solchen Fall sieht das Ortsgesetz eine Ersatzveranlagung vor, indem es die Steuerstelle ermächtigt, die Steuer so festzusetzen, als ob sämtliche verfügbaren Plätze für die gewöhnlichen oder im Einzelfalle ermittelten oder geschätzten höheren Kassenpreise verkauft worden wären. Über die Festsetzung ist ein förmlicher Steuerbescheid zu erteilen.

Diese Vorschrift liefert nicht etwa den Steuerpflichtigen der Willkür des Steuergläubigers aus, sondern sie macht diesem eine der richterlichen Nachprüfung unterliegende Veranlagung zur Pflicht, bei welcher gemäß § 14 a. a. O. ein bis zu 25 v. H. erhöhter Satz zur Anwendung gebracht werden kann.

Beklagter hat lediglich angegeben, daß der tatsächliche Verlauf der Veranstaltung über den Rahmen der Anmeldung hinausgegangen sei. Inwieweit dieses auf Absicht oder Versehen der Veranstalter beruhte, ob diese die nachträgliche Beibringung von Unterlagen für die Steuerberechnung verweigert haben und inwieweit Beklagter von dem Hilfsmittel der Schätzung Gebrauch gemacht hat, ist nicht erörtert; Kläger behauptet, sich zu jeder Auskunft und Nachweisung bereit gehalten zu haben.

Bei dieser Unvollständigkeit der steuerlichen Unterlagen hätte der Bezirksausschuß gemäß § 71 des Landesverwaltungsgesetzes auf eine Klärung im Sinne des § 13 der Steuerordnung durch Angaben der Parteien hinwirken müssen. Seine Annahme, daß der Kläger gegenüber der auf Ermittlungsunterlagen nicht gestützten Steuersumme den Gegenbeweis zu führen habe, ist mit § 13 a. a. O. nicht vereinbar und beruht auf Rechtsirrtum (vergl. Jebens im Preuß. Verw.-Blatt Jahrg. 21, S. 384 sowie Friedrichs, Verwaltungsrechtspflege, 1921, S. 849).

Der hierdurch bedingte Mangel des Verfahrens nötigte zur Aufhebung der Entscheidung des Bezirksausschusses.

## 119. Der Begriff der öffentlichen Lustbarkeit.

### a) Im allgemeinen.

1. Entscheidung des Oberverwaltungsgerichts vom 4. Juli 1913 — II. C. 47/13 —.

(Entsch. **64** 235.)

Eine Lustbarkeit ist jede Veranstaltung (Darbietung, Vorführung), die nach der Ansicht des Veranstaltenden zur Unterhaltung und Ergötzung bestimmt, auch nach ihrer Art dazu geeignet ist.

Zu einer öffentlichen wird die Lustbarkeit, wenn die Teilnahme an ihr einer unbeschränkten, d. h. nach Zahl, Art und Eigenschaft nicht bestimmten Mehrheit von Personen freisteht.

2. Entscheidung des Oberverwaltungsgerichts vom 4. November 1912 — VII. C. 52/12 —.

Öffentliche Lustbarkeiten sind solche, die jedermann zugänglich sind. Zwar braucht die Zugänglichkeit keine unbegrenzte zu sein; vielmehr genügt es, daß die Lustbarkeit anderen als nur individuell bestimmten Personen zugänglich ist.

3. Entscheidung des Oberverwaltungsgerichts vom 16. Juni 1914 — II. C. 45/14 —.

Eine öffentliche Lustbarkeit liegt schon dann vor, wenn sie in einem öffentlichen, jedermann zugänglichen Lokale dergestalt stattfindet, daß jede das Lokal betretende Person an ihr teilnehmen, den Vortrag hören kann.

4. Entscheidung des Oberverwaltungsgerichts vom 9. Dezember 1912 — VII. C. 360/12 —.

Hinsichtlich des Charakters einer Lustbarkeit ist auf die von dem Veranstalter beabsichtigte Wirkung das entscheidende Gewicht zu legen.

5. Entscheidung des Oberverwaltungsgerichts vom 1. Februar 1912 — VII. C. 334/11 —.
(Deutsche Jur.-Ztg. **17** 1358 u. PrVerwBl. **34** 97.)

Veranstaltungen, die Lustbarkeiten sind oder doch als solche angesehen werden, hören nicht auf, Lustbarkeiten zu sein oder als solche betrachtet zu werden, weil oder wenn sie in einer Steuerordnung aufgeführt werden, die nicht ausdrücklich als Lustbarkeitssteuerordnung bezeichnet ist und sich nicht auf § 15 des Kommunalabgabengesetzes stützt. Veranstaltungen, die ihrem Wesen nach keine Lustbarkeiten sind, können auch durch die Aufnahme in eine Lustbarkeitssteuerordnung nicht zu Lustbarkeiten werden.

6. Entscheidung des Oberverwaltungsgerichts vom 23. September 1913 — II. C. 83/13 —.
(PrVerwBl. **35** 523.)

Musikalische Darbietungen bilden dann keine einheitliche Veranstaltung, wenn sie nicht für dasselbe Publikum bestimmt sind.

7. Entscheidung des Oberverwaltungsgerichts vom 14. November 1913 — II. C. 79/13 —.

Zum Begriff des Veranstalters einer Lustbarkeit genügt nicht ein bloßes Dulden, vielmehr setzt das Veranstalten eine positive Tätigkeit des Veranstalters voraus, ein Anregen, Organisieren.

8. Entscheidung des Oberverwaltungsgerichts vom 2. Dezember 1913 — II. C. 113/13 —.

Veranstalter einer öffentlichen Lustbarkeit durch Musikvorträge in einer Schankwirtschaft wird ein Schankwirt, wenn er in den jedermann zugänglichen Räumen der Schankwirtschaft ein Klavier (oder sonstiges Musikinstrument) zur beliebigen Benutzung aufstellt, sobald auf dem Klavier ein Musikvortrag so zu Gehör gebracht wird, daß er von einer unbeschränkten Mehrheit von Personen (den Besuchern der Schankwirtschaft) vernommen werden ann.

### b) Im einzelnen.

#### 1. Veranstaltungen zur Befriedigung eines ästhetischen Bedürfnisses.

Entscheidung des Oberverwaltungsgerichts vom 21. April 1914 — II. C. 69/13 —.

Mit Lustbarkeiten ist dann zu rechnen, wenn der Veranstalter die Besucher zu ergötzen und zu unterhalten beabsichtigt. Dazu gehören auch diejenigen Veranstaltungen, die ein ästhetisches Bedürfnis zu befriedigen bestimmt sind, wie Musik- und Theateraufführungen — auch ernsten Inhalts —, unter Umständen auch Kirchenkonzerte. Keine Lustbarkeit aber veranstaltet derjenige, dessen unmittelbare Absicht auf religiöse Erbauung gerichtet ist.

## 2. Veranstaltungen zur religiösen Erbauung.

Entscheidung des Oberverwaltungsgerichts vom 3. Februar 1913 — VII. C. 231/12 —.

Die Annahme einer Lustbarkeit ist dann ausgeschlossen, wenn die Absicht des Veranstalters auf religiöse Erbauung gerichtet ist. Der Umstand, daß die Veranstalter mit ihrer Veranstaltung durch die Erhebung des Eintrittsgeldes einen Gewinn erstrebt oder erzielt haben, ist nicht geeignet, eine Veranstaltung zu einer Lustbarkeit zu machen, die nach ihrem festgestellten Gesamtcharakter keine Lustbarkeit ist.

## 3. Kegelspiel und Wettkegeln.

Entscheidung des Oberverwaltungsgerichts vom 24. Februar 1914 — II. C. 235/13 —.

Das Kegelspiel dient, auch wenn es nach bestimmten Regeln und Vorschriften, die für jedes Spiel mehr oder weniger nötig sind, gespielt wird, im wesentlichen der Unterhaltung der Spielenden. Der Zweck der körperlichen und geistigen Vervollkommnung, wenn er überhaupt mit verfolgt wird, tritt gegenüber dem der Unterhaltung weit zurück. Nicht anders ist es mit einem Wettkegeln, zu dem die Teilnehmer Beiträge durch Lösung von Schubkarten leisten und bei dem der größere Teil dieser Beiträge den besten Spielern in Gestalt von Geld- oder anderen Preisen zufällt.

## 4. Lichtbildervorträge und Vorführungen der Lichtspieltheater.

Entscheidung des Oberverwaltungsgerichts vom 14. März 1913 — VII. C. 416/12 —.

Unter Lichtbildervorträgen sind Veranstaltungen zu verstehen, bei denen ein mündlicher Vortrag im Vordergrunde steht und die vorgeführten Bilder nur den Zweck haben, den Vortrag zu beleben und seinen Inhalt den Zuhörern verständlicher zu machen. Umgekehrt verhält es sich mit den Vorführungen der sogenannten Kinotheater, bei denen in der Regel die durch Abrollen der Films vorgeführten Bilder die Hauptsache sind und das gesprochene Wort nur ausnahmsweise zur Unterstützung des Verständnisses der Bilder eingreift.

## 5. Lustbarkeiten und Marktverkehr.

Entscheidung des Oberverwaltungsgerichts vom 4. März 1912 — VII. C. 468/11 —.

Die gelegentlich der Abhaltung eines Marktes zur Erheiterung und Ergötzung des marktbesuchenden Publikums veranstalteten Lustbarkeiten werden durch den Begriff Marktverkehr im Sinne des § 68 der Reichsgewerbeordnung nicht mit umfaßt. Das ausdrückliche Erfordernis eines Wandergewerbescheines ist keine Ausnahme von dem sonst für die Veranstaltung von Lustbarkeiten auf Märkten geltenden Grundsatze der Marktfreiheit, sondern eher eine Bestätigung des Satzes, daß Lustbarkeiten nicht Gegenstand des Marktverkehrs sind.

## 6. Pferderennen.

Entscheidung des Oberverwaltungsgerichts vom 1. Februar 1912 — VII. C. 334/11 —.

(Deutsche Jur.-Ztg. **17** 1358 u. PrVerwBl. **34** 97.)

Pferderennen sind keine Lustbarkeiten.

## 7. Photographiebude.

Entscheidung des Oberverwaltungsgerichts vom 19. Dezember 1913 — II. C. 29/13 —.

Das Halten einer Photographiebude stellt in der Regel keine steuerpflichtige Lustbarkeit dar, indessen können besondere Umstände vorliegen, unter denen auch das Halten einer Photographiebude als Darbietung einer Lustbarkeit anzuerkennen sein mag. Die örtliche Verbindung einer Schnellphotographiebude mit anderen Lustbarkeiten oder ihre Aufstellung auf einem größeren Vergnügungsplatze reicht an sich noch nicht aus, um das Vorliegen solcher besonderen Umstände als vorliegend anzusehen.

### 8. Prämienschießen.

Entscheidung des Oberverwaltungsgerichts vom 3. März 1914 — II. C. 255/13 —.

Es ist Tatfrage, ob bei Prämienschießen weniger das Schießen als die Unterhaltung und Ergötzung, die den Gästen und Mitgliedern geboten werden soll, in Betracht kommt.

### 9. Sportliche Wettspiele.

Entscheidung des Oberverwaltungsgerichts vom 14. November 1913 — II. C. 73/13 —.

Auch sportliche Wettspiele können zu dem Zwecke der Unterhaltung und Ergötzung veranstaltet werden. Ob der eine oder der andere Zweck mit der Veranstaltung verfolgt wird, ist Tatfrage, die nur nach den Umständen des einzelnen Falles beantwortet werden kann.

### 10. Tanzbelustigung und Tanzstunde.

Entscheidung des Oberverwaltungsgerichts vom 21. November 1912 — VIII. C. 306/12 —.

Eine Tanzbelustigung im Gegensatz zu einer Tanzstunde findet statt, wenn der Unternehmer mit der Veranstaltung nicht in erster Linie das Unterrichten und Belehren der Teilnehmer bezweckt, sondern die Absicht der ergötzenden Unterhaltung im Vordergrunde steht. Öffentlich ist sie, wenn sie sich nicht auf einen von vornherein individuell abgegrenzten Teilnehmerkreis beschränkt, sondern an ihr jedermann, sei es schlechtweg, sei es nach Erfüllung gewisser allgemeiner Zulassungsbedingungen, wie z. B. Zahlung eines Eintrittsgeldes, Beobachtung von Kontrollvorschriften, teilnehmen kann.

### 11. Theater-Übungs- und Prüfungsaufführungen.

Entscheidung des Oberverwaltungsgerichts vom 1. Mai 1914 — II. C. 308/13 —.

Einer Theateraufführung, die im wesentlichen zu dem Zwecke einer Übung oder Prüfung der Darsteller erfolgt, fehlt überhaupt die Eigenschaft einer Lustbarkeit. Zu einer solchen wird sie aber dadurch, daß sie einer Zuschauerschaft zum Zwecke der Ergötzung geboten wird.

## 120. Naturaldienste.
## Zur Frage der Befreiung von Naturaldiensten (§ 68, Abs. 6 des Kommunalabgabengesetzes).

Entscheidung des Oberverwaltungsgerichts vom 13. Februar 1923 — II. C. 66/22 —.
(PrVerwBl. **45** 23.)

Durch § 41, Nr. 75 des Gesetzes über die Aufhebung der Standesvorrechte des Adels und die Auflösung der Hausvermögen vom 23. Juni 1920 (GS. S. 367) ist der § 68 des Kommunalabgabengesetzes nur insoweit aufgehoben worden, als im Absatz 6 eine Befreiung von Naturaldiensten für gewisse Personen mit Rücksicht auf ihren adeligen Stand festgesetzt war.

## 121. Zur Frage der Wirkung der von dem Steuerpflichtigen verlangten und von ihm erteilten Auskunft, wenn die Pflicht zur Auskunfterteilung in rechtsgültiger Form geregelt ist.

Entscheidung des Oberverwaltungsgerichts vom 19. Juni 1913 — II. C. 67/13 —.

Nur die Erteilung einer Auskunft auf bestimmte, dem Steuerpflichtigen vorgelegte Fragen hat die Wirkung, daß die Veranlagungsbehörde davon ohne zuvorige Beanstandung nicht abweichen darf, vorausgesetzt, daß überhaupt die Gemeinde in rechtsgültiger Form von der ihr durch § 63 des Kommunalabgabengesetzes eingeräumten Befugnis zu autonomer Regelung der Pflicht zur Auskunfterteilung Gebrauch gemacht hat.

## 122. Zur Frage der Bindung des Steuerpflichtigen an seine Auskunft über Steuermerkmale (§ 63 des Kommunalabgabengesetzes). Abweichung von dieser Auskunft bei der Veranlagung.

a) Entscheidung des Oberverwaltungsgerichts vom 15. Januar 1918 — VIII. C. 128/17 —.

(Entsch. **73** 225.)

Zwar hat die Erteilung einer Auskunft über Steuermerkmale auf Grund einer dem § 63 des Kommunalabgabengesetzes entsprechenden Vorschrift der Steuerordnung zur Folge nicht nur, daß die Veranlagungsbehörde ohne vorherige Beanstandung von den in der Auskunft enthaltenen Angaben nicht abweichen darf, sondern auch, daß der Steuerpflichtige sie für die Veranlagung gegen sich gelten lassen muß. Indessen kann er den Eintritt der letztgedachten Wirkung dadurch abwenden, daß er die von ihm in der Auskunft gemachten tatsächlichen Angaben „vor der Veranlagung" berichtigt. Ein Steuerpflichtiger, der nach erfolgter Veranlagung erst im Einspruchsverfahren seine Angaben berichtigt, hat nach dem Urteile vom 16. Juni 1911 (PrVerwBl. **33** 265) die äußerste Frist versäumt, die ihm für die Freiheit zu deren Änderung offen steht, nämlich die Frist zwischen der Erteilung der Auskunft und der Veranlagung.

b) Entscheidung des Oberverwaltungsgerichts vom 17. Oktober 1922 — VIII. C. 99/22 —.

(Entsch. **78** 187.)

Eine von dem Steuerpflichtigen gemäß § 63, Abs. 2 des Kommunalabgabengesetzes infolge irriger Auffassung über die Tragweite der an ihn gerichteten Frage erteilte Auskunft ist für ihn nicht bindend. Ebensowenig kann eine solche Auskunft von der Gemeindebehörde ihrer Heranziehung zur Steuer zu Grunde gelegt werden.

## 123. Die Veranlagung zu einer direkten Gemeindesteuer hat stets für ein Rechnungsjahr zu erfolgen*). Zur Frage, von welchem Zeitpunkte an eine im Laufe eines Steuerjahres in Kraft getretene Ordnung über eine direkte Gemeindesteuer gilt. Die Berechnung der Gültigkeitsdauer einer von den Aufsichtsbehörden bei der Genehmigung oder Zustimmung befristeten Ordnung über eine direkte Gemeindesteuer.

Entscheidung des Oberverwaltungsgerichts vom 21. September 1920.

(Min.-Bl. i. Verw. **1920** 407.)

Die Veranlagung zu einer direkten Gemeindesteuer erfolgt grundsätzlich für das nach § 95, Abs. 1 des Kommunalabgabengesetzes mit dem 1. April beginnende und dem folgenden 31. März schließende Rechnungsjahr. Auch wenn nach § 95, Abs. 2 a. a. O. von der Gemeinde an Stelle eines Rechnungsjahres Perioden von zwei oder drei Rechnungsjahren eingeführt sind oder gemäß § 64 a. a. O. durch Steuerordnung die Veranlagung besonderer Realsteuern für mehrere aufeinanderfolgende Rechnungsjahre vorgeschrieben ist, so ändert dies nichts daran, daß das Rechnungsjahr stets nur die erwähnte Zeitgrenze innerhalb zweier Kalenderjahre umfaßt. Dieser Zeitraum bildet eine unteilbare Einheit, dergestalt, daß ein innerhalb seiner, für die Veranlagung geschaffenes oder neu geordnetes Steuerrecht für sie im ganzen gilt. Eine für eine direkte Gemeindesteuer eingeführte Steuerordnung, die, ohne einen bestimmten anderweiten Termin anzugeben, im Laufe eines Steuerjahres in Kraft tritt, gilt daher auch immer für das laufende Rechnungsjahr vom 1. April an. Die Vorstellung, als handle es sich dabei um eine der Steuerordnung beigelegte Kraft der Rückwirkung, ist rechtsirrig, wie das Oberverwaltungsgericht in zahlreichen Entscheidungen dargelegt hat (PrVerwBl. **38** 268). Wenn daher eine solche Steuerordnung von den Aufsichts-

*) Vgl. auch Entsch. des OVG. v. 10. 7. 1923 (Entsch. 78 153).

instanzen gemäß § 77 a. a. O. unter Beschränkung auf einen nach Jahren bemessenen Zeitraum genehmigt wird, so können als diese Jahre beim Mangel einer anderen Bestimmung nur Rechnungsjahre gemeint sein, als deren erstes das laufende selbst zu zählen ist.

## 124. Die direkten Gemeindesteuern sind Jahressteuern. Das Rechnungsjahr bildet für ihre Erhebung eine unteilbare Einheit. Für die Veranlagung direkter Gemeindeabgaben ist das zur Zeit der Veranlagung geltende Recht für das ganze Steuerjahr maßgebend. Von welchem Zeitpunkte gilt ein neues Ortsrecht? Wann entsteht nach dem Kommunalabgabengesetze die Abgabenschuld?

Entscheidung des Oberverwaltungsgerichts vom 10. Juli 1923 — VIII. C. 70/23 —.

(Entsch. **78** 153.)

Das Oberverwaltungsgericht hat in ständiger Rechtsprechung angenommen, daß die direkten Gemeindesteuern Jahressteuern sind, d. h. daß sie begriffsmäßig für den Zeitraum eines Rechnungsjahres erhoben werden, der eine unteilbare Einheit bildet. Hieraus hat es gefolgert, daß, wenn im Laufe eines Rechnungsjahres für eine direkte Gemeindesteuer ein neues Ortsrecht geschaffen wird, dies rechtsnotwendig stets den ganzen Jahreszeitraum kraft seiner Einheitlichkeit vom Beginne des laufenden Steuerjahres ab ergreift (vergl. Urt. v. 4. 10. 1921 — Entsch. des OVG. **77** 281ff., 283). Hieran war bei nochmaliger Erwägung für den vorliegenden Fall festzuhalten. Daraus folgt, daß auch nach dem Inkrafttreten des durch das Gesetz vom 6. Mai 1920 in das Kommunalabgabengesetz eingefügten § 1a für die Veranlagung direkter Gemeindeabgaben das zur Zeit der Veranlagung geltende Recht für das ganze Steuerjahr maßgebend ist. Nach dem § 1a entsteht die Abgabenschuld, sobald der Tatbestand verwirklicht ist, an den das Gesetz den Anspruch des Abgabengläubigers knüpft, und dies gilt auch dann, wenn die Abgabenschuld durch eine Veranlagung festgestellt werden muß. Danach erfolgt auch bei direkten Gemeindesteuern, als sogenannten Veranlagungssteuern, die Begründung der Steuerpflicht in dem Zeitpunkte, in welchem die vom Gesetze bestimmten Tatbestandsmerkmale der Steuerpflicht vorliegen. Der den Anspruch des Steuergläubigers verwirklichende Tatbestand ist erfüllt beim Vorhandensein des die Steuerpflicht begründenden Rechts und beim Vorliegen der tatsächlichen Voraussetzungen in der Person des Steuerpflichtigen, an welche die Steuerpflicht geknüpft ist. Zu dem die Steuerpflicht begründenden Rechte ist bei Gemeindesteuern auch das örtliche Steuerrecht zu zählen, somit bei besonderen Steuern die sie einführende Steuerordnung. Ist hiernach auf Grund des § 1a des Kommunalabgabengesetzes bezüglich einer direkten Gemeindesteuer nach der zu Beginn des Steuerjahres geltenden Steuerordnung eine Steuerschuld entstanden, so schließt dies nicht aus, daß eine andere Steuerordnung an die Stelle der alten tritt mit der Wirkung, daß sie das ganze einheitliche Steuerjahr ergreift. Daraus ergibt sich dann, daß das neue Ortsrecht von dem Zeitpunkte seiner Geltung, d. h. von dem Beginne des Rechnungsjahres ab, an die Stelle des alten Ortsrechts tritt und daß dadurch die an den Tatbestand des letzteren geknüpfte Abgabenschuld in Fortfall kommt, sofern nicht eine unanfechtbar gewordene Veranlagung auf Grund des alten Ortsrechts vorliegt. Hat eine Heranziehung gemäß der alten Steuerordnung bereits stattgefunden, ist diese aber noch nicht unanfechtbar geworden, so tritt das neue Ortsrecht an die Stelle des alten, jedoch mit der Maßgabe, daß auf Grund des neuen Ortsrechts nicht ein höherer Betrag veranlagt werden darf, als auf Grund der alten Steuerordnung gefordert war, da eine höhere Veranlagung, wie aus dem § 84 des Kommunalabgabengesetzes zu folgern ist, überhaupt nicht zulässig ist.

## 125. Zur Frage der Ermäßigung der durch eine Steuerordnung bestimmten Steuersätze und der Änderung der Grundlagen der Veranlagung.

a) Entscheidung des Oberverwaltungsgerichts vom 4. November 1912 — VII. C. 264/12 —.

Eine Gemeinde handelt nicht wider das Gesetz, wenn sie nach pflichtmäßigem Ermessen einen Steuerbetrag verlangt, der sich in den durch die Steuerordnung festgelegten Grenzen bewegt. Auf eine Ermäßigung der diese Grenzen innehaltenden Steuerforderung steht dem Steuerschuldner ein Anspruch nicht zu.

b) Entscheidung des Oberverwaltungsgerichts vom 14. November 1912 — VIII. C. 534/12 —.

Ist einmal eine Steuerordnung mit der Genehmigung und Zustimmung versehen und in Kraft getreten, so sind allein die in ihr vorgeschriebenen Steuersätze maßgebend.

c) Entscheidung des Oberverwaltungsgerichts vom 3. Februar 1914 — VII. C. 587/13 —.

Gewährt die Steuerordnung dem Gemeindevorstande die Befugnis, aus Billigkeitsgründen den Steuerpflichtigen ganz oder teilweise von der Steuer zu befreien, so kann der Steuerpflichtige einen Rechtsanspruch aus einer derartigen Bestimmung nicht herleiten.

d) Entscheidung des Oberverwaltungsgerichts vom 4. März 1914 — II. H. C. 12/14 —.

Es ist lediglich in das pflichtmäßige Ermessen der Steuerbehörde gestellt, ob und inwieweit sie von einer Befugnis, die Steuer ganz oder teilweise zu erlassen, Gebrauch machen will, und die Ausübung dieses Ermessens ist der Nachprüfung des Verwaltungsrichters entzogen.

e) Entscheidung des Oberverwaltungsgerichts vom 3. März 1913 — H. C. 122/12 —.

Daß der Steuersatz nur im Rechtsmittelverfahren geändert werden kann, hat notwendig zur Folge, daß eine Änderung der Grundlagen der Veranlagung außerhalb dieses Verfahrens unmöglich ist.

## 126. Ist eine Mehrforderung an Gemeindeabgaben durch nachträgliche Richtigstellung rechtlicher Irrtümer bei einer Veranlagung zulässig? Wie ist eine solche Mehrforderung an Gemeindeabgaben zu beurteilen?

Entscheidung des Oberverwaltungsgerichts vom 18. Dezember 1913 — H. C. 241/13 —.

Rechtliche Irrtümer bei der Gemeindesteuerveranlagung können nicht nachträglich derart richtig gestellt werden, daß die damit begründete Mehrforderung als noch innerhalb des Rahmens der ursprünglichen Heranziehungsverfügung liegend erachtet wird. Eine so entstehende Erhöhung der anfänglich veranlagten Abgabensumme ist vielmehr eine eigentliche Nachveranlagung.

## 127. Muß eine rechtskräftig gewordene Steuerveranlagung, die dem bestehenden Rechte widerspricht, aufgehoben werden?

Entscheidung des Oberverwaltungsgerichts vom 25. November 1913 — VII. C. 520/13 —.

Eine Veranlagung bleibt, soweit sie einmal rechtskräftig geworden ist, bestehen, selbst wenn sie unter unrichtiger Anwendung des bestehenden Rechtes zustande gekommen ist.

## 128. Zur Frage, ob es zulässig ist, innerhalb des Steuerjahres nach Zurücknahme der ersten Veranlagung zu einer direkten Gemeindesteuer eine zweite Veranlagung vorzunehmen.

**Bei der zweiten Veranlagung kann nicht mehr gefordert werden, als mit der ersten gefordert worden war.**

**Die Ausübung der Pflicht zur Beanstandung der von dem Steuerpflichtigen erteilten Auskunft.**

Entscheidung des Oberverwaltungsgerichts vom 31. Oktober 1913 — VIII. C. 151/13 —.

(PrVerwBl. **35** 717.)

Der Vorderrichter begründet seine Entscheidung allein damit, daß die zweite Veranlagung eine nach § 84 des Kommunalabgabengesetzes unzulässige Nachveranlagung bilde. Seine auf § 5 der örtlichen Steuerordnung gestützten Ausführungen, die die Unterlassung der Beanstandung der von dem Kläger abgegebenen Auskunft über die Höhe des gemeinen Wertes des Grundstücks betreffen, haben lediglich den Zweck, darzutun, daß die erste Veranlagung trotz der ihr anhaftenden Mängel rechtswirksam gewesen, die zweite daher unzulässig gewesen sei. Die Entscheidung ist verfehlt. Der Bezirksausschuß bezieht sich in seiner Begründung auf das Urteil des Oberverwaltungsgerichts vom 13. November 1911 (PrVerwBl. **33** 389). Dieses betrifft jedoch nicht einen Fall wie den vorliegenden, in dem die zweite Veranlagung noch innerhalb des Steuerjahres nach Zurücknahme der ersten Veranlagung vorgenommen ist. Daß in einem solchen Falle eine zweite Veranlagung zulässig sei, daß jedoch mit ihr nicht mehr gefordert werden dürfe, als mit der ersten gefordert worden war, ist von dem Oberverwaltungsgerichte in ständiger Rechtsprechung angenommen worden. Hieran war auch in der vorliegenden Streitfrage festzuhalten.

Wenn nach der örtlichen Steuerordnung die Ausübung der Pflicht zur Beanstandung der von dem Steuerpflichtigen auf Erfordern erteilten Auskunft an keine Frist gebunden ist, so kann sie zu jeder Zeit ausgeübt werden, solange das Veranlagungsverfahren noch nicht seinen endgültigen Abschluß gefunden hat.

## 129. Strafen und Nachveranlagung (§§ 79 und 83 des Kommunalabgabengesetzes).

**Unrichtige und unvollständige Angaben auf Fragen der zuständigen Stelle und bei der Begründung eines Einspruchs gegen die Steuerheranziehung (Veranlagung) in der Absicht der Steuerhinterziehung.**

**Wann ist eine unrichtige Angabe wissentlich erfolgt?**

Entscheidung des Oberverwaltungsgerichts vom 31. Oktober 1913 — VIII. C. 250/12 —.

(Entsch. **65** 180.)

Nach § 79, Abs. 1 des Kommunalabgabengesetzes kommen nur Angaben in Betracht, die der Steuerpflichtige an zuständiger Stelle auf die an ihn gerichteten Fragen oder bei der Begründung eines Einspruchs gemacht hat.

Der Tatbestand des § 79, Abs. 2 a. a. O. erfordert, daß die unrichtige Angabe „wissentlich“ erfolgt ist. Wird dies nicht dargetan, so ist nicht nur eine Bestrafung ausgeschlossen, sondern es kann auch eine Nachveranlagung auf Grund des § 83 a. a. O. nicht stattfinden. Wissentlich unrichtig ist die auf eine Frage oder zur Begründung eines Einspruchs gemachte Angabe nur dann, wenn der Angebende die Unrichtigkeit kennt. Wer nach bestem Gewissen die gestellte Frage richtig beantworten und eine richtige Angabe machen will und danach verfährt, antwortet nicht „wissentlich“ unrichtig; ob er dabei die Frage mißversteht oder nicht und ob er bei Betrachtung der Frage oder bei der Angabe sich in einem Rechtsirrtume befindet oder nicht, bleibt ohne Bedeutung.

## 130. Die Hinterziehung und die Nachforderung von Gemeindesteuern (§§ 79, 81 und 83 des Kommunalabgabengesetzes). Die Rechtsmittel gegen die Heranziehung (Veranlagung) zur Nachsteuer.

Entscheidung des Oberverwaltungsgerichts vom 15. März 1912 — VIII. C. 214/11 —.
(Entsch. **62** 326.)

§ 83, Abs. 1 des Kommunalabgabengesetzes macht die Verpflichtung zur Entrichtung der Nachsteuer nicht von der Tatsache abhängig, daß eine Bestrafung wegen Steuerhinterziehung erfolgt ist; die Einziehung der hinterzogenen Steuer erfolgt vielmehr „neben und unabhängig von der Strafe." Wenn § 83, Abs. 1 a. a. O. ausdrücklich auf § 79 des Kommunalabgabengesetzes hinweist, so hat dies lediglich die Bedeutung, daß der in diesem Paragraphen aufgestellte Tatbestand auch für die Verpflichtung zur Zahlung der Nachsteuer maßgebend sein soll. Das Kommunalabgabengesetz knüpft hiernach an denselben Tatbestand zwei voneinander verschiedene Rechtsfolgen, einmal im § 79 eine strafrechtliche, sodann im § 83 eine steuerrechtliche. In jedem der beiden Fälle ist das Verfahren ein besonderes und von dem anderen unabhängiges. Die Untersuchung und Entscheidung in betreff der in § 79 bezeichneten strafbaren Handlungen steht dem Gerichte zu, wenn nicht der Beschuldigte die von dem Gemeindevorstande vorläufig festgesetzte Geldstrafe nebst den durch das Verfahren gegen ihn entstandenen Kosten binnen einer ihm bekannt gemachten Frist freiwillig an die Gemeindekasse zahlt (§ 81, Abs. 2 a. a. O.); die Feststellung der Nachsteuer steht dem Gemeindevorstande zu, gegen dessen Beschluß nach Maßgabe der §§ 69, 70 der Einspruch und die Klage im Verwaltungsstreitverfahren zulässig sind (§ 83, Abs. 3 a. a. O.). Die hiernach zur Entscheidung berufenen Behörden haben selbständig und unabhängig voneinander zu prüfen, ob der Tatbestand des § 79 a. a. O. gegeben ist. Der Gemeindevorstand kann daher nicht nur in den Fällen eine Nachsteuer festsetzen, in denen die Strafverfolgung wegen Verjährung oder wegen des Todes des Steuerpflichtigen ausgeschlossen ist, sondern auch dann, wenn im Strafverfahren aus anderen Gründen eine Freisprechung erfolgt ist, sofern er bei seiner Prüfung zu einem anderen Ergebnisse gelangt als der Strafrichter.

Nach § 83, Abs. 3 des Kommunalabgabengesetzes erfolgt die Festsetzung der Nachsteuer durch den Gemeindevorstand; sie darf daher nicht, wie dies bei der regelmäßigen Veranlagung durch § 61, Abs. 1 a. a. O. für zulässig erklärt ist, durch den Steuerausschuß bewirkt werden.

## 131. Die Nachforderung von Gemeindeabgaben.

a) Entscheidung des Oberverwaltungsgerichts vom 31. Januar 1913 — VIII. C. 245/12 —.
(PrVerwBl. **34** 566.)

Für die Zulässigkeit von Nachforderungen von Gemeindeabgaben sind nicht die Vorschriften des Gesetzes vom 18. Juni 1840 über die Verjährungsfristen für öffentliche Abgaben, sondern die des Kommunalabgabengesetzes vom 14. Juli 1893 maßgebend. Das Kommunalabgabengesetz läßt jedoch die Nachforderungen von Gemeindeabgaben, d. h. ihre Veranlagung nach Ablauf des Steuerjahres nur in den ausdrücklich von ihm bezeichneten Fällen der §§ 83ff. zu; es steht somit auf dem Standpunkte, daß eine Veranlagung nach Ablauf des Steuerjahres, abgesehen von diesen Fällen, unzulässig ist.

b) Entscheidung des Oberverwaltungsgerichts vom 30. Mai 1916 — VIII. C. 100/16 —.
(PrVerwBl. **38** 131.)

§ 84 des Kommunalabgabengesetzes bestimmt, daß Steuerpflichtige, die entgegen den Vorschriften jenes Gesetzes oder der auf Grund desselben erlassenen Steuerordnungen bei der Veranlagung direkter Gemeindesteuern übergangen oder steuerfrei geblieben sind, ohne daß eine strafbare Hinterziehung der Steuer stattgefunden hat, zur Entrichtung des der Gemeindekasse entzogenen Betrages verpflichtet sind. Die

Verpflichtung erstreckt sich auf die drei Rechnungsjahre zurück, die dem Rechnungsjahre, in dem die Verkürzung festgestellt worden ist, vorausgegangen sind. Nach dem klaren Wortlaute dieser Bestimmung ist das Recht der Gemeinden zur Nachforderung direkter Gemeindesteuern an keine weiteren Voraussetzungen gebunden, als daß der Steuerpflichtige in dem betreffenden Rechnungsjahre übergangen oder steuerfrei geblieben und dies entgegen den Vorschriften des Gesetzes oder der Steuerordnungen geschehen war. Übergangen war ein Steuerpflichtiger, wenn er nicht in die Steuerliste aufgenommen und infolgedessen überhaupt nicht zur Veranlagung gelangt war. Steuerfrei geblieben ist derjenige, der in die Steuerliste als steuerfrei veranlagt aufgenommen war (Art. 52, Nr. 1 der Ausf.-Anw. zum Kom.-Abg.-Ges.). An dieser Auslegung des § 84 des Kommunalabgabengesetzes hat das Oberverwaltungsgericht in ständiger Rechtsprechung festgehalten (PrVerwBl. **26** 751, **29** 995, Entsch. des OVG. **53** 183, **62** 434, **64** 250).

c) Entscheidung des Oberverwaltungsgerichts vom 9. Dezember 1919 — VIII. C. 56/19 —.

(Entsch. **75** 203.)

Der § 84 des Kommunalabgabengesetzes macht die Zulässigkeit der Nachveranlagung lediglich von der Tatsache abhängig, daß ein Steuerpflichtiger bei der Veranlagung entgegen den Vorschriften des Gesetzes oder der Steuerordnung übergangen oder steuerfrei geblieben ist. Darauf, ob er bei der laufenden Veranlagung noch hätte mitveranlagt werden *können*, kommt es für die Zulässigkeit der Nachforderung nicht an. Auch die Bezugnahme des Bezirksausschusses auf die bei Nöll-Freund, das Kommunalabgabengesetz, in Anmerkung 5 zum § 84 angeführte Entscheidung vom 2. November 1901 (Entsch. in Staatssteuers. **10** 351) geht fehl. Zunächst betrifft diese Entscheidung gar nicht die Zulässigkeit der *kommunalen* Nachbesteuerung, sondern die Frage, unter welchen Voraussetzungen die Nachveranlagung zur *Staatseinkommensteuer* nach § 80 des Einkommensteuergesetzes in der Fassung vom 24. Juni 1891 statthaft sei. Der Gerichtshof hat dort ausgesprochen, daß, wenn die Veranlagung eines Steuerpflichtigen *nicht irrtümlich* unterblieben, sondern *absichtlich* bis zum nächsten Rechnungsjahre ausgesetzt worden sei, eine Nachveranlagung auf Grund des § 80 a. a. O. nicht erfolgen dürfe. Nun ist zwar der Wortlaut des § 84 des Kommunalabgabengesetzes dem § 80 des Einkommensteuergesetzes nachgebildet worden. Jene Auslegung des § 80 kann aber auf den § 84 des Kommunalabgabengesetzes schon aus dem Grunde nicht übertragen werden, weil gerade die erwähnte Rechtsprechung des Gerichtshofs Anlaß zum Ersatze des früheren § 80 durch den jetzigen § 85 des Einkommensteuergesetzes mittels der Novelle vom 19. Juni 1906 gegeben hat, durch die klargestellt ist, daß die Verpflichtung zur Entrichtung der entzogenen Steuer ohne jede Einschränkung besteht, wenn der Steuerpflichtige überhaupt unveranlagt geblieben ist. Mit dieser Änderung der Bestimmungen ist der Berufung auf die frühere Rechtsprechung unter allen Umständen der Boden entzogen. Mit der gleichen Deutlichkeit, wie der jetzige § 85 des Einkommensteuergesetzes, spricht auch der § 84 des Kommunalabgabengesetzes von dem Übergehen oder Steuerfreibleiben eines Steuerpflichtigen *ohne jeden einschränkenden* Zusatz (vergl. Urt. vom 30. 5. 1916 — PrVerwBl. **38** 131 —). Auf das Urteil vom 28. März 1912 (Entsch. **62** 433ff.) kann sich der Bezirksausschuß nicht berufen. Er hat das Urteil mißverstanden, wenn er ausführt, in diesem sei nur deshalb eine zulässige Nachveranlagung gemäß § 84 des Kommunalabgabengesetzes angenommen worden, weil die staatliche Veranlagung, von der die Gemeindebesteuerung abhängig war, erst so spät stattgefunden habe, daß im ordentlichen Geschäftsgange eine Veranlagung *nicht* rechtzeitig habe erfolgen können. In dem Urteile wird im Gegenteil dargelegt, daß die nach dem Ablaufe des Steuerjahres bewirkte Veranlagung gerechtfertigt gewesen sei, weil die ordentliche Veranlagung *noch* im Steuerjahre stattfinden *konnte*; denn dann sei die steuerpflichtige Klägerin im Steuerjahre entgegen den Vorschriften des Gesetzes übergangen (S. 438 a. a. O.). Hätte aber, so führt das Urteil weiter aus, die Gemeindeveranlagung innerhalb des Steuerjahres nicht bewirkt werden können, dann würde eine Nachveranlagung im Sinne des § 84 des Kommunalabgabengesetzes überhaupt nicht, sondern nur eine den gesetzlichen Bestimmungen entsprechende Veranlagung vorliegen. Da nach den Feststellungen des Bezirksausschusses im jetzigen Streitfalle der Gemeindevorsteher zu N. die Klägerin noch im Steuerjahre 1917 hätte heranziehen können, so hätte der Bezirksausschuß nach den Ausführungen jener Entscheidung die im April 1918 bewirkte Veranlagung als eine rechtswirksame Nachveranlagung erachten müssen.

Das Urteil des Bezirksausschusses unterliegt hiernach der Aufhebung. Bei freier Beurteilung war die Veranlagung der Klägerin gemäß dem § 84 des Kommunalabgabengesetzes zulässig, da die Klägerin im Steuerjahre 1917 entgegen den Vorschriften des Gesetzes und der Steuerordnung steuerfrei geblieben war. „Steuerfrei geblieben" im Sinne dieser Bestimmung ist jeder, der nicht zur Steuer herangezogen worden ist. Die Ansicht der Klägerin, steuerfrei geblieben sei ein Steuerpflichtiger nur dann, wenn er steuerfrei veranlagt worden sei, ist irrig. Die Fassung des Gesetzes bietet dieser Auslegung keine Stütze. „Übergangen" ist ein Steuerpflichtiger, wenn er gar nicht in die Steuerliste aufgenommen und infolgedessen nicht zur Veranlagung gelangt ist; steuerfrei geblieben ist, wer zwar in die Steuerliste aufgenommen, aber nicht veranlagt worden ist, sei es, weil er nicht für steuerpflichtig erachtet worden ist, oder aus einem anderen Grunde.

d) Entscheidung des Oberverwaltungsgerichts vom 3. Februar 1916.

(PrGemZtg. **1916** 221.)

Unter die Bestimmung des § 84 des Kommunalabgabengesetzes fallen auch die Fälle einer wissentlichen oder absichtlichen Übergehung bei der üblichen Veranlagung seitens der Gemeindebehörde, z. B. wenn die Gemeinde mit einem Steuerrechte nicht gerechnet hat und erst nachträglich infolge der veränderten Rechtsprechung des Oberverwaltungsgerichts dazu gekommen ist, die Voraussetzungen zur Geltendmachung der Steuerforderung anzunehmen.

## 132. Wann ist eine Steuer zur Hebung gestellt?

Entscheidung des Oberverwaltungsgerichts vom 5. Januar 1915 — VIII. C. 178/14 —.

(Entsch. **68** 218.)

Zur Hebung gestellt ist eine Steuerforderung nicht schon dann, wenn sie materiell rechtlich entstanden ist; es muß vielmehr zur Erfüllung jenes Begriffs von der Gemeindeveranlagungsbehörde noch eine bestimmte Tätigkeit, nämlich diejenige des „in Hebungstellens" entfaltet worden sein. Diese Tätigkeit kann sich nur gegen denjenigen richten, von dem die Steuer erhoben wird, also gegen den Steuerschuldner. Eine Gemeindeabgabe ist mithin im Sinne des § 88 des Kommunalabgabengesetzes erst dann „zur Hebung gestellt", wenn sie gegen den Steuerschuldner geltend gemacht, d. h. wenn er zu der Steuer herangezogen worden ist. Eine solche Heranziehung liegt nicht in der Veröffentlichung der zu erhebenden Prozentsätze der staatlich veranlagten Steuern auf Grund des § 65, Abs. 1 des Kommunalabgabengesetzes und auch nicht in der Eintragung des auf den Abgabepflichtigen entfallenden Steuerbetrages in die Steuerrolle.

## 133. Was muß aus dem Steuerzettel hervorgehen?

Entscheidung des Oberverwaltungsgerichts vom 21. Oktober 1912 — II. C. 353/11 —.

Der Steuerzettel muß den Betrag der geforderten Jahressteuer, wie die Steuerart (Gemeindegrundsteuer usw.) deutlich erkennen lassen. Eine Bezeichnung des Titels, aus dem die Steuer gefordert wird, und eine Angabe der Besteuerungsmerkmale ist nicht erforderlich.

### 134. Ist ein Verzicht der Gemeinden auf öffentliche Abgaben zulässig?

a) Entscheidung des Oberverwaltungsgerichts vom 6. März 1914 — VII. C. 303/13 —.

Es ist zulässig, daß eine Gemeinde durch privatrechtliches Abkommen auf eine einzelne bestimmte Abgabe verzichtet.

b) Entscheidung des Oberverwaltungsgerichts vom 14. Mai 1918 — VIII. C. 37/18 —.

(PrVerwBl. **40** 83.)

Allerdings können die Gemeinden, wie das Oberverwaltungsgericht in ständiger Rechtsprechung angenommen hat, durch Vereinbarung mit einem Steuerpflichtigen auf eine einzelne, gemäß dem Steuerrechte bereits entstandene Abgabenforderung — auch öffentlich-rechtlich — wirksam verzichten. Sie sind aber rechtlich nicht in der Lage, die Veranlagungsbehörde im voraus in der Handhabung des Besteuerungsrechts seinem Umfange nach für die Zukunft durch einen Vertrag mit dem Steuerpflichtigen zu binden (vergl. Urteile vom 28. 5. 1885, 22. 3. 1889, 27. 5. 1891, 21. 2. 1898, 3. 12. 1898, 24. 1. 1901, 12. 1. 1903 u. 10. 12. 1903 — Entsch. des OVG. **12** 120, **18** 79, **21** 166, **33** 106, **34** 38, **38** 146, **42** 44, **44** 112 — und vom 16. 10. 1903 — PrVerwBl. **25** 435 — sowie Art. 13, Abs. 1[a] der Ausf.-Anw. zum Kommunalabgabengesetze). In dem vorliegenden Falle hat sich die Gemeinde im voraus bis auf weiteres für die Zukunft in der rechtlichen Begrenzung der steuerlichen Objekte festgelegt, in welche die Besitzung der Klägerin zu verteilen ist. Hierin liegt ein Verzicht auf die selbständige Ausübung ihres Finanzhoheitsrechts für die Zukunft. Ein solcher ist aber unwirksam. Auch die Voraussetzungen des § 43 des Kommunalabgabengesetzes liegen hier nicht vor.

### 135. Welche Wirkung haben Verträge, die von den Gemeindebehörden über die Verpflichtung zur Zahlung öffentlich-rechtlicher Abgaben geschlossen werden?

Entscheidung des Oberverwaltungsgerichts vom 30. September 1913 — VII. C. 438/12 —.

Verträgen, die von den Gemeindebehörden über die Verpflichtung zur Zahlung öffentlich-rechtlicher Abgaben geschlossen werden, kann eine öffentlich-rechtliche, im Verwaltungsstreitverfahren zu berücksichtigende Wirkung nur insoweit beigelegt werden, als durch den Vertrag die Entstehung der öffentlich-rechtlichen Abgaben an sich nicht berührt, sondern nur eine bestimmte einzelne Abgabe, nachdem sie entstanden ist, als getilgt oder abgegolten angesehen werden soll. Diese Voraussetzung trifft aber dann nicht zu, wenn es sich um eine Abgabe handelt, deren Forderung zur Zeit des Vertragsabschlusses in dem Ortsrechte der Gemeinde noch gar nicht begründet ist.

### 136. Ist es zulässig, den Konkursverwalter zur Gemeindesteuer heranzuziehen? Zum Begriff der Heranziehung (Veranlagung) zur Steuer. Unter welchen Gesichtspunkten hat die sachliche Anfechtung der Heranziehung durch Einspruch und ihre Nachprüfung im Verwaltungsstreitverfahren zu erfolgen?

Entscheidung des Oberverwaltungsgerichts vom 2. Oktober 1917 — VII. C. 56/17 —.

(Entsch. **73** 144.)

Nach § 6 der Konkursordnung verliert der Gemeinschuldner mit der Eröffnung des Konkursverfahrens das Recht zur Verwaltung und Verfügung über sein zur Konkursmasse gehöriges Vermögen und wird dieses Recht durch den Konkursverwalter ausgeübt, der nach ständiger neuerer Rechtsprechung (Entsch. des OVG. **58** 141, **71** 56, Entsch. des Reichsger. Zivs. **66** 113) hierbei nicht als Vertreter des Gemeinschuldners, sondern in Ausübung eines ihm gesetzlich übertragenen selbständigen Amtes handelt. Der Konkursverwalter haftet, da er in dieser seiner Eigenschaft ausschließlich fremdes Vermögen verwaltet, nicht persönlich, d. i. mit seinem eigenen Vermögen; seine Heranziehung zur Steuer bildet vielmehr lediglich eine öffentlich-rechtliche Grundlage für die Erfassung (§§ 57 ff. der Konkursordnung) desjenigen Vermögens des Gemeinschuldners, das der Verfügungsgewalt des letzteren entzogen und der Verwaltung und Verfügung des Konkursverwalters unterstellt war (Entsch. des OVG. v. 27. 10. 1914 — PrVerwBl. **36** 442/443 — und Entsch. des OVG. v. 4. 2. 1916 — Entsch. **71** 56, 57 —).

Die Heranziehung ist die öffentlich-rechtliche Geltendmachung einer bestimmten Steuerforderung gegenüber dem Herangezogenen als dem angeblichen Schuldner. Eine sachliche Anfechtung der Heranziehung durch Einspruch und ihre Nachprüfung im Verwaltungsstreitverfahren kann einzig unter dem Gesichtspunkte erfolgen, ob die Steuerforderung zur Zeit der Heranziehung des betreffenden Klägers begründet war oder nicht, während eine nach der Heranziehung vorgenommene gänzliche oder teilweise Tilgung der Steuerforderung — sei es durch den klagenden Herangezogenen, sei es durch einen anderen, etwa einen anderweit herangezogenen Gesamtschuldner — die Frage nach der Richtigkeit der Veranlagung nicht berührt und deshalb nicht im Rahmen des Verwaltungsstreitverfahrens zu erörtern ist (Urt. v. 30. 5. 1899 — Entsch. **35** 49 — u. Urt. v. 23. 5. 1912 — PrVerwBl. **34** 260 —).

### 137. Zur Frage, ob für die Mitteilung über die Heranziehung (Veranlagung) zu einer Gemeindesteuer eine bestimmte Form vorgeschrieben ist.

a) Entscheidung des Oberverwaltungsgerichts vom 4. Mai 1914 — I. H. C. 259/13 —.

Für den Inhalt der Mitteilung von der Veranlagung zu einer direkten Gemeindesteuer ist eine besondere Form nicht vorgeschrieben. Es genügt, daß sie als vom Gemeindevorstande ausgegangen erkennbar ist und dem Empfänger bekannt gibt, daß er eine direkte Gemeindesteuer leisten soll; das kann auch durch Aushändigung eines Steuerzettels geschehen, wenn dieser den gedachten Erfordernissen entspricht.

b) Entscheidung des Oberverwaltungsgerichts vom 3. Mai 1901 — II. 738 —. (PrVerwBl. **23** 121.)

Das Oberverwaltungsgericht hat schon mehrfach ausgesprochen, daß eine Heranziehung zur Gemeindesteuer durch Zufertigung eines Steuerzettels wirksam erfolgen kann, ohne daß die Unterschrift des Gemeindevorstandes unter dem Zettel erforderlich wäre, daß es vielmehr genüge, wenn der Zettel als von dem Gemeindevorstande ausgegangen hinreichend erkennbar sei.

c) Entscheidung des Oberverwaltungsgerichts vom 26. Juni 1913 — II. C. 319/12 —.

Das Kommunalabgabengesetz stellt keine Formvorschriften für die Mitteilung auf, die an die Abgabepflichtigen, bei denen die staatliche Veranlagung nicht die unveränderte Grundlage der Gemeindeabgabe bildet, zu ergehen hat. Es ist nur erforderlich, daß dem Steuerpflichtigen das klare Verlangen des Gemeindevorstandes kundgegeben wird, daß eine bestimmte Art der Abgabe in einem bestimmten Betrage von ihm entrichtet werde.

d) Entscheidung des Oberverwaltungsgerichts vom 23. Januar 1914 — VIII. C. 217/13 —. (Entsch. **66** 173.)

Zum wesentlichen Inhalte einer Heranziehungsverfügung gehört die namentliche Bezeichnung derjenigen Person, die zur Entrichtung der Steuer aufgefordert wird.

e) Entscheidung des Oberverwaltungsgerichts vom 27. Oktober 1913 — VII. C. 444/12 —.

Zur Gültigkeit einer Heranziehung ist eine Angabe der Bestimmung, auf die sie gestützt wird, nicht erforderlich und auch eine unrichtige Angabe in dieser Beziehung unschädlich, wenn nur tatsächlich ein gültiges Ortsrecht besteht, das auf den Steuerfall Anwendung findet.

f) Entscheidung des Oberverwaltungsgerichts vom 8. Juli 1915 — I. H. C. 61/14 —.

(PrVerwBl. **37** 42.)

Allerdings hat das Oberverwaltungsgericht in gleichmäßiger Rechtsprechung eine rechtswirksame Veranlagung auch in der Übermittelung eines Steuerzettels erblickt, der inhaltlich den Anforderungen an eine ordnungsmäßige Heranziehung entspricht. Voraussetzung ist aber dabei, daß die Heranziehung tatsächlich von dem Gemeindevorstande ausgegangen ist. Dem Gemeindevorstande steht also gegenüber einem äußerlich den an eine Heranziehung zu stellenden Anforderungen genügenden Steuerzettel der Nachweis frei, daß dem äußeren Anscheine zuwider die Zustellung des Steuerzettels nicht auf seine Entschließung zurückzuführen sei.

## 138. Zur Frage der Form der Heranziehung zu Naturaldiensten und des Einspruchs gegen die Heranziehung. Ist der Gemeindevorstand verpflichtet, einen mündlichen Einspruch gegen die Heranziehung zu Naturaldiensten anzunehmen und hierüber zu beschließen?

Entscheidung des Oberverwaltungsgerichts vom 4. Oktober 1907 — VIII. C. 5/06 —.

(Entsch. **51** 156.)

Die Heranziehung zu Naturaldiensten kann mündlich, auch mittels Bestellung durch einen Boten erfolgen, vorausgesetzt, daß die Bestellung nicht der erforderlichen Bestimmtheit entbehrt. Nähere Anweisungen über den Ort und die Art der Arbeitsleistung können der Bestimmung an Ort und Stelle vorbehalten bleiben.

Auch für den Einspruch gegen die Heranziehung zu Naturaldiensten ist keine besondere Form vorgeschrieben. Der Einspruch kann ebenfalls mündlich angebracht werden, doch ist der Gemeindevorstand nicht verpflichtet, einen ihm mündlich erklärten Einspruch anzunehmen und Bescheid darauf zu erteilen.

## 139. Muß die Verfügung über die Heranziehung (Veranlagung) zu einer Gemeindeabgabe förmlich zugestellt werden und eine Rechtsmittelbelehrung enthalten? Wann beginnt der Lauf der Einspruchsfrist?

Entscheidung des Oberverwaltungsgerichts vom 2. November 1915 — II. C. 287/13 —.

(Entsch. **70** 55.)

Es ist nicht zutreffend, wenn die Klägerin ausführt, die Heranziehungsverfügung habe die Einspruchsfrist nicht in Lauf setzen können, weil sie nicht förmlich zugestellt sei und keine Rechtsmittelbelehrung enthalte. Beides ist gesetzlich nicht vorgeschrieben, vielmehr beginnt der Lauf der Einspruchsfrist mit dem ersten Tage nach erfolgter Mitteilung. Wann diese Mitteilung geschehen ist, hat allerdings nötigenfalls der Steuergläubiger darzutun; dabei ist er aber an keine formalen Beweisregeln gebunden; ebenso hat der Verwaltungsrichter im Streitfalle nach freier Überzeugung zu entscheiden, für welchen Zeitpunkt die Heranziehungsverfügung als mitgeteilt und der Lauf der Einspruchsfrist als in Gang gesetzt anzusehen ist.

## 140. Die Benachrichtigung eines Geisteskranken über die Heranziehung (Veranlagung) zu einer Gemeindeabgabe ist wirkungslos.

Entscheidung des Oberverwaltungsgerichts vom 20. Mai 1914 — II. C. 218/14 —.

Wenn der Steuerpflichtige zur Zeit der Zustellung der Steuerveranlagung geisteskrank im Sinne des § 104[2] des BGB. ist, so hat die Zustellung keine Wirkung. Dies gilt nicht nur für den Fall, daß in der Steuerordnung „Zustellung", d. h. förmliche Zustellung, vorgeschrieben ist, sondern auch dann, wenn eine bloße formlose Mitteilung genügt.

## 141. Die Rechtsstellung des Fiskus als Steuerpflichtiger. Die Zustellungen an den Fiskus und die Rechtsmittelfrist.

Entscheidung des Oberverwaltungsgerichts vom 23. September 1913 — VIII. C. 188/13 —.

Der Fiskus als Steuerpflichtiger hat keine andere Rechtsstellung wie jeder sonstige Steuerpflichtige. Ebensowenig wie die Gemeindebehörde genötigt werden kann, die Steuerveranlagung an den Steuerpflichtigen durch die Hand irgend eines Dritten, der nicht dessen Bevollmächtigter ist, gelangen zu lassen, ebensowenig ist dies beim Fiskus der Fall. Läßt sich aber die Gemeindebehörde darauf ein, die Veranlagung an den Steuerpflichtigen durch die Hand eines mit dessen Vertretung nicht beauftragten Dritten gelangen zu lassen, so muß sie als Tag des Beginns der Einspruchsfrist denjenigen Tag gegen sich gelten lassen, an welchem nachweisbar der Steuerpflichtige von der Veranlagung Kenntnis erlangt hat.

## 142. Zur Frage, wann die Heranziehung zu einer Gemeindeabgabe im Sinne des § 69 des Kommunalabgabengesetzes vorliegt. Sind gegen die Forderung von Gewerbesteuervorauszahlungen gemäß der Verordnung über die Neuregelung der Gewerbesteuer vom 23. November 1923 (GS. S. 519)*) die Rechtsmittel der §§ 69 und 70 des Kommunalabgabengesetzes zulässig?

Entscheidung des Oberverwaltungsgerichts vom 2. Dezember 1924 — VIII. C. 29/24 —.

(PrVerwBl. **46** 539.)

Nach § 69 des Kommunalabgabengesetzes steht dem Abgabepflichtigen gegen die Heranziehung (Veranlagung) zu ...... Steuern der Einspruch zu. Eine Heranziehung zu einer kommunalen Abgabe im Sinne dieses Paragraphen liegt immer dann vor, wenn ein bestimmter Betrag von dem Abgabepflichtigen als eine Gemeindeabgabe gefordert wird, mag es sich auch nur um eine vorläufige Forderung handeln (vergl. Entsch. des OVG. vom 8. 1. 1890 — PrVerwBl. **11** 357f. —). Der Abgabepflichtige kann ein erhebliches Interesse daran haben, daß er von der vorläufigen Abgabenzahlung freigestellt und daß ihm daher auch gegenüber solchen Forderungen der Rechtsschutz der §§ 69, 70 des Kommunalabgabengesetzes nicht gemindert wird. Die Forderung der streitigen „Vorauszahlung" ist nun begrifflich nichts anderes als solche „vorläufige Steuerforderung". Nach welchen Merkmalen die Festsetzung dieser vorläufigen Anforderung erfolgt, ob nach der Abgabenhöhe des Vorjahres oder sonstwie, ist dabei unerheblich. Ebenso wird an dieser Rechtslage dadurch nichts geändert, daß die Vorauszahlung nur für einen Teilabschnitt des endgültigen Veranlagungszeitraums, nämlich für einen Monat angefordert war. Mit Rücksicht auf die außerordentliche Zeit der ungeheuren Geldentwertung ist in dem Artikel II, § 1 des Gesetzes zur Regelung verschiedener Fragen des kommunalen Abgabenrechts vom 8. August 1923 (GS. S. 377) in der Fassung des Art. 3 des Gesetzes vom 1. September 1923 ausdrücklich die Vorauszahlung für den kurzen Abschnitt eines Monats vorgesehen. Da die Vorauszahlungen gemäß Art. III, Abs. 2 der Verordnung über die vorläufige Neuregelung der Gewerbesteuer vom 23. November 1923 (GS. S. 519) zu endgültigen Abgabezahlungen wurden würden die Abgabepflichtigen jedes Rechtsschutzes beraubt sein, wenn man ihnen die Rechtsmittel der §§ 69ff. des Kommunalabgabengesetzes nicht zugestehen wollte. Wenn der Bezirksausschuß daher die Forterhebung des vervielfachten Steuerbetrages des Vorjahres nicht als eine mit den Rechtsmitteln der §§ 69ff. a. a. O. angreifbare Heranziehung ansieht, so irrt er**).

---

*) Wegen der neuen Fassung der Gewerbesteuerverordnung vergl. Ges.-S. 1926, S. 149.

**) In der Entscheidung des OVG. vom 3. Februar 1925 — VIII. C. 37/24 — (PrVerwBl. 46 369) ist diese Frage verneint. Es ist nur das Rechtsmittel des § 56 der Gewerbesteuerverordnung (Beschwerde beim Gewerbesteuerausschusse) als zulässig bezeichnet.

Eine Heranziehung (Veranlagung) im Sinne des § 69 des Kommunalabgabengesetzes erfordert, daß dem einzelnen Steuerpflichtigen ein Schreiben zugeht, das ihm gegenüber die Verpflichtung zur Zahlung einer bestimmten Abgabe vollstreckbar begründen soll, also den von ihm geforderten Steuerbetrag enthalten muß (vergl. Urt. des OVG. vom 16. 2. 1906 — Entsch. **49** 182; Urt. vom 24. 6. 1896 — PrVerwBl. **18** 90 —; Nöll-Freund, Kommunalabgabengesetz, 7. Aufl., S. 324, Anm. 4b). Ein solcher Akt ist in einer für alle Steuerpflichtigen bestimmten öffentlichen Bekanntmachung, die allgemein für einen Monat die Umrechnungssätze zur Anpassung der veranlagten Steuern an die Geldwertänderung festsetzt, nicht zu erblicken.

### 143. Wer ist Abgabepflichtiger im Sinne des Kommunalabgabengesetzes und zur Anfechtung der Heranziehung zu Steuern befugt?

Entscheidung des Oberverwaltungsgerichts vom 8. Mai 1914 — VII. C. 560/13 —.

Abgabepflichtiger, dem nach § 69 des Kommunalabgabengesetzes der Einspruch gegen die Heranziehung zu Steuern zusteht, ist jeder, aber auch nur derjenige, von dem die Gemeinde mit Recht oder mit Unrecht die Steuer fordert. Das materielle Interesse an der Heranziehung zur Steuer kann den Mangel der formalen Voraussetzungen des Anfechtungsrechts nicht ersetzen. Gegen die Heranziehung kann stets nur derjenige Rechtsmittel einlegen, den die Heranziehung zur Steuer betrifft.

### 144. Zur Frage, ob der Nießbraucher an Stelle des Eigentümers eines Grundstücks selbständig die diesem zustehenden Rechtsmittel gegen Gemeindeabgaben einlegen kann.

a) Entscheidung des Oberverwaltungsgerichts vom 26. Mai 1914 — II. C. 252/13 —.

Das bloße privatrechtliche Interesse, daß der Nießbraucher daran hat, daß die öffentlichen Abgaben, die vom Grundstückseigentümer zu entrichten sind, zutreffend bemessen werden, gibt ihm noch nicht das Recht, an Stelle des Eigentümers selbständig von dem diesem zustehenden Rechtsmittel Gebrauch zu machen.

b) Entscheidung des Oberverwaltungsgerichts vom 24. April 1914 — VIII. C. 293/13 —.

Erwägungen wirtschaftlicher Art, die es wünschenswert machen könnten, dem Nießbraucher das Recht, Einspruch gegen eine Heranziehung des Eigentümers zur Gemeindegrundsteuer zu geben, können nicht zu einer Abweichung vom bestehenden Rechte führen, wonach die öffentlich-rechtliche Verpflichtung zur Entrichtung der Grundsteuer dem Eigentümer, aber nicht dem Nießbraucher obliegt, und daher, wenn der Eigentümer zur Steuer herangezogen worden ist, der Nießbraucher nicht kraft eigenen Rechtes zur Erhebung des Einspruchs berechtigt ist.

### 145. Die Prüfung der Frage, ob die Einspruchsfrist gewahrt ist, muß von Amts wegen erfolgen. Zur Frage, wann ein mündlich erhobener Einspruch gegen die Heranziehung zu Gemeindeabgaben rechtswirksam ist.

Entscheidung des Oberverwaltungsgerichts vom 22. Januar 1918 — II. C. 396/17 —.
(PrVerwBl. **39** 611.)

Die Frage, ob die Einspruchsfrist gewahrt ist, muß von Amts wegen geprüft werden.

Wird auf einen mündlich erhobenen Einspruch gegen eine Heranziehung zu Gemeindeabgaben vom Gemeindevorstande ein sachlicher Bescheid erteilt, so ist der Einspruch rechtswirksam. Ein solcher Bescheid ist auch in der Mitteilung zu finden, daß die Beitreibung der Abgabe so lange sistiert werde, bis eine andere gleichartige im Verwaltungsstreitverfahren schwebende Sache entschieden sein würde.

## 146. Zur Frage der Wahrung der Rechtsmittelfrist, insbesondere durch Einwurf eines Briefes in den Briefkasten der zuständigen Behörde.

a) Entscheidung des Oberverwaltungsgerichts vom 31. Oktober 1913 — VII. C. 250/13 —.

Eine Frist gilt als gewahrt, wenn der betreffende Schriftsatz an dem letzten Tage der Frist bis 12 Uhr nachts in die Gewalt der zuständigen Behörde gelangt ist, und hierzu genügt schon der bis zu diesem Zeitpunkte vorgenommene Einwurf in den für die Aufnahme derartiger Schriftstücke bestimmten Briefkasten der zuständigen Behörde.

b) Entscheidung des Oberverwaltungsgerichts vom 29. Januar 1914 — III. C. 79/13 —.

Das Aushängen eines Briefkastens seitens einer Behörde bedeutet, daß die Behörde die eingelegten Zuschriften als ebenso in ihr Gewahrsam gelangt ansehen will, wie wenn sie einem Beamten im Amtszimmer übergeben wären. Hieraus folgt, daß es zur Wahrung einer Frist genügt, wenn der betreffende Brief bis zum Ablaufe des letzten Tages der Frist, also vor 12 Uhr nachts, in den Briefkasten gelegt ist. Der Nachweis des Zeitpunktes des Einwurfs liegt, falls er streitig wird, dem Einwerfenden ob.

## 147. Zur Frage der Wahrung der Rechtsmittelfrist, wenn die Rechtsmittelschrift der Post zur Beförderung übergeben wird und die Postsachen von der in Betracht kommenden Behörde abgeholt werden.

Entscheidung des Oberverwaltungsgerichts vom 30. Juni 1921 — I. E. 62/21 —.
(PrVerwBl. **43** 80.)

Nach den von der Beschwerdeführerin nicht bestrittenen tatsächlichen Angaben in der Auskunft des Postamtes kann davon ausgegangen werden, daß die Revisionsschrift nicht erst am 28. Januar 1921, sondern schon am 27., dem letzten Tage der Frist, in S. eingetroffen ist und um 4 Uhr 45 Minuten nachmittags bei dem Postamte zur Abholung bereit lag. Ausgeschlossen ist dagegen, daß dies bereits am 26. der Fall war. Denn die am 25. Januar in L. eingegangene Revisionsschrift ist erst durch Verfügung des Vorsitzenden des Bezirksausschusses am 27. Januar an den Kreisausschuß in S. gesandt worden. Dadurch, daß die Revisionsschrift am 27. Januar in S. auf der Post zur Abholung bereit lag, ist die Revisionsfrist nicht gewahrt. Allerdings hat das Oberverwaltungsgericht wiederholt ausgesprochen, daß die Frist auch dann als gewahrt zu betrachten ist, wenn das Schriftstück bei ordnungsmäßiger Behandlung noch innerhalb der Frist an die zuständige Behörde gelangt sein würde; insbesondere ist angenommen worden, daß die Partei nicht darunter leiden dürfe, wenn ihre Eingabe bei regelmäßiger Bestellung durch die Post noch rechtzeitig bei der Behörde eingegangen wäre und der verspätete Eingang nur durch die Geschäftseinrichtungen der Behörde verschuldet ist, wie dies namentlich im Falle der Abholung der Postsachen durch die Behörde vorkommen kann. (Vergl. PrVerwBl. **35** 893, Entsch. des OVG. **44** 452.) Eine solche Verschuldung liegt aber hier nicht vor. Allerdings ist der am 27. Januar nachmittags bei dem Postamte in S. eingegangene Brief erst am folgenden Tage von dem Beamten des Kreisausschusses abgeholt worden. Aber auch wenn die Abholung der Postsachen nicht eingeführt gewesen wäre, würde der Brief, wie die obige Auskunft ergibt, von der Postverwaltung im regelmäßigen Geschäftsgange nicht mehr am 27. Januar bestellt worden sein. Hier ist also eine Verzögerung des Eingangs durch die Abholung der Postsachen nicht veranlaßt worden. Unerheblich ist, daß die Revisionsschrift am 27. Januar von 4 Uhr 45 Minuten an zur Abholung auf der Post bereit lag. Denn auf diese Bereitstellung kommt es nicht an, entscheidend für die Wahrnehmung der Frist ist vielmehr der Eingang des Schriftstücks selbst und ferner der Umstand, ob dessen Eingang etwa durch die Geschäftseinrichtungen der Behörde zum Nachteile des Absenders verzögert worden ist. Eine derartige Verzögerung ist aber, wie dargelegt wurde, durch die Behandlung der Postsachen beim Kreisausschusse nicht verursacht worden.

## 148. Die Form des Einspruchs gegen die Heranziehung zu einer Gemeindeabgabe. Unterschriftliche Vollziehung des Einspruchs.

Entscheidung des Oberverwaltungsgerichts vom 10. Juli 1914 — VII. C. 279/14 —.

Eine besondere Form für den Einspruch ist gesetzlich nicht vorgeschrieben. Das Verlangen der Unterschrift hat die Bedeutung, daß der Verfasser eines Schreibens sich zu dessen Inhalt ausdrücklich bekennt. Wenn also hierüber Zweifel obwalten können, so kann der Mangel der Unterschrift schwer ins Gewicht fallen.

## 149. Die Anforderungen, welche an den Inhalt eines Einspruchs gegen die Heranziehung zu Gemeindeabgaben zu stellen sind.

a) Entscheidung des Oberverwaltungsgerichts vom 10. Juli 1914 — VIII. C. 58/14 —.

Der Einspruch, mit welchem eine Heranziehung zu Gemeindeabgaben nur ihrer Höhe nach bemängelt wird, muß, um rechtswirksam zu sein, den Betrag der behaupteten Überbürdung beziffern oder wenigstens diejenigen tatsächlichen Angaben enthalten, aus denen sich die verlangte Ermäßigung ihrem Betrage nach berechnen läßt. Diese Angaben müssen nicht notwendigerweise in dem Einspruche selbst gemacht sein, es genügt vielmehr, wenn sie in einem dem Gemeindevorstande zugänglichen Schriftstücke enthalten sind, auf welches in dem Einspruche hingewiesen ist.

b) Entscheidung des Oberverwaltungsgerichts vom 24. April 1914 — VII. C. 619/13 —.

Bringt der Einspruch das erstrebte Ziel völliger Freistellung hinreichend zum Ausdrucke, so bedarf er keiner weiteren Erläuterung. Eine Begründung gehört nicht zu den wesentlichen Erfordernissen eines gültigen Einspruchs. Nur das Ziel des Einspruchs muß stets erkennbar sein.

c) Entscheidung des Oberverwaltungsgerichts vom 27. März 1917 — II. C. 160/17 —. (PrVerwBl. **39** 189.)

Nach der ständigen Rechtsprechung des Oberverwaltungsgerichts muß ein Einspruch, der sich nicht gegen die Veranlagung im ganzen richtet, um rechtswirksam zu ein, erkennen lassen, zu welchem Betrage die Herabsetzung begehrt wird. Das braucht zwar nicht immer ziffermäßig zu geschehen, aber doch so, daß der Betrag aus unstreitigen Größen berechnet werden kann.

## 150. Wann ist ein Einspruch gegen die Heranziehung zu einer Gemeindeabgabe als gegen die Veranlagung im ganzen gerichtet anzusehen?

a) Entscheidung des Oberverwaltungsgerichts vom 23. Januar 1914 — VIII. C. 179/13 —.

Ein Einspruch gegen die Heranziehung zu einer Gemeindeabgabe ist als gegen die Veranlagung im ganzen gerichtet anzusehen, wenn er nicht klar erkennen läßt, daß er sich nur gegen einen Teil der veranlagten Steuer richtet. Ein nicht erkennbar auf Herabsetzung der Steuer gerichteter Einspruch gilt also im Zweifel als gegen das Ganze gerichtet.

b) Entscheidung des Oberverwaltungsgerichts vom 11. Oktober 1912 — VIII. C. 189/12 —. (Entsch. **62** 317.)

Wenn das Oberverwaltungsgericht daran festgehalten hat, daß ein Einspruch, der nicht die Veranlagung im *ganzen* angreift, erkennen lassen muß, auf welchen *Teil* der Veranlagung er sich erstreckt, so ist hierfür die Erwägung maßgebend gewesen, saß der Einspruch an eine Frist gebunden ist, und daß die Veranlagung, soweit sie nicht innerhalb der Frist mit dem Einspruche angegriffen worden ist, mit dem Ablaufe der Frist *unanfechtbar* wird. Dabei ist es aber auch einem Herangezogenen, der grundsätzlich nicht Befreiung von jeder Steuer, sondern nur eine Veranlagung nach richtigen Grundsätzen und unter zutreffenden Voraussetzungen erreichen will, unbenommen, mit dem Einspruche die Veranlagung so, wie sie geschehen ist, im ganzen anzugreifen. Demgemäß hat auch das Oberverwaltungsgericht in ständiger Rechtsprechung angenommen, daß ein Einspruch als gegen die Veranlagung im ganzen gerichtet anzusehen ist, wenn er nicht klar erkennen läßt, daß er sich nur gegen einen Teil der Veranlagung richtet.

## 151. Wie ist ein Einspruch gegen eine Gemeindeabgabe zu beurteilen, in dem eine Begründung in Aussicht gestellt wird?

Entscheidung des Oberverwaltungsgerichts vom 6. Juni 1913 — VII. C. 708/12 —.

Ein allgemein gehaltener Einspruch muß als unbeschränkt gegen die Veranlagung im ganzen gerichtet angesehen werden. Bringt aber der Einspruch das erstrebte Ziel völliger Freistellung hinreichend zum Ausdruck, so bedarf der Einspruch keiner weiteren Erläuterung, weshalb es in solchem Falle auch gleichgültig ist, wenn in dem Einspruche noch eine Begründung in Aussicht gestellt wird.

## 152. Die Auslegung der Einspruchsschrift.

Entscheidung des Oberverwaltungsgerichts vom 8. Mai 1914 — VII. C. 446/13 —.

Bei der Auslegung der Einspruchsschrift sind die im Veranlagungsverfahren vom Steuerpflichtigen gemachten Angaben mit heranzuziehen.

## 153. Die Klarlegung der Verhältnisse und die Beweisführung im Rechtsmittelverfahren gegen die Heranziehung zu einer Gemeindeabgabe.

a) Entscheidung des Oberverwaltungsgerichts vom 20. März 1914 — VIII. C. 297/13 —.

Es liegt dem Steuerpflichtigen ob, das erforderliche Material zur Rechtfertigung seines auf Ermäßigung der Steuer gerichteten Anspruchs zu beschaffen, die hierauf bezüglichen Verhältnisse klarzulegen und die dafür notwendigen Beweise zu erbringen.

b) Entscheidung des Oberverwaltungsgerichts vom 13. März 1906 — II. 575 —.
(PrVerBl. **7** 592.)

Wenn es nach der Rechtsprechung des Oberverwaltungsgerichts auch Sache des zur Steuer Herangezogenen ist, die Tatsachen, auf die er seinen Ermäßigungsanspruch gründet, zu beweisen, so steht doch andererseits fest, daß der Steuergläubiger die Grundlage der Abgabepflicht zu beweisen hat. Kann dies bei der besonderen Natur der Abgabe ohne Mitwirkung des Pflichtigen nicht geschehen, so muß es der Gemeindebehörde überlassen bleiben, diese Mitwirkung durch geeignete Maßnahmen herbeizuführen.

## 154. Ein ordnungsmäßiger Einspruchsbeschluß hat eine rechtswirksame Verfügung über die Heranziehung zu einer Gemeindeabgabe zur Voraussetzung.

Entscheidung des Oberverwaltungsgerichts vom 26. September 1918 — IV. C. 28/18 —.

Das Oberverwaltungsgericht hat wiederholt, so durch Urteil vom 26. März 1900 (Entsch. **37** 37) ausgesprochen, daß als ordnungsmäßiger Einspruchsbeschluß nur ein solcher anzusehen ist, der auf der Grundlage einer rechtswirksamen Heranziehungsverfügung ergangen ist.

## 155. Wer ist zur Entscheidung über einen Einspruch gegen die Heranziehung (Veranlagung) zu Gemeindeabgaben zuständig? Zur Frage, wer im Einzelfalle als Gemeindevorstand zu gelten hat.

Entscheidung des Oberverwaltungsgerichts vom 21. Januar 1925 — VII. C. 10/24 —.

(PrVerwBl. **46** 512.)

Für die Entscheidung ist von der Bestimmung des durch die Novelle vom 26. August 1921 (GS. S. 495) nicht geänderten § 70, Abs. 1 des Kommunalabgabengesetzes vom 14. Juli 1893 (GS. S. 152) auszugehen, wonach über den gegen eine kommunale Abgabe erhobenen Einspruch der Gemeindevorstand zu beschließen hat. Diese Bestimmung hat bereits durch das angezogene, eine Erleichterung des Geschäftsganges bezweckende Gesetz vom 13. Mai 1918*) eine Ergänzung dahin erfahren, daß über den Einspruch der Gemeindevorstand und, wenn dieser ein Kollegium ist, dessen Vorsitzender oder ein von ihm bezeichnetes Mitglied zu befinden hat. Damit ist nicht gesagt, daß bei einem kollegialen Gemeindevorstande lediglich dessen Vorsitzender oder sein Vertreter entscheiden dürfe und der Gemeindevorstand in seiner kollegialen Zusammensetzung zur Entscheidung nicht berufen sei. Zwecks Vereinfachung der Geschäftserledigung ist vielmehr eine Entscheidung des Vorsitzenden oder seines Vertreters einer solchen des Gemeindevorstandes selbst gleichgestellt worden. Es würde auch eine völlig unverständliche Systemwidrigkeit bedeuten, der Entscheidung eines kollegialen Gemeindevorstandes eine geringere Wirksamkeit beizumessen als einer Entscheidung seines Vorsitzenden oder dessen Vertreters, oder gar gegenüber einer Entscheidung jener Einzelpersonen einer solchen des Kollegiums des Gemeindevorstandes überhaupt jede Wirksamkeit abzusprechen.

Welche Stelle im Einzelfalle als Gemeindevorstand zu gelten und wie dessen Ausgestaltung sich zu regeln hat, ist in den angezogenen, diese Fragen nicht erfassenden und für deren Erfassung auch nicht bestimmten Gesetzen nicht normiert worden**).

## 156. Zur Frage, welchen Inhalt der Einspruchsbescheid haben muß.

Entscheidung des Oberverwaltungsgerichts vom 2. März 1914 — I. H. C. 281/13 —.

(Entsch. **66** 220.)

Nach anerkannter Rechtsprechung muß der Gemeindevorstand über den von dem Steuerpflichtigen gegen seine Heranziehung gerichteten Angriff abschließend befinden. Ebensowenig, wie er nur über einen Teil der bestrittenen Steuerforderung entscheiden und den Rest in der Schwebe lassen kann, ebensowenig ist es ihm gestattet, nur über den Grund seines Anspruchs zu befinden und erst später durch einen neuen Bescheid zu der Frage, in welcher Höhe die Steuerforderung aufrecht erhalten wird, Stellung zu nehmen. Der Steuerpflichtige hat ein Recht darauf, unzweideutig aus dem Einspruchsbescheide erkennen zu können, in welcher Höhe die von ihm angefochtene Steuer noch geltend gemacht wird.

---

*) Das Kriegsgesetz zur Vereinfachung der Verwaltung vom 13. Mai 1918 (GS. S. 53) ist durch das Gesetz vom 10. November 1925 (GS. S. 157) bis zum 11. November 1927 verlängert worden.

**) Maßgebend sind die Landgemeinde- und Städteordnungen, für die neue Stadtgemeinde Berlin das Gesetz vom 27. April 1920 (GS. S. 123 ff.).

### 157. Zur Frage, ob der Gemeindevorstand an den Einspruchsbescheid gebunden ist.

### Kann nach erfolgter Freistellung von einer Gemeindesteuer oder nach einer Steuerermäßigung eine nochmalige Heranziehung zu derselben Abgabe erfolgen?

Entscheidung des Oberverwaltungsgerichts vom 27. März 1917 — II. C. 125/17 —.

(PrVerwBl. **39** 78.)

Die Ansicht des Bezirksausschusses, daß der auf einen Einspruch erteilte Bescheid den Magistrat nicht bindet und zu ungunsten des Steuerpflichtigen jederzeit abgeändert werden darf, ist in dieser Allgemeinheit unzutreffend und steht mit der Rechtsprechung des Oberverwaltungsgerichts aus neuerer Zeit nicht im Einklange. Die in der Entscheidung vom 12. Juni 1906 (Entsch. **48** 33) zum Ausdrucke gebrachte Auffassung hat der Senat bereits in einer nicht veröffentlichten Entscheidung vom 27. Mai 1913, II. C. 26/13, aufgegeben und hat im Anschlusse an die in dem Erkenntnisse vom 13. Juni 1902 (Entsch. **42** 110) vertretene Auffassung ausgesprochen, daß, sobald der Gemeindevorstand durch einen Einspruchsbescheid die Freistellung des Abgabepflichtigen oder eine Ermäßigung der angeforderten Abgabe angeordnet hat, über die Berechtigung der Abgabenforderung jedenfalls dann, wenn die Freistellung bezw. Ermäßigung aus einem materiell-rechtlichen Grunde geschehen ist, endgültig entschieden worden ist, so daß eine nochmalige Heranziehung zu derselben Abgabe unzulässig wird. Hieran hat das Oberverwaltungsgericht in der Entscheidung vom 24. November 1914 (PrVerwBl. **37** 74) und seitdem mehrfach festgehalten und tut es auch jetzt. Dieser Fall liegt aber dann nicht vor, wenn in einem Schreiben irrtümlicherweise nur ausgesprochen ist, daß eine Heranziehung zu einem geringeren Betrage stattgefunden habe. Eine solche Mitteilung hindert den Steuergläubiger, wenn er den Irrtum erkannt hat, nicht, die Entrichtung der ursprünglich geforderten Steuer zu verlangen.

### 158. Ist die Zurückziehung der Veranlagung zu einer indirekten Gemeindesteuer noch nach Erteilung eines Einspruchsbescheides zulässig?

Entscheidung des Oberverwaltungsgerichts vom 2. Januar 1913 — VIII. C. 414/12 —.

(Entsch. **62** 81.)

Eine gesetzliche Bestimmung ist nicht vorhanden, wonach es dem Gemeindevorstande verwehrt ist, eine Veranlagung zu einer indirekten Steuer, selbst wenn bereits ein Einspruchsbescheid erteilt ist, zurückzuziehen.

### 159. Die Erneuerung des Einspruchs gegen die Heranziehung zu einer Gemeindeabgabe.

### Die Zurücknahme der Heranziehung und die Ersetzung durch eine neue sowie die Zurücknahme des Einspruchsbescheides und die Ersetzung durch einen neuen. Die Beschlußfassung über den neuen Einspruch und die Eröffnung der Klagefrist.

a) Entscheidung des Oberverwaltungsgerichts vom 6. Mai 1898 — I. 847 —.

(PrVerwBl. **20** 472.)

Der Ansicht des Vorderrichters, daß die Erneuerung eines Einspruchs gegen die Heranziehung (Veranlagung) zu Gemeindeabgaben, wenn bereits ein Beschluß des Gemeindevorstandes ergangen ist, den Gemeindevorstand nicht berechtige, an die Stelle seines früheren Beschlusses einen anderen zu setzen, der wiederum die Klagefrist eröffnet, kann nicht beigetreten werden. Ein Beschluß des Gemeindevorstandes auf einen Einspruch der bezeichneten Art wird keineswegs auch dem Gemeindevorstande gegenüber, wenn er von dem Abgabenpflichtigen in der gesetzlichen Frist nicht angegriffen worden ist, endgültig. Wie der Gemeindevorstand auch Heranziehungen, die er als unrichtige erkannt hat, ohne daß ein Einspruch erfolgt ist, zurückziehen und durch eine neue Heranziehung ersetzen darf, sofern diese nicht etwa eine unzulässige Nachforderung enthält, so darf er dies auch dann noch tun, wenn er über die Richtigkeit einer Heranziehung auf erhobenen Einspruch durch Beschluß entschieden hat. Denn dieser Beschluß stellt nicht eine Entscheidung dar, die in einem Streite zwischen dem Abgabenberechtigten und dem Abgabenpflichtigen ergeht, sondern nur eine Entschließung des Abgabenberechtigten selbst, der durch den Gemeindevorstand hierbei vertreten wird. Der Ablauf der zweiwöchigen Frist (§ 70 des Kom.-Abg.-Ges. v. 14. 7. 1893) entzieht den Beschluß des Gemeindevorstandes nur einer weiteren Anfechtung durch den Abgabenpflichtigen selbst, hindert aber den Gemeindevorstand weder an der Zurücknahme der Heranziehungsverfügung und deren Ersetzung durch eine neue, noch an der Zurücknahme des Beschlusses und dessen Ersetzung durch einen neuen. Eine Verpflichtung des Gemeindevorstandes hierzu besteht allerdings in keinem Falle. Vielmehr kann er sich, wenn nach Erlaß des Einspruchsbescheides eine Gegenvorstellung erhoben wird, darauf beschränken, unter Hinweis auf den ergangenen Bescheid eine erneute Beschlußfassung abzulehnen. Macht er aber von der erwähnten, ihm zustehenden Befugnis zur wiederholten sachlichen Prüfung Gebrauch und erläßt er auf Grund einer solchen einen neuen, sachliche Ausführungen enthaltenden Bescheid, so tritt dieser an die Stelle des früheren, dem damit die weitere Geltung entzogen worden ist, und eröffnet für den Erheber des Einspruchs eine neue Klagefrist. Er stellt aber nicht eine neue Heranziehung dar, gegen welche wiederum ein Einspruch stattfinden könnte.

b) Entscheidung des Oberverwaltungsgerichts vom 19. Juni 1914 — VII. C. 126/14 —.

Ein Bescheid, der nicht bloß den rein formalen Grund der Verspätung des Einspruchs, sondern auch sachliche Gründe der Zurückweisung zu Grunde legte, mußte eine neue Klagefrist eröffnen, weil er an die Stelle des ersten Einspruchsbescheides trat.

## 160. Die Zuständigkeit zur Beschlußfassung über Einsprüche gegen die Heranziehung zu Kreissteuern. Die prozessuale Voraussetzung für die Erhebung der Klage.

a) Entscheidung des Oberverwaltungsgerichts vom 23. Mai 1913 — VII. C. 680/12 —.

In Kreissteuersachen ist über den Einspruch durch Beschluß des Kreisausschusses zu befinden; es steht dagegen dem Vorsitzenden des Kreisausschusses eine Vertretung des Kreisausschusses nach der Richtung hin, daß er für diesen vorläufige Beschlüsse über Einsprüche gegen die Heranziehung von Steuern fassen dürfte, gesetzlich nicht zu.

b) Entscheidung des Oberverwaltungsgerichts vom 21. April 1914 — VII. C. 411/13 —.

Der Vorsitzende des Kreisausschusses ist nicht befugt, über die Einsprüche gegen die Heranziehung zu Kreissteuern gemäß § 117 des Landesverwaltungsgesetzes namens der Behörde zu entscheiden. Die prozessuale Voraussetzung für die Erhebung der Klage ist vielmehr erst dann gegeben, wenn ein Beschluß der Behörde, also des Kollegiums des Kreisausschusses, ergangen ist.

c) Entscheidung des Oberverwaltungsgerichts vom 20. Januar 1913 — VII. C. 351/12 —.

Dem Vorsitzenden des Kreisausschusses ist eine Vertretung des Kreisausschusses nach der Richtung, daß er für diesen vorläufige Beschlüsse über Einsprüche gegen die Heranziehung zu Kreissteuern fassen dürfe, gesetzlich nicht gegeben. Ist für den Steuerpflichtigen aus der Fassung des Einspruchsbescheides nicht ohne weiteres ersichtlich, daß ein Beschluß des Kollegiums nicht zu Grunde liegt, so kann ihm auch das Mittel, sich gegen einen für ihn als Beschluß des Kollegiums erscheinenden Bescheid zu wehren, die Klage im Verwaltungsstreitverfahren nicht versagt werden.

### 161. Der Beschluß des Kreisausschusses über einen Einspruch gegen die Heranziehung (Veranlagung) zu einer Kreissteuer muß förmlich zugestellt werden. Ein nicht förmlich zugestellter Einspruchsbeschluß setzt die Klagefrist nicht in Lauf.

Entscheidung des Oberverwaltungsgerichts vom 10. Juni 1920 — IV. C. 137/19 —.

(Entsch. **76** 49.)

Der Einspruchsbeschluß ist dem Prozeßbevollmächtigten des Klägers zugegangen, und zwar, wie dieser behauptet, formlos. Er ist am 12. Juli 1917 an den Bevollmächtigten abgeschickt worden. Die Klage ging erst am 31. Mai 1918 beim Bezirksausschuß ein. Einer Bitte des Klägers um förmliche Zustellung des Einspruchsbeschlusses hat der Beklagte nicht stattgegeben, weil eine förmliche Zustellung von Bescheiden des Kreisausschusses nicht vorgeschrieben sei. Das letztere ist nicht richtig. Eine Zustellung des Einspruchsbeschlusses wird nach § 70, Abs. 2 des Kommunalabgabengesetzes vom 14. Juli 1893 gesetzlich verlangt, und diese Bestimmung gilt nach den §§ 16, 11 des Kreis- und Provinzialabgabengesetzes vom 23. April 1906 (GS. S. 159) auch für Kreise. Die Folge der nicht ordnungsgemäßen Zustellung des Einspruchsbeschlusses ist die, daß die Klagefrist nicht zu laufen begonnen hat; die Klage konnte mithin am 31. Mai 1918 noch rechtzeitig erhoben werden.

### 162. Das Einspruchsverfahren gegen die Steuerheranziehung (Veranlagung) ist ein reiner Verwaltungsakt und gehört noch zum Veranlagungsverfahren.

Entscheidung des Oberverwaltungsgerichts vom 14. Dezember 1920 — VIII. E. R. 74/20 —.

(PrVerwBl. **42** 259.)

Das Einspruchsverfahren nach den §§ 69 und 70 des Kommunalabgabengesetzes, das der Beschwerdeführer als die erste Instanz angesehen wissen will, ist kein Rechtszug des Verwaltungsstreitverfahrens, sondern gehört noch zum Veranlagungsverfahren der Gemeindebehörde. Diese hat infolge des gegen ihre Veranlagung erhobenen Einspruchs ihre Steuerforderung nochmals nachzuprüfen. Ihr hierüber ergehender Beschluß (§ 70 des Kommunalabgabengesetzes) ist ein reiner Verwaltungsakt, der nach gesetzlicher Vorschrift die notwendige Voraussetzung dafür bildet, daß der Herangezogene überhaupt erst die Klage im Verwaltungsstreitverfahren erheben kann (vergl. Urteile des OVG. v. 12. 6. 1906 — Entsch. **48** 33, Anm. u. v. 29. 1. 1918 — PrVerwBl. **39** 341).

### 163. Wann hindert die Unterlassung der Rechtsmittelbelehrung den Lauf der Rechtsmittelfrist? Ist in Preußen für den Einspruchsbescheid eine Rechtsmittelbelehrung vorgeschrieben?

a) Entscheidung des Oberverwaltungsgerichts vom 9. Mai 1913 — VII. C. 275/12 —.

(Deutsch. Jur.-Ztg. **18**, Sp. 1502.)

Die Unterlassung einer Belehrung über die Rechtsmittel hindert den Lauf der Rechtsmittelfrist nur dann, wenn das Gesetz die Belehrung ausdrücklich vorschreibt. Das preußische Landesrecht schreibt für den Einspruchsbescheid eine Rechtsmittelbelehrung nicht vor.

b) Entscheidung des Oberverwaltungsgerichts vom 16. Juni 1914 — VII C. 452/13 —.

Eine Rechtsmittelbelehrung ist als gesetzliches Erfordernis des Einspruchsbescheides nicht zu erachten.

### 164. Welche Wirkung hat eine unzutreffende Rechtsmittelbelehrung in einem Einspruchsbescheide? Muß die Zustellung des Einspruchsbescheides durch die Post erfolgen?

Entscheidung des Oberverwaltungsgerichts vom 24. Juni 1914 — II. H. C. 257/14 —.

Eine unzutreffende Rechtsmittelbelehrung bleibt in den Fällen unschädlich, in denen sie vom Gesetze nicht ausdrücklich vorgeschrieben ist. Eine solche Vorschrift besteht für Bescheide auf Einsprüche gegen eine Gemeindesteuerheranziehung (Steuerveranlagung) nicht. Ebensowenig enthält das Gesetz eine Bestimmung darüber, daß die Zustellung eines Beschlusses oder einer sonstigen Anordnung der Behörde unter allen Umständen durch die Post erfolgen müsse.

### 165. Vor ordnungsmäßiger Zustellung des Einspruchsbescheides wird die Klagefrist nach § 70 des Kommunalabgabengesetzes nicht in Lauf gesetzt. Die Art, wie die Zustellung zu bewirken ist.

a) Entscheidung des Oberverwaltungsgerichts vom 2. März 1906 — II. C. 371/05 —.

(Entsch. **48** 57.)

Gemäß § 70 des Kommunalabgabengesetzes vom 14. Juli 1893 steht gegen den Beschluß des Gemeindevorstandes den Abgabenpflichtigen binnen einer mit dem ersten Tage nach erfolgter Zustellung beginnenden Frist von zwei Wochen die Klage im Verwaltungsstreitverfahren offen. In Art. 43 und 45, Nr. 2 der Ausführungsanweisung zum Kommunalabgabengesetze vom 10. Mai 1894 sind die Formen, in denen die gesetzlich vorgeschriebene Zustellung zu erfolgen hat, ausdrücklich bestimmt. Eine dieser Bestimmung entsprechende Zustellung des Einspruchsbescheides ist an die Klägerin nicht erfolgt, woraus sich ergibt, daß eine Frist zur Klageerhebung nicht zu laufen begonnen hatte, als die Klage bei dem Bezirksausschusse einging. Die Vorentscheidung, welche die Klage wegen Ablaufs der Frist abgewiesen hat, mußte deshalb aufgehoben werden.

b) Entscheidung des Oberverwaltungsgerichts vom 21. Januar 1919 — II. C. 180/18 —.

(PrVerwBl. **40** 589.)

Nach dem vorliegenden Behändigungsscheine hat der Kläger unter dem 28. Februar 1918 anerkannt, daß ihm persönlich an diesem Tage das Schreiben des Beklagten vom 18. desselben Monats — Nr. I 769/18 —, betreffend Veranlagung zur Gemeindesteuer 1917, behändigt worden ist. Unter diesem Anerkenntnisse befindet sich der vom aushändigenden Beamten unterschriftlich vollzogene, ebenfalls vom 28. Februar 1918 datierte Vermerk: „Die richtige Zustellung bescheinigt". Im Zusammenhange mit jenem Anerkenntnisse erschien dieser Vermerk ausreichend, um den Erfordernissen der Art. 43 und 45 der Ausführungsanweisung zum Kommunalabgabengesetze für die Zustellung des Einspruchsbescheides zu entsprechen. Denn durch den Vermerk hat der Zustellungsbeamte dem Sinne nach beurkundet, daß das in dem Anerkenntnisse genannte Schreiben des Beklagten von ihm dem Kläger an dem dort bezeichneten Tage zu M. behändigt worden sei. Diese Beurkundung aber enthielt alles, was nach Art. 28 der zur Verordnung über das Verwaltungszwangsverfahren vom 15. November 1899 erlassenen Ausführungsanweisung vom 28. desselben Monats, bezw. nach Art. 43 und 45 der Ausführungsanweisung zum Kommunalabgabengesetze zu bescheinigen war; insbesondere bedurfte es, da dem Kläger persönlich zugestellt war und er die Annahme des Schriftstücks nicht verweigert hatte, nicht einer genaueren Angabe des Ortes, an dem die Aushändigung des Schriftstücks erfolgt war. Allerdings hat der 1. Hilfssenat des Oberverwaltungsgerichts zeitweilig einen anderen Standpunkt eingenommen, er hat ihn aber später wieder verlassen und sich der von dem erkennenden Senate ständig vertretenen, oben wiedergegebenen Auffassung angeschlossen. An dieser war auch festzuhalten. Die Entscheidung des VI. Senats vom 21. November 1901 (Entsch. in

Staatssteuersachen **10** 342) und des I. Senats vom 17. Dezember 1914 (PrVerwBl. **36** 616) stehen dem — ganz abgesehen von der Frage ihrer Auslegung — schon deshalb nicht entgegen, weil sie auf anderen als den hier in Betracht kommenden, gesetzlichen Vorschriften beruhen. Maßgebend für den jetzt erkennenden Senat war die Erwägung, daß die Behändigungsbescheinigungen für das Gebiet der Kommunalabgaben nicht die Bedeutung von Formalurkunden, sondern nur diejenige von Beweismitteln besitzen, so daß es nur darauf ankommt, ob aus ihnen zu entnehmen ist, daß die materiellen Vorschriften über die Zustellung erfüllt sind. Nun schreibt Art. 43 der Ausführungsanweisung zum Kommunalabgabengesetze allerdings vor, daß für die Zustellung der dort genannten Schriftstücke an Stelle einer förmlichen Zustellungsurkunde eine Bescheinigung des öffentlichen Beamten genügt, die neben anderen Angaben Ort und Zeit der Zustellung enthalten muß. Da hierdurch aber eine Erleichterung der Beweispflicht für die Gemeindebehörden beabsichtigt ist, kann nicht angenommen werden, daß mit der letzten Forderung mehr verlangt werden sollte, als für die förmliche Zustellungsurkunde vorgeschrieben ist. Wenn dort ebenfalls die Bezeichnung des „Ortes" gefordert ist, so kann das nur dann von Bedeutung sein, wenn der Ort der Aushändigung für die materielle Wirksamkeit der Zustellung wesentlich ist. Das ist aber dann nicht der Fall, wenn dem Adressaten das Schriftstück persönlich ausgehändigt wird, da diesem nach Art. 28, Ziff. 5 der für die förmlichen Zustellungen maßgebenden Ausführungsanweisung vom 28. November 1899 zur Verordnung über das Verwaltungszwangsverfahren vom 15. November 1899 an jedem Orte zugestellt werden kann, wo er angetroffen wird, auch außerhalb seiner Wohnung oder seines Geschäftslokals dann, wenn er die Annahme nicht verweigert. Eine genauere Angabe des Ortes der Behändigung erscheint also in solchen Fällen nicht nötig. Mit dieser Auffassung stehen auch die Bestimmungen in §§ 180 und 191 der Reichszivilprozeßordnung in Übereinstimmung, die bei Abfassung der Ausführungsanweisung zur Verordnung über das Verwaltungszwangsverfahren zum Vorbilde gedient haben und die nach ständiger Rechtsprechung eine genauere Angabe des Ortes der Zustellung ebenso wie eine solche der Zeit nur da erfordern, wo diese Angabe nach den materiellen Vorschriften über die Form der Zustellung für die Beurteilung ihrer Rechtswirksamkeit wesentlich ist, also in den Fällen der Ersatzzustellung.

c) Entscheidung des Oberverwaltungsgerichts vom 26. Oktober 1920 — VIII. C. 44/20 —.
(PrVerwBl. **42** 284.)

Wie das Oberverwaltungsgericht in ständiger Rechtsprechung angenommen hat (vergl. die Urteile vom 2. März 1903 und vom 3. Januar 1911 — Entsch. **48** 58, **58** 163, 165 —), wird die im § 70 des Kommunalabgabengesetzes bestimmte Frist zur Erhebung der Klage gegen den Beschluß des Gemeindevorstandes nur durch eine förmliche Zustellung dieses Beschlusses, welche den Vorschriften der Artikel 43 und 45, Nr. 2 der Ausführungsanweisung zu jenem Gesetze entspricht, in Lauf gesetzt. Artikel 45 a. a. O. nimmt unter Nr. 2, Abs. 2 hinsichtlich der Art, wie die Zustellung des Beschlusses zu bewirken ist, auf Artikel 43 a. a. O. Bezug. Dort ist vorgesehen, daß diese Zustellung innerhalb des preußischen Staatsgebietes durch einen öffentlichen Beamten unter Bescheinigung der Behändigung auszuführen ist. Für die Zustellung sollen die in den §§ 9 bis 16 der Verordnung vom 7. September 1879 gegebenen Vorschriften gelten, die demnächst durch Artikel 28 der zur Verordnung vom 15. November 1899 erlassenen Ausführungsanweisung vom 24. November 1899 ersetzt worden sind. Es soll dabei an die Stelle der Vollstreckungsbehörde der Gemeindevorstand treten, welcher die Zustellung anordnet; auch soll es der Aufnahme einer förmlichen Zustellungsurkunde nicht bedürfen, vielmehr eine Bescheinigung des öffentlichen Beamten genügen, welche Ort und Zeit der Zustellung, die Bezeichnung des zuzustellenden Schriftstücks und der Person, an welche dasselbe übergeben ist, sowie die Unterschrift des Beamten enthalten muß. In § 191 der Zivilprozeßordnung ist vorgeschrieben, daß die Zustellungsurkunde enthalten muß: „die Bezeichnung der Person, welcher zugestellt ist; in den Fällen der §§ 181, 183, 184 die Angabe des Grundes, durch welchen die Zustellung an die bezeichnete Person gerechtfertigt wird". Diese Bestimmung, deren Verabsäumung nach der Rechtsprechung des Reichsgerichts Unwirksamkeit der Zustellung zur Folge hat (nach der Entscheidung in Zivilsachen Bd. 14, S. 424 ist Aufnahme des gesetzlich vorgeschriebenen Inhalts in die Zustellungsurkunde Voraussetzung für die Gültigkeit der Zustellung), gilt zwar nicht für die hier fraglichen Rechtsangelegenheiten. Aber auch die für diese maßgebenden oben angeführten Vorschriften lassen erkennen, daß sie auf einen die Beobachtung der gesetzlichen Förmlichkeiten erkennbar machenden Inhalt der Zustellungsbescheinigung abzielen und, da auch sie diesen Inhalt zwingend vorschreiben — „eine Bescheinigung, welche — die Person, an welche dasselbe (das zuzustellende Schriftstück) übergeben ist — enthalten muß —", so kann auch auf diesem Rechtsgebiete eine wirksame Zustellung ohne Beobachtung der für den Inhalt der Zustellungsbescheinigung gegebenen Vorschriften nicht erfolgen. Aus jener Absicht des Gesetzgebers folgt zugleich, daß die „Person", an welche das zuzustellende Schriftstück übergeben ist, nur dann in einer der Vorschrift genügenden Weise *bezeichnet* ist, wenn auch die rechtserhebliche Eigenschaft dieser Person angegeben ist, welche die Aushändigung an sie rechtfertigt.

d) Entscheidung des Oberverwaltungsgerichts vom 18. Januar 1921 — II. C. 145/20 —.
(PrVerwBl. **42** 427.)

Der Bezirksausschuß hat angenommen, daß die Klagefrist gewahrt sei, weil die am 4. Februar 1919 geschehene Zustellung des Einspruchsbescheides nicht den geltenden Vorschriften entspreche und deshalb nicht geeignet gewesen sei, die Klagefrist zu eröffnen; der Mangel der Zustellungsurkunde liege darin, daß entgegen der Vorschrift im Absatz 5 des Art. 43 der Ausführungsanweisung zum Kommunalabgabengesetze der Ort, d. h. die Stelle, an der die Zustellung bewirkt worden, nicht vermerkt sei. Daß ein solcher Vermerk fehlt, ist richtig. Indessen ist dieser Vermerk nach der angeführten Vorschrift dann nicht erforderlich, wenn die Zustellung an den in dem Schriftstücke benannten Empfänger persönlich erfolgt und die Annahme von ihm nicht verweigert wird. Daß die angegebene Vorschrift so zu verstehen ist, ist in der im Preußischen Verwaltungsblatte Jahrg. 40 S. 589 veröffentlichten Entscheidung des Gerichtshofs vom 21. Januar 1919 dargelegt. Die gegenteilige Auffassung, wegen deren sich der Bezirksausschuß auf die Entscheidung vom 16. März 1914 beruft, kommt danach nicht mehr in Betracht.

### 166. Zur Frage, ob die Zustellung des Einspruchsbescheides und der Entscheidung im Verwaltungsstreitverfahren an den legitimierten Bevollmächtigten (Prozeßbevollmächtigten) erfolgen muß.

a) Entscheidung des Oberverwaltungsgerichts vom 16. Juni 1914 — VII. C. 452/13 —.

Die Vorschrift der Zivilprozeßordnung, wonach Zustellungen an die für die Instanz bestellten Prozeßbevollmächtigten zu richten sind, findet auf das Verwaltungsstreitverfahren keine Anwendung. Dasselbe muß für das dem Streitverfahren vorangehende Einspruchsverfahren gelten. Dem für das Einspruchsverfahren legitimierten Anwalte kann der Einspruchsbescheid zugestellt werden; aber es steht der Behörde frei, statt dessen dem Steuerpflichtigen selbst den Einspruchsbescheid zuzustellen, wobei sie an etwaige diesbezügliche Anträge des Steuerpflichtigen nicht gebunden ist.

b) Entscheidung des Oberverwaltungsgerichts vom 2. Dezember 1920 — I. B. 34/20 —.
(PrVerwBl. **42** 343.)

Das Verwaltungsgericht hat die Wahl, ob es die Zustellung an die Partei selbst oder an den Prozeßbevollmächtigten bewirken will. Die an die Partei selbst ordnungsmäßig erfolgte Zustellung eröffnet den Lauf der Rechtsmittelfrist auch dann, wenn sie im Streitverfahren durch einen Bevollmächtigten vertreten war. Die Frist wird auch nicht dadurch von neuem in Lauf gesetzt, daß nachträglich dem Bevollmächtigten die Entscheidung zugestellt wird (vergl. von Brauchitsch, Verwaltungsgesetze, Bd. 1, 22. Aufl., S. 61 und die daselbst angeführten Entscheidungen des Oberverwaltungsgerichts).

## 167. Die Zustellungen an eine Stiftung oder an den Bevollmächtigten des gesetzlichen Vertreters der Stiftung.

Entscheidung des Oberverwaltungsgerichts vom 8. April 1913 — VII. C. 649/12 —.

Ist der Steuerpflichtige nicht eine physische Person, sondern eine Stiftung, so hat die Zustellung zwar an und für sich an deren gesetzlichen Vertreter zu erfolgen; hat dieser aber einem anderen Vertretungsmacht erteilt, so kann gegenüber dem auch für das Steuergebiet maßgebenden allgemeinen rechtlichen Grundsatze über die Bedeutung der Vertretungsmacht in ihrer Wirksamkeit für und gegen den Vertretenen die Zustellung auch an den Bevollmächtigten des gesetzlichen Vertreters stattfinden.

## 168. Die Zustellung des Einspruchsbescheides an eine Gesellschaft m. b. H.

Entscheidung des Oberverwaltungsgerichts vom 25. Oktober 1912 — VIII. C. 22/12 —.

Die Übergabe des Einspruchsbescheides in einem Geschäftslokale der Gesellschaft m. b. H. an einen Angestellten dieser Firma ist unzulässig.

## 169. Wann ist das Verwaltungsstreitverfahren zulässig und die Zuständigkeit der Verwaltungsgerichte gegeben?

Entscheidung des Oberverwaltungsgerichts vom 9. Juni 1921 — I. B. 12/21 —.

(PrVerwBl. **43** 53.)

Die preußische Gesetzgebung hat nicht, wie dies das Gerichtsverfassungsgesetz (§ 13) für die ordentlichen Gerichte getan hat, einen allgemeinen Grundsatz für die Zulässigkeit des Verwaltungsstreitverfahrens und die Zuständigkeit der Verwaltungsgerichte aufgestellt, sondern diese Zulässigkeit und Zuständigkeit überall für die in Betracht kommenden Streitigkeiten durch besondere Gesetzesvorschrift geregelt. Soweit es daran fehlt, entfällt auch der Verwaltungsrechtsweg. An diesem Grundsatze ist von dem Oberverwaltungsgerichte in ständiger Rechtsprechung festgehalten worden (Entsch. **73** 431).

## 170. Bei der Heranziehung (Veranlagung) zu Gemeindeabgaben kann das ordentliche Gericht nicht angerufen werden.

Urteil des Reichsgerichts vom 14. Februar 1908 — VII. 155/07 —.

(PrVerwBl. **29** 897.)

Nach den im Gebiete des preußischen Rechtes herrschenden Grundsätzen ist in Ansehung der Verbindlichkeit zur Entrichtung allgemeiner öffentlicher Umlagen und Abgaben der Rechtsweg ausgeschlossen. Maßgebend sind immer noch im wesentlichen die Vorschriften des § 78, Teil II, Tit. 14 des Allgemeinen Landrechts, der §§ 36, 41 der Verordnung vom 26. Dezember 1808 und der Kabinettsorder vom 4. Dezember 1831 (Entsch. d. Reichsger. **60** 353). Zu den dem Rechtswege verschlossenen Abgaben gehören nach feststehender Rechtsprechung auch die Gemeindeabgaben (Entsch. d. Reichsgerichts **49** 220 und die dort angeführten Urteile). Für sie sind durch § 160, Abs. 1 des Zuständigkeitsgesetzes vom 1. August 1883 auch die durch § 79, Teil II, Tit. 14 des Allgemeinen Landrechts und durch die §§ 9, 10 des Gesetzes vom 24. Mai 1861 zugelassenen Ausnahmefälle, in denen die Anrufung des ordentlichen Richters gestattet war, beseitigt. Die Rechtsmittel gegen die Heranziehung (Veranlagung) zu Gemeindeabgaben sind durch die §§ 69ff. des Kommunalabgabengesetzes vom 14. Juli 1893 geregelt. Es ist ferner vom Reichsgerichte daran festgehalten worden, daß die Frage der Abgabenpflicht nicht etwa dadurch zur Entscheidung im Rechtswege gebracht werden kann, daß Klage auf Rückzahlung der entrichteten Abgabe aus dem Grunde der Zahlung einer Nichtschuld oder der ungerechtfertigten Bereicherung erhoben wird; der Streit über jene Pflicht gehört überhaupt nicht vor die ordentlichen Gerichte (Entsch. d. Reichsger. **60** 353, 354, **25** 302, **32** 345).

### 171. Die Grundsätze im Verwaltungsstreitverfahren über Kommunalabgaben. Der Einspruchsbescheid ist Prozeßvoraussetzung und Gegenstand der Anfechtung.

Entscheidung des Oberverwaltungsgerichts vom 13. Januar 1925 — II. B. 29/24 —.

(PrVerwBl. **46** 315.)

Im Verwaltungsstreitverfahren über Kommunalabgaben ist der Einspruchsbescheid nicht nur Prozeßvoraussetzung, sondern auch Gegenstand der Anfechtung; er bildet die Grundlage des Streitverfahrens, weil der Gemeindevorstand berechtigt ist, über den Abgabenanspruch zu disponieren. Deshalb ist im Abgabenstreit die Ordnungsmäßigkeit der Beschlußfassung des Gemeindevorstandes zu prüfen und von einer sachlichen Entscheidung unter Außerkraftsetzung des Einspruchsbescheides des Gemeindevorstandes abzusehen, wenn diese Ordnungsmäßigkeit verneint werden muß (vergl. auch Entsch. des OVG. **48** 32, **62** 151; PrVerwBl. **39** 341).

### 172. Die Voraussetzung für die Erhebung der Klage nach § 70 des Kommunalabgabengesetzes.

Entscheidung des Oberverwaltungsgerichts vom 15. Januar 1901 — II. 85 —.

(PrVerwBl. **22** 547.)

Voraussetzung für die Erhebung der Klage ist, daß ein Einspruchsbescheid vorliegt und dem Kläger *zugegangen* ist. Die Erhebung der Klage ist nicht davon abhängig, daß die Klagefrist zu laufen begonnen hat.

### 173. Der Gegenstand und Zweck der Klage aus § 70 des Kommunalabgabengesetzes. Mit dieser Klage kann die Zurückzahlung eines Steuerbetrags nicht beansprucht werden.

Entscheidung des Oberverwaltungsgerichts vom 8. Oktober 1918 — VIII. C. 63/18 —.

(Entsch. **74** 137.)

Mit der Klage aus § 70 des Kommunalabgabengesetzes kann nur eine Berichtigung der Veranlagung, also eines auf der Finanzhoheit der Gemeinde beruhenden Verwaltungsaktes der Gemeindebehörde, jedoch nicht die Zurückzahlung eines Steuerbetrages beansprucht werden.

### 174. Zur Frage, wann ein Verein, der nicht rechtsfähig ist, im Verwaltungsstreitverfahren klagen kann.

Entscheidung des Oberverwaltungsgerichts vom 3. März 1925 — II. C. 163/24 —.

(PrVerwBl. **46** 475.)

Nach § 50, Abs. 2 der Ziv.-Proz.-Ordnung können Vereine, die nicht rechtsfähig sind, verklagt werden; in dem Rechtsstreite hat der Verein die Stellung eines rechtsfähigen Vereins. Diese Vorschrift des Zivilprozeßrechts ist auf das Verwaltungsstreitverfahren entsprechend anzuwenden, und zwar in der Weise, daß ein nicht rechtsfähiger

Verein, der sich einer Behörde gegenüber in Verteidigungsstellung befindet, zur Wahrnehmung seiner Rechte auch klagen kann. Nach der Rechtsprechung des Oberverwaltungsgerichts ist dies besonders dann anzunehmen, wenn der Verein zu einer Steuer herangezogen, aber auch, wenn er sonst durch eine Behörde in Anspruch genommen war (Entsch. des OVG. **62** 282, 284; **74** 457, 459; Friedrichs, Landesverw.-Ges. Anm. 15 zu § 63, S. 131, 132; Friedrichs, Verwaltungsrechtspflege Bd. II, S. 570, 571 Anm. 23); nur dann ist nicht rechtsfähigen Vereinen im Verwaltungsstreitverfahren die Klagefähigkeit versagt, wenn die angegebenen Voraussetzungen nicht vorliegen, sie also ihrerseits selbständig klagend vorgehen wollen, ohne sich in Verteidigungsstellung zu befinden (Entsch. des OVG. v. 29. 1. 1924 — PrVerwBl. **45** 254 —).

### 175. Die Einreichung der Klage beim Regierungspräsidenten, statt beim Bezirksausschusse.

Entscheidung des Oberverwaltungsgerichts vom 24. Juni 1913 — VII. C. 760/12 —.

Durch die Einreichung der Klage beim Regierungspräsidenten ist die Klagefrist gewahrt, denn der Regierungspräsident ist zugleich Vorsitzender des Bezirksausschusses und eine bei ihm eingereichte Klage gilt als beim Bezirksausschusse eingegangen.

### 176. Der Klageantrag im Sinne des § 63 des Landesverwaltungsgesetzes.

Entscheidung des Oberverwaltungsgerichts vom 8. Mai 1914 — VII. C. 415/13 —.

Nach § 63 des Landesverwaltungsgesetzes ist in der Klage ein bestimmter Antrag zu stellen und sind die Person des Beklagten, der Gegenstand des Anspruchs sowie die den Antrag begründenden Tatsachen genau zu bezeichnen. Zur Beurteilung der Frage, ob ein „bestimmter Antrag" im Sinne des § 63 a. a. O. vorliegt, ist der gesamte Inhalt der Klage und bei Steuerklagen außerdem der Inhalt des vorhergegangenen Einspruchsverfahrens, wenn eine Steuererklärung vorliegt, einschließlich dieser, mit heranzuziehen.

### 177. Der Einspruch und der Einspruchsbescheid sind bei der Beurteilung der Klage mit in Betracht zu ziehen.

Entscheidung des Oberverwaltungsgerichts vom 24. April 1914 — VII. C. 603/13 —.

Einspruch und Einspruchsbescheid bilden die notwendigen Voraussetzungen für die Anstellung einer Klage gegen die Heranziehung zu Gemeindelasten, und daraus folgt, daß diese Vorverhandlungen zur Ergänzung der Klage mit in Betracht zu ziehen sind.

### 178. Neue tatsächliche und rechtliche Ausführungen zur Begründung der Ansprüche im Verwaltungsstreitverfahren.

a) Entscheidung des Oberverwaltungsgerichts vom 16. Juni 1914 — VII. C. 467/13 —.

Der Kläger ist befugt, zur Begründung seiner Ansprüche neue tatsächliche und rechtliche Ausführungen auch noch im Verwaltungsstreitverfahren zu machen, mit Ausnahme der Revisionsinstanz, wo neue tatsächliche Behauptungen für die Rechtfertigung des Rechtsmittels nicht mehr vorgebracht werden dürfen.

b) Entscheidung des Oberverwaltungsgerichts vom 26. Februar 1914 — I. H. C. 73/13 —.

Ein Rechtssatz des Inhalts, daß der Steuerpflichtige die Angaben in seinem Einspruche gegen die Veranlagung zur Gemeindesteuer im Verwaltungsstreitverfahren nicht abändern dürfe, gibt es nicht. Es ist ihm unbenommen, seinen Anspruch auf Herabsetzung der Steuer im Streitverfahren anders, als im Einspruche geschehen, zu begründen und zu diesem Zwecke andere tatsächliche Angaben, als dort geschehen, zu machen. Verwehrt ist dem Steuerpflichtigen nur, im Streitverfahren über die im Einspruche geforderte Ermäßigung hinauszugehen.

c) Entscheidung des Oberverwaltungsgerichts vom 18. November 1913 — VII. C. 134/13 —.

Führt der Kläger, um den Angriff der Steuerbehörde abzuwehren, neue Tatsachen an, so liegt darin keine Klageänderung, sondern nur die Geltendmachung weiterer Verteidigungsmittel, soweit sich die Anführungen innerhalb des Klageantrages bewegen. Eine Klageänderung würde vorliegen, wenn etwa der Kläger im Laufe des Streites Anführungen machte, die sich gegen einen anderen Angriff richten, wenn er z. B. die Klage auf eine ganz andere Steuerart erstreckte.

## 179. Ist es zulässig, in der Klage die im Einspruche für die Steuerermäßigung geltend gemachten Gründe zu ergänzen, zu erweitern und neue Gründe hierfür vorzubringen?

Entscheidung des Oberverwaltungsgerichts vom 14. April 1916 — VII. C. 123/15 —.

(Entsch. **71** 19.)

Nach der ständigen Rechtsprechung des Oberverwaltungsgerichts stellt das auf Steuerermäßigung gerichtete, ziffernmäßig angegebene Einspruchsbegehren die äußerste Grenze dessen dar, was im Verwaltungsstreitverfahren von dem Steuerpflichtigen erstritten werden kann. Dies hindert jedoch nicht, die im Einspruche für die Steuerermäßigung geltend gemachten Gründe zu ergänzen, zu erweitern und neue Gründe hierfür vorzubringen.

## 180. Zur Frage der Erweiterung einer befristeten Klage im Verwaltungsstreitverfahren.

Entscheidung des Oberverwaltungsgerichts vom 21. April 1914 — VIII. C. 26/14 —.

Eine befristete Klage kann nach Ablauf der Klagefrist nicht mehr erweitert werden.

## 181. Einwendungen im Rechtsmittelverfahren gegen die Angemessenheit der Höhe einer Gemeindesteuer.

a) Entscheidung des Oberverwaltungsgerichts vom 8. April 1913 — VIII. C. 358/12 —.

Bedenken gegen die Angemessenheit der Höhe einer Gemeindesteuer können nur von den Aufsichtsbehörden bei der Beschlußfassung über die Genehmigung der Steuerordnung berücksichtigt werden, während dem Verwaltungsrichter allein die Prüfung der Rechtsgültigkeit der Bestimmungen der Steuerordnung obliegt.

b) Entscheidung des Oberverwaltungsgerichts vom 3. Juli 1917 — VIII. C. 138/16 —.

Bedenken gegen die Höhe der Steuersätze in Steuerordnungen unterliegen ausschließlich der Würdigung der Genehmigungsbehörden, nicht des Verwaltungsrichters (Entsch. des OVG. **39** 78).

## 182. Zur Frage, ob die Klage auf Freistellung von einer kommunalen Abgabe oder auf Ermäßigung der Abgabe damit begründet werden kann, daß einzelne Ausgaben des Haushaltsplanes nicht gerechtfertigt seien.

Entscheidung des Oberverwaltungsgerichts vom 13. Mai 1924, II.

(PrVerwBl. **46** 53.)

Nach ständiger Rechtsprechung des Oberverwaltungsgerichts ist die Steuerklage nicht dadurch zu begründen, daß einzelne Ausgabeposten des Etats in bezug auf ihre rechtliche Begründung oder ihre Angemessenheit in Frage und zur Prüfung des Verwaltungsrichters gestellt werden. Eine derartige Beschwerde würde nicht gegen die Handhabung des der Kommune gegenüber dem einzelnen Herangezogenen zustehenden Steuerrechts, sondern gegen die gesamte Wirtschaftsführung der Kommune gerichtet sein und auf das Verlangen einer Rechtfertigung der Ordnung des Etatswesens hinauslaufen (vergl. Entsch. des OVG. vom 11. 11. 1896 — Entsch. **30** 88 ff., insbes. S. 94—96, sowie die bei Nöll-Freund, Kommunalabgabengesetz, 8. Aufl., S. 405, Anm. 14 sowie S. 10, Anm. 3 angegebene weitere Rechtsprechung, insbesondere auch die Entscheidung vom 20. 10. 1908 — PrVerwBl. **30** 355 —).

### 183. Darf in der Klage über die im Einspruche erforderte Ermäßigung der Steuer hinausgegangen werden?

Entscheidung des Oberverwaltungsgerichts vom 3. Oktober 1912 — VII. C. 95/12 —.

Die Steuer wird, soweit sie nicht durch den Einspruch angefochten wird, rechtskräftig und darf in der Klage über die im Einspruche erforderte Ermäßigung nicht hinausgegangen werden.

### 184. Die Folge einer inhaltlichen Beschränkung des Einspruchs gegen eine Steuerveranlagung hinsichtlich der Klage.

Entscheidung des Oberverwaltungsgerichts vom 19. September 1913 — VII. C. 777/12 —.

Die Folge einer inhaltlichen Beschränkung des Einspruchs gegen eine Steuerveranlagung ist zwar, daß die Veranlagung, insoweit sie nicht durch den Einspruch angefochten ist, unanfechtbar wird, und daß der Steueranspruch nur zu demjenigen Betrage, der sich aus der Beanstandung des Einspruchs ergibt, zum Gegenstande der Klage und der verwaltungsrichterlichen Entscheidung gemacht werden kann. Insoweit aber können ausnahmslos alle gegen die Berechtigung des Steueranspruchs sprechenden Gründe von dem Kläger vorgebracht und von dem Verwaltungsrichter als Grundlage seiner Entscheidung verwertet werden, also auch der Gesichtspunkt, daß überhaupt keine Steuer zu erheben gewesen sei und folglich der im Streite befangene Steueranspruch der Berechtigung entbehre. Greift aber der letztere Gesichtspunkt durch, daß ein Steueranspruch gar nicht zur Entstehung gelangt sei, so ist ein Eingehen auf die dem Anspruche zu Grunde liegende Berechnungsweise der Steuer überflüssig.

### 185. Die Nachprüfung eines Einspruchsbescheides ist ausgeschlossen, wenn die Klagefrist abgelaufen ist.

Entscheidung des Oberverwaltungsgerichts vom 4. Juli 1916 — VII. C. 152/16 —.

(PrVerwBl. **38** 210.)

Eine Veranlagung zu Gemeindeabgaben wird dadurch unanfechtbar, daß gegen den Einspruchsbescheid innerhalb der gesetzlichen Frist Klage nicht erhoben wird. Das Gesetz bietet keine Handhabe, in einem neuen Verfahren die Frage prüfen zu können, ob etwa der formell sich als ein Bescheid der zuständigen Behörde darstellende Bescheid deshalb hätte außer Kraft gesetzt werden müssen, weil er nicht ordnungsmäßig zustande gekommen ist.

### 186. Wann kommt im Verwaltungsstreitverfahren der Inhalt des gegen eine Gemeindesteuerheranziehung erhobenen Einspruchs und nicht der des Einspruchsbescheides als Ausgangspunkt in Betracht?

Entscheidung des Oberverwaltungsgerichts vom 7. November 1916 — II. C. 498/16 —.

(PrVerwBl. **38** 507.)

Ist in dem Einspruchsbescheide die Abgabenforderung, über die im Verwaltungsstreitverfahren entschieden werden soll, nicht bestimmt bezeichnet, so ist in dieser Beziehung der Inhalt des Einspruchs maßgebend.

**187. Kann im Verwaltungsstreitverfahren die Grundlage der Heranziehung zur Steuer durch eine andere ersetzt werden?**

Entscheidung des Oberverwaltungsgerichts vom 16. Dezember 1913 — IV. C. 12/13 —.

Im Verwaltungsstreitverfahren über die Rechtsgültigkeit einer Heranziehung zur Steuer kann die Grundlage, auf der die Veranlagung beruht, nicht durch eine andere ersetzt werden, gegen die der Herangezogene vielleicht andere Einwendungen zu erheben in der Lage gewesen wäre.

**188. Können Vorbescheide gemäß den §§ 64 und 67 des Landesverwaltungsgesetzes, die keine Rechtsmittelbelehrung oder eine unrichtige Belehrung enthalten, Rechtskraft erlangen?**

Entscheidung des Oberverwaltungsgerichts vom 3. März 1913 — H. C. 147/12 —.

(PrVerwBl. **35** 62.)

Ein Vorbescheid gemäß § 64 des Landesverwaltungsgesetzes, dem die in Absatz 4 vorgeschriebene Rechtsmittelbelehrung fehlt oder dem eine unrichtige Belehrung beigefügt ist, vermag nicht in Rechtskraft überzugehen, so lange dieser Mangel nicht geheilt ist. Das gleiche muß auch für die Bescheide nach § 67 a. a. O. gelten.

**189. Kann im Verwaltungsstreitverfahren ein Urteil ohne mündliche Verhandlung gefällt werden, wenn ein Vorbescheid erlassen und dagegen der Antrag auf mündliche Verhandlung gestellt worden ist?**
**Die Wirkung einer abgebrochenen mündlichen Verhandlung im Verwaltungsstreitverfahren.**
**Zur Frage der verschiedenen Besetzung des Gerichts in der mündlichen Verhandlung und in der hiervon verschiedenen Spruchsitzung.**

Entscheidung des Oberverwaltungsgerichts vom 20. November 1913 — H. C. 385/12 —.

(Deutsche Jur.-Ztg. 19, Sp. 574.)

Ist ein Vorbescheid erlassen und dagegen der Antrag auf mündliche Verhandlung gestellt worden, so kann ein Urteil nur auf Grund mündlicher Verhandlung gefällt werden.

Eine abgebrochene mündliche Verhandlung im Verwaltungsstreitverfahren ist nicht ohne Wirkung. Eine spätere mündliche Verhandlung ist nicht eine ganz neue mündliche Verhandlung und muß an sich nicht von neuem beginnen; was durch die erste einmal Prozeßstoff geworden ist, bleibt es.

Bei einer verschiedenen Besetzung des Gerichts in der mündlichen Verhandlung und in der hiervon verschiedenen Spruchsitzung ist jedenfalls das Erfordernis nicht erfüllt, daß vor dem erkennenden Gerichte wenigstens einmal mündlich verhandelt werde. Das aber ist das mindeste, was als Inhalt des Rechts auf mündliche Verhandlung gegenüber einem Bescheide bezeichnet werden muß, und wenn hierauf verzichtet wird, ist der Antrag auf mündliche Verhandlung als förmlicher Rechtsbehelf gegenstandslos

**190. Zur Frage, ob der Bezirksausschuß als Gericht in den Fällen ausgeschlossen ist, in denen die Regierung oder eine Abteilung der Regierung Partei ist oder die Partei vertritt.**
**Wer vertritt den Fiskus?**
**Zur Frage der persönlichen Behinderung des Regierungspräsidenten am Richteramte.**

Entscheidung des Oberverwaltungsgerichts vom 7. November 1912 — H. C. 270/12 —.

(PrVerwBl. **34** 297.)

Es gibt keine Vorschrift, die den Bezirksausschuß als Gericht in den Fällen ausschließt, in denen die Regierung oder eine Abteilung der Regierung Partei ist oder die Partei vertritt.

Nicht der Regierungspräsident, sondern die Regierung vertritt den Fiskus. Als Mitglied der die Partei vertretenden Behörde wäre der Regierungspräsident nur dann am Richteramte persönlich behindert gewesen, wenn er namens der Behörde selbst Erklärungen im Streitverfahren abgegeben hätte.

### 191. Zur Frage des Streitverfahrens nach Aufhebung einer verwaltungsgerichtlichen Entscheidung.

Entscheidung des Oberverwaltungsgerichts vom 26. März 1914 — I. H. C. 183/13 —.

Mit der Aufhebung einer Entscheidung wird nicht die Möglichkeit geschaffen, den gesamten Streitstoff einer völlig neuen Beurteilung zu unterziehen; vielmehr müssen die Rechtsvorgänge berücksichtigt werden, die im Laufe des früheren Streitverfahrens sich ergeben haben.

### 192. Wie muß die Entscheidung auf die Klage gegen die Heranziehung (Veranlagung) zu Gemeindeabgaben lauten?

Entscheidung des Oberverwaltungsgerichts vom 24. Oktober 1912 — H. C. 235/11 —.

Bei Streitigkeiten über Gemeindeabgaben muß eine Entscheidung gefällt werden, die entweder auf Abweisung der Klage oder auf Freistellung des Klägers oder Festsetzung des Abgabebetrages lautet, zum mindesten aber eine derartige Feststellung enthält, daß sich die Höhe der Abgabe ohne weiteres vermöge einer einfachen Rechnungsoperation ergibt.

### 193. Ein Verwaltungsstreitverfahren über die Feststellung der Steuerpflicht oder der Steuerfreiheit im allgemeinen ist nicht zulässig.

Entscheidung des Oberverwaltungsgerichts vom 8. Oktober 1918 — VIII. C. 63/18 —.

Das Gesetz kennt kein Streitverfahren über die Feststellung der Steuerpflicht oder Steuerfreiheit im allgemeinen, sondern nur die Anfechtung einer einzelnen bereits erhobenen Steuerforderung für den betreffenden Veranlagungszeitraum (Urt. des OVG. vom 5. Januar 1887 und vom 22. Juni 1906 — Entsch. **14** 190, **49** 120 —, vom 9. Oktober 1895 und vom 15. April 1896 — PrVerwBl. **17** 200, 390 —).

### 194. Ist die Feststellungsklage im Verwaltungsstreitverfahren, daß eine bestimmte Abgabenforderung nicht bestehe, zugelassen?

Entscheidung des Oberverwaltungsgerichts vom 19. Oktober 1916 — III. B. 17/16 —.

(PrVerwBl. **38** 297.)

Es gibt keine allgemeine Feststellungsklage im Verwaltungsstreitverfahren dahin, daß eine bestimmte Abgabenforderung rechtlich nicht bestehe. Der Angriff gegen eine bestimmte Abgabenforderung kann immer nur in dem dafür vorgesehenen besonderen Verfahren erfolgen.

### 195. Behält der vom gesetzlichen Vertreter eines Minderjährigen bestellte Bevollmächtigte die Vertretungsbefugnis für den Fall, daß die Partei selbst durch Erlangung der Volljährigkeit prozeßfähig geworden ist?

Entscheidung des Oberverwaltungsgerichts vom 18. November 1920 — IV. C. 14/20 —.

(PrVerwBl. **43** 81.)

Der vom gesetzlichen Vertreter eines Minderjährigen bestellte Bevollmächtigte behält die Vertretungsbefugnis für den Kläger, obwohl sie aus dem Grunde weggefallen ist, daß die Partei selbst prozeßfähig geworden ist. Das ist zwar ausdrücklich nur für die Prozeßvollmacht, die die Zivilprozeßordnung behandelt, in § 86 daselbst vorgeschrieben und nicht für eine zur Vertretung im Verwaltungsstreitverfahren ausgestellte Prozeßvollmacht. Das Oberverwaltungsgericht hat indessen stets anerkannt, daß im Verwaltungsstreitverfahren für das Vollmachtsverhältnis, wie es der Herrschaft des Bürgerlichen Gesetzbuches unterliegt, auch die Bestimmungen der Reichszivilprozeßordnung entsprechend anzuwenden sind, obwohl für dieses Verhältnis deren Anwendung durch ausdrückliche Vorschriften in dem Landesverwaltungsgesetze vom 30. Juli 1883 nicht angeordnet worden ist (vergl. z. B. Entsch. des OVG. **42** 120/122, **20** 82/85, **41** 456/457). In dem im PrVerwBl. **10** 596 erwähnten, nicht veröffentlichten Erkenntnisse vom 3. Februar 1886 — I. C. 125/85 — hat kein Bedenken bestanden, den § 86 der Zivilprozeßordnung — früher § 82 — über die Grenzen der Zivilprozeßordnung hinaus auf die für das Verwaltungsstreitverfahren geltende Prozeßvollmacht anzuwenden. Daran ist festzuhalten.

### 196. Zur Frage der Rechtswirksamkeit der Erklärungen und Prozeßhandlungen des Vertreters vor Erteilung des Auftrags oder der Vollmacht durch den Vertretenen.

Entscheidung des Oberverwaltungsgerichts vom 17. Februar 1914 — VIII. C. 255/13 —.

Auch eine erst nach Ablauf einer etwaigen Ausschlußfrist von dem Vertretenen erklärte Genehmigung verleiht den vorher ohne Auftrag oder Vollmacht für den Vertretenen abgegebenen Erklärungen und vorgenommenen Prozeßhandlungen des Vertreters Rechtswirksamkeit.

### 197. Zur Frage, ob im Verwaltungsstreitverfahren ein Anspruch auf Benutzung vorgeschlagener Beweismittel besteht. Die Beschaffung der erforderlichen Unterlagen durch die Verwaltungsgerichte.

a) Entscheidung des Oberverwaltungsgerichts vom 17. Juni 1920 — IV. C. 160/19 —.
(PrVerwBl. **43** 42.)

Einen Anspruch auf Benutzung vorgeschlagener Beweismittel mit der Folge, daß ihre Nichtbenutzung einen Verfahrensmangel darstelle, besitzt eine Prozeßpartei nicht. Reichen für den Verwaltungsrichter die Unterlagen, die er sich von Amts wegen zu beschaffen hat, aus, um sich die Überzeugung, deren er bedarf, zu bilden, so ist er nicht verpflichtet, weitere Beweise zu erheben.

b) Entscheidung des Oberverwaltungsgerichts vom 23. Januar 1913 — H. C. 365/11 —.

Der Verwaltungsrichter ist dann nicht verpflichtet, einen von der Partei angetretenen Beweis zu erheben, wenn er das unter Beweis Gestellte rechtlich für unerheblich oder tatsächlich für schon widerlegt erachtet; aber dann muß sich die Nichterhebung des Beweises aus dem Urteile rechtfertigen.

### 198. Die Vorschläge der Parteien über die Person der Sachverständigen.

Entscheidung des Oberverwaltungsgerichts vom 22. Mai 1914 — VII. C. 285/13 —.

Das Verwaltungsgericht ist an die Vorschläge der Parteien über die Person der Sachverständigen nicht gebunden.

### 199. Die Ablehnung von Sachverständigen durch die Parteien im Verwaltungsstreitverfahren.

Entscheidung des Oberverwaltungsgerichts vom 5. Mai 1914 — VIII. C. 304/13 —.

Das Recht der Parteien, Sachverständige mit der Wirkung abzulehnen, daß von deren Begutachtung abgesehen werden muß, besteht im Verwaltungsstreitverfahren nicht.

### 200. Wann ist ein Gutachten eine geeignete Unterlage für die richterliche Entscheidung?

Entscheidung des Oberverwaltungsgerichts vom 10. Oktober 1912 — VII. C. 218/12 —.

Ein Gutachten ist nur dann eine geeignete Unterlage für die richterliche Entscheidung, wenn es die Prüfung ermöglicht, ob der Sachverständige von richtigen Gesichtspunkten ausgegangen ist.

### 201. Darf der Verwaltungsrichter streitige Parteibehauptungen ohne weitere Beweisaufnahme als richtig annehmen?

Entscheidung des Oberverwaltungsgerichts vom 20. März 1914 — VII. C. 482/13 —.

Zwar ist der Verwaltungsrichter unter gewissen Ausnahmeverhältnissen in der Lage, streitige Parteibehauptungen ohne weitere Beweisaufnahme als richtig anzunehmen. Es bedarf aber alsdann einer näheren Begründung, weshalb das unter Beweis gestellte Parteivorbringen trotz des Bestreitens der anderen Partei für zutreffend erachtet und der Entscheidung zu Grunde gelegt wird.

### 202. Im Verwaltungsstreitverfahren ist nicht die Angemessenheit des beschlossenen Gemeindezuschlags zu den staatlichen Steuern nachzuprüfen. Es ist aber zu prüfen, ob die Heranziehung zur Steuer auf einem ordnungsmäßig zustande gekommenen Ortsrechte beruht.

Entscheidung des Oberverwaltungsgerichts vom 13. Dezember 1912 — VIII. C. 135/12 —.

Wenn auch die Angemessenheit eines von den Gemeindebehörden beschlossenen Zuschlags zu den staatlich veranlagten Steuern im Verwaltungsstreitverfahren nicht nachzuprüfen ist, so hat der Verwaltungsrichter im Falle des Bestreitens doch jedenfalls zu prüfen, ob die Heranziehung des Steuerpflichtigen auf einem ordnungsmäßig zustandegekommenen, die Heranziehung rechtfertigenden örtlichen Steuerrechte beruht.

### 203. Die Prüfung der Legitimation des gesetzlichen Vertreters der Prozeßpartei im Verwaltungsstreitverfahren.

Entscheidung des Oberverwaltungsgerichts vom 30. Mai 1913 — VIII. C. 307/12 —.

Der Verwaltungsrichter hat von Amts wegen die Legitimation des gesetzlichen Vertreters der Prozeßpartei zu prüfen. Es bedeutet aber einen wesentlichen Verfahrensmangel, daß er eine klageabweisende Entscheidung erlassen hat, ohne vorher den Versuch gemacht zu haben, den Mangel zu beheben.

### 204. Zur Frage der Beeidigung von Zeugen und der Beurteilung einer Zeugenaussage. Wann kann die Würdigung einer Zeugenaussage mit der Revision angefochten werden?

Entscheidung des Oberverwaltungsgerichts vom 3. Februar 1914 — VII. C. 359/13 —.

Die Beeidigung von Zeugen liegt im Ermessen des Gerichts. Das gleiche gilt für die Beurteilung einer Zeugenaussage. Ihre Würdigung kann nur dann mit der Revision angefochten werden, wenn sie auf wesentlichen Mängeln des Verfahrens beruht.

### 205. Über die Klage gegen die Heranziehung zu einer Gemeindesteuer muß abschließend entschieden werden; Teilentscheidungen sind nicht zulässig.

Entscheidung des Oberverwaltungsgerichts vom 8. April 1913 — VII. C. 583/12 —.

(Entsch. **64** 221.)

Der Streit über die Heranziehung zu einer Steuer muß durch das Verwaltungsstreitverfahren zu einem erschöpfenden Abschlusse gebracht werden. Es ist nicht zulässig, über einzelne für die Festsetzung der Steuer wesentliche Punkte Entscheidung zu treffen und die endgültige Festsetzung der Steuer einem weiteren Verfahren vorzubehalten.

## 206. Kann die Zurücknahme einer Klage im Verwaltungsstreitverfahren widerrufen werden?

a) Entscheidung des Oberverwaltungsgerichts vom 1. Dezember 1913 — H. C. 325/12 —.

Ein später erfolgter Widerruf der Zurücknahme der Klage im Verwaltungsstreitverfahren kann keine Wirkung ausüben, mag die Zurücknahme auch durch Irrtum veranlaßt worden sein.

b) Entscheidung des Oberverwaltungsgerichts vom 4. Januar 1916 — II. E. R. 52/15 —.

(Entsch. **70** 461.)

Es mag dahingestellt bleiben, wie weit Willensmängel bei Prozeßhandlungen des Zivilprozesses und des Verwaltungsstreitverfahrens auf deren Bestand überhaupt von Einfluß sind; denn hinsichtlich der Zurücknahme der Klage im Verwaltungsstreitverfahren hat der Gerichtshof schon wiederholt ausgesprochen daß ein Widerruf der Zurücknahme, mag diese auch durch einen Irrtum veranlaßt sein, keine Wirkung auszuüben vermag (Urteil vom 28. 2. 1902 — PrVerwBl. **23** 646 —, vom 6. 11. 1902 — IV. B. 87/1901 — und vom 14. 11. 1912 — H. C. 104/1912 —). Hieran hält der Gerichtshof fest.

## 207. Mit der Klage im Verwaltungsstreitverfahren (§ 70 des Kommunalabgabengesetzes) kann die Rückzahlung eines Steuerbetrages nicht beansprucht werden.

a) Entscheidung des Oberverwaltungsgerichts vom 8. Oktober 1918 — VIII. C. 63/18 —.

(Entsch. **74** 137.)

Nach § 7, Abs. 2 des Landesverwaltungsgesetzes beschränkt sich die sachliche Zuständigkeit der Verwaltungsgerichte auf die Entscheidung der durch gesetzliche Bestimmungen ausdrücklich hierfür vorgesehenen Fälle. Eine Bestimmung, die die Steuerrückforderungsklage dem heranziehenden Gemeindevorstande oder der davon verschiedenen Gemeinde gegenüber zuließe, ist nicht vorhanden. Die Klage hätte demnach insoweit abgewiesen werden müssen. Ebenso wie die hiernach gebotene Zurückweisung eines mit der Klage auf Freistellung verbundenen Antrages auf Rückzahlung der Steuer muß die Abweisung der Klage auch dann erfolgen, wenn überhaupt nicht die Freistellung von der Steuer, sondern ersichtlich nur ihre Rückerstattung verlangt wird. Mit der Klage aus § 70 des Kommunalabgabengesetzes kann nur eine Berichtigung der Veranlagung, also eines auf der Finanzhoheit der Gemeinde beruhenden Verwaltungsaktes der Gemeindebehörde, jedoch nicht die Rückzahlung eines Steuerbetrages beansprucht werden.

b) Entscheidung des Oberverwaltungsgerichts vom 19. Oktober 1916 — III. B. 17/16 —.

(PrVerwBl. **38** 297.)

Unzulässig ist die Klage im Verwaltungsstreitverfahren, insoweit sie die Rückzahlung der entrichteten Steuerbeträge zum Gegenstande hat.

## 208. Zur Frage, ob im Verwaltungsstreitverfahren auf Rückzahlung einer überhobenen Gemeindesteuer geklagt werden kann. Ein Steuerrückforderungsanspruch kann nur gegen die Gemeinde, nicht gegen den Gemeindevorstand geltend gemacht werden.

Entscheidung des Oberverwaltungsgerichts vom 9. Oktober 1919 — IV. C. 73/19 —.

(Entsch. **75** 162.)

Eine Klage im Verwaltungsstreitverfahren auf Rückzahlung einer überhobenen Steuer, die sich nur gegen die Stadtgemeinde, nicht gegen den deren Finanzhoheit handhabenden Magistrat richten könnte, ist nicht gegeben (§ 7 des Landesverwaltungsgesetzes; v. Brauchitsch, Die Preußischen Verwaltungsgesetze, 22. Aufl., Bd. 1, Anm. 4 zu § 7 a. a. O., S. 11 und Anm. 1 zu § 160 des Zuständigkeitsgesetzes, S. 544).

## 209. Kann ein Steuerrückforderungsanspruch beim ordentlichen Gerichte geltend gemacht werden?

Urteil des Reichsgerichts vom 28. Januar 1910 — VII. 162/09 —.

(PrVerwBl. **31** 838.)

Nach § 78, Teil II, Tit. 14 des Allgemeinen Landrechts und § 36 der Verordnung vom 26. Dezember 1808 (GS. für 1806—1810, S. 464 ff.) ist der Rechtsweg ausgeschlossen für Streitigkeiten über die Verbindlichkeit zur Entrichtung allgemeiner Abgaben. Dies gilt nach § 41 der genannten Verordnung insbesondere auch für Gemeindeabgaben. Gegen die Veranlagung und Heranziehung zu solchen findet nach §§ 69 und 70 des Kommunalabgabengesetzes vom 14. Juli 1893 nur der Einspruch beim Gemeindevorstande und die Klage im Verwaltungsstreitverfahren statt. Der Rechtsweg ist ebenso ausgeschlossen über die Frage, ob der Fiskus oder die Gemeinde eine eingezogene Abgabe behalten darf, sei es, daß nach der Behauptung des die entrichtete Abgabe Zurückfordernden eine Verpflichtung zur Zeit der Entrichtung nicht bestand, oder daß das Recht, die Abgabe zu behalten, verloren gegangen sein soll, weil hinterher die Voraussetzungen für die Abgabenpflicht wieder fortgefallen seien (Entsch. d. Reichsger. i. Zivs. **60** 349, 353, 354; ferner **49** 220 und **67** 401). Hiernach findet auch im vorliegenden Falle, in dem es sich um die Rückforderung entrichteter Gemeindeabgaben handelt, der Rechtsweg nicht statt.

## 210. Ein öffentlich-rechtlicher Anspruch kann nicht in Gestalt einer Schadensersatzforderung vor den ordentlichen Richter gebracht werden. Ein Anspruch auf Verzinsung eines zu Unrecht eingezogenen Steuerbetrages gehört nicht vor die ordentlichen Gerichte.

Urteil des Reichsgerichts vom 6. Juli 1915 — III. 597/14 —.

Es ist Grundsatz, daß ein dem ordentlichen Rechtswege entzogener öffentlich-rechtlicher Anspruch nicht in Gestalt einer Schadensersatzforderung vor den ordentlichen Richter gebracht werden kann (vergl. Entsch. des Reichsger. i. Zivs. **70** 398 und die dort angezogenen Urteile), insbesondere auch nicht als Schadensersatzanspruch aus § 826 des Bürgerlichen Gesetzbuches (Urt. v. 26. 3. 1909, VII 270/08 — PrVerwBl. **31** 227 —). Daß aber ein Anspruch auf Verzinsung eines zu Unrecht eingezogenen Steuerbetrages nicht vor die ordentlichen Gerichte gehört, auch wenn die Zinsforderung als Schadensersatzanspruch und ohne den Hauptanspruch nach Rückzahlung des überhobenen Betrages geltend gemacht wird, ist vom Reichsgerichte wiederholt entschieden worden (Entsch. i. Zivs. **80** 372; Urt. v. 7. 7. 1914, VII 124/14).

### 211. Die Abtretung eines Steuerrückforderungsanspruchs. Hat die Abtretung Einfluß auf das Verwaltungsstreitverfahren gegen die Heranziehung zur Steuer?

Entscheidung des Oberverwaltungsgerichts vom 7. Juli 1915 — II. H. C. 330/14 —.

(Entsch. **69** 194.)

Für die Annahme, daß nur der zur Steuer Herangezogene, nicht aber ein Zessionar des Rückforderungsanspruchs die Klage im Verwaltungsstreitverfahren erheben kann, läßt sich in gewisser Weise auch die Analogie des bürgerlichen Rechtsstreits geltend machen. Nach § 265 der Zivilprozeßordnung, der ältere rechtsgeschäftliche Beschränkungen in abgeschwächtem Maße aufrecht erhält, schließt die Rechtshängigkeit zwar nicht das Recht der Partei aus, den geltend gemachten Anspruch abzutreten, die Abtretung hat aber grundsätzlich, jedenfalls ohne die Zustimmung des Gegners, auf den Prozeß keinen Einfluß. Faßt man nun bei dem Steuerprozesse das Heranziehungs-, Einspruchs- und Streitverfahren als ein zusammenhängendes Ganzes ins Auge und berücksichtigt man, daß hier das öffentliche Interesse eine größere Rolle spielt als in bürgerlichen Rechtsstreitigkeiten, so wird man auch eine Analogie zu § 265 der Zivilprozeßordnung in dem Satze finden können, daß die Abtretung des Steuerrückforderungsanspruchs nicht zur Folge haben kann, daß an Stelle des Herangezogenen und Einsprechenden ein anderer als Kläger im Verwaltungsstreitverfahren auftritt, und zwar auch nicht mit Zustimmung des Gegners.

### 212. Zur Frage der Ergänzung eines verwaltungsgerichtlichen Urteils. Ist ein solcher Antrag an eine Frist gebunden?

Entscheidung des Oberverwaltungsgerichts vom 9. März 1916 — IV. C. 131/14 —.

(PrVerwBl. **38** 176.)

Wenn in einer Klage mehrere verschiedene Ansprüche geltend gemacht sind und in dem Urteile über einen derselben keine Entscheidung getroffen worden ist, so kann das Urteil deshalb nicht mit einem Rechtsmittel angefochten werden; dem Kläger muß vielmehr überlassen bleiben, zunächst die Ergänzung des Urteils zu beantragen. Ein solcher Antrag ist im Verwaltungsstreitverfahren an keine Frist gebunden.

### 213. Wann ist die Berichtigung einer Entscheidung im Verwaltungsstreitverfahren zulässig?

Entscheidung des Oberverwaltungsgerichts vom 20. November 1913 — H. C. 179/13 —.

Eine Entscheidungsberichtigung im Verwaltungsstreitverfahren ist zulässig, wenn es sich um eine Unrichtigkeit im Ausdrucke des Willens des Gerichts handelt und sich der richtige Ausdruck des Willens aus der Entscheidung selbst ohne weiteres klar ergibt. Abgesehen davon, daß eine Entscheidung allein wegen des Kostenpunktes nicht angefochten werden kann, kann das Gericht das Berichtigungsverfahren von Amts wegen einleiten. Die Berichtigung ist an eine Zeitbeschränkung nicht gebunden.

### 214. Wann kann die Wiedereinsetzung in den vorigen Stand (§ 112 des Landesverwaltungsgesetzes) erfolgen? Liegt ein unabwendbarer Zufall vor, wenn der Prozeßbevollmächtigte von der Zustellung einer Entscheidung an den Gemeindevorstand keine Kenntnis erhalten hat?

Entscheidung des Oberverwaltungsgerichts vom 2. Dezember 1920 — I. B. 34/20 —.

(PrVerwBl. **42** 343.)

Nach § 112 des Landesverwaltungsgesetzes kann die Wiedereinsetzung in den vorigen Stand nur beantragen, wer durch Naturereignisse oder andere unabwendbare Zufälle verhindert worden ist, die vorgeschriebene Frist einzuhalten. Als unabwendbarer Zufall ist es anzusehen, wenn der Antragsteller von einer Zustellung ohne sein Verschulden keine Kenntnis erlangt hat. Diese Voraussetzungen sind in dem zur Entscheidung stehenden Falle nicht gegeben. Daß die prozeßbevollmächtigten Rechtsanwälte des beklagten Gemeindevorstandes von der Zustellung der Entscheidung des Bezirksausschusses an diesen keine Kenntnis hatten, ist kein unabwendbarer Zufall, der den Gemeindevorstand verhinderte, die Berufung selbst innerhalb der Berufungsfrist einzulegen oder die Anwälte rechtzeitig zur Einlegung der Berufung zu veranlassen. Indem der Gemeindevorstand erst durch das Telegramm die Anwälte zur Einlegung der Berufung aufforderte, hat er die Versäumung der Berufungsfrist selbst verschuldet. Für die Wahrung der Berufungsfrist kam es auf die Kenntnis der Anwälte von der an die Partei selbst erfolgten Zustellung des Urteils des Bezirksausschusses überhaupt nicht an, da diese Zustellung rechtsgültig erfolgt war und für die Partei den Lauf der Berufungsfrist eröffnete.

### 215. Was ist unter einem unabweisbaren Zufall im Sinne des § 112 des Landesverwaltungsgesetzes, der die Wiedereinsetzung in den vorigen Stand rechtfertigt, zu verstehen?

Entscheidung des Oberverwaltungsgerichts vom 18. November 1913 — VII. C. 522/13 —.

Ein Zufall — § 112 Landesverw.-Ges. — ist unabweisbar, wenn er durch menschliche Sorgfalt nicht zu vermeiden ist. Liegt eine Kette von unglücklichen Umständen vor, in der ein Versehen der Partei ein Glied bildet, so ist die Fristversäumung nicht die Folge eines unabweisbaren Zufalls, weil ein Versehen der Partei hierbei mitgewirkt hat.

### 216. Zur Frage der Wiedereinsetzung in den vorigen Stand, wenn bei der Beförderung eines Briefes Verzögerungen vorgekommen sind.

Entscheidung des Oberverwaltungsgerichts vom 23. Mai 1913 — IV. C. 141/12 —.

Wenn bei der Beförderung eines Briefes Verzögerungen vorgekommen sind, so können diese dem Kläger nicht zur Last fallen; sie sind vielmehr als ein unabwendbarer Zufall im Sinne des § 112 des Landesverwaltungsgesetzes zu betrachten.

### 217. Kann die Wiedereinsetzung in den vorigen Stand erfolgen, wenn ein Rechtsirrtum vorliegt?

Entscheidung des Oberverwaltungsgerichts vom 16. Juni 1914 — VII. C. 452/13 —.

Ein Rechtsirrtum ist nicht geeignet, einen Antrag auf Wiedereinsetzung in den vorigen Stand nach § 112 des Landesverwaltungsgesetzes zu rechtfertigen.

### 218. Zur Frage der Wiedereinsetzung in den vorigen Stand, wenn die Klagefrist durch Versehen von Büroangestellten des Prozeßvertreters versäumt worden ist.

Entscheidung des Oberverwaltungsgerichts vom 26. Oktober 1915 — II. C. 103/15 —.

(Entsch. **70** 459.)

Dem Bezirksausschusse ist darin beizutreten, daß ein Verschulden von Angestellten des Prozeßvertreters einer Partei dieser nicht zuzurechnen ist. Voraussetzung ist aber immer, daß den Prozeßvertreter selbst kein Verschulden trifft. Etwas anderes ist auch weder in dem Urteile des Reichsgerichts vom 1. Dezember 1913 (Deutsche Jur.-Zeitung **1914** 305) noch in den von dem Bezirksausschusse angezogenen Entscheidungen des Oberverwaltungsgerichts ausgesprochen. Hier aber trifft, wie im Gegensatze zu dem Bezirksausschusse anzunehmen ist, den Prozeßvertreter der Klägerin insofern ein Verschulden, als er es an ausreichenden Maßnahmen zur Wahrung der Klagefrist hat fehlen lassen. Die Überwachung der Einhaltung von prozeßrechtlichen Notfristen ist die Pflicht jedes Anwalts. Er kann sich nicht damit entschuldigen, daß die Erfüllung dieser Pflicht ihm wegen Überlastung mit Geschäften unmöglich gewesen sei. Nehmen seine Geschäfte einen so großen Umfang an, daß ihm die Erfüllung seiner Pflichten unmöglich zu werden droht, so muß er sie rechtzeitig auf einen Umfang beschränken, der die Erfüllung der ihm obliegenden Pflichten gewährleistet.

## 219. Rechtfertigt eine unrichtige Rechtsmittelbelehrung die Wiedereinsetzung in den vorigen Stand, wenn die Rechtsmittelbelehrung nicht vorgeschrieben ist?

Entscheidung des Oberverwaltungsgerichts vom 29. April 1913 — VII. C. 656/12 —.

Eine Belehrung über den zulässigen Rechtsbehelf und die Art seiner Anbringung ist gesetzlich nicht nötig. Wenn eine Rechtsmittelbelehrung nicht vorgeschrieben, gleichwohl aber erteilt wird, stellt deren Unrichtigkeit keinen für den Steuerpflichtigen unabwendbaren Zufall im Sinne des § 112 des Landesverwaltungsgesetzes dar, der die Wiedereinsetzung in den vorigen Stand wegen Versäumung der Rechtsmittelfrist rechtfertigt.

## 220. Stillschweigende Wiedereinsetzung in den vorigen Stand durch Erteilung eines sachlichen Einspruchsbescheides (§ 52 des Landesverwaltungsgesetzes).

a) Entscheidung des Oberverwaltungsgerichts vom 9. Dezember 1913 — VII C. 53/13 —.

Hat der Kreisausschuß auf den verspätet eingegangenen Einspruch einen sachlichen Bescheid erteilt, und zwar in Kenntnis der Fristversäumnis, so hat der Kreisausschuß hiermit stillschweigend gemäß § 52 des Landesverwaltungsgesetzes Wiedereinsetzung in den vorigen Stand gewährt.

b) Entscheidung des Oberverwaltungsgerichts vom 22. Januar 1914 — I. H. C. 162/13 —.

Eine stillschweigende Wiedereinsetzung in den vorigen Stand gegen die versäumte Frist würde in dem sachlichen Einspruchsbescheide des Magistrats nur dann gefunden werden können, wenn aus ihm ersichtlich wäre, daß der Magistrat die Versäumnis der Einspruchsfrist erkannt und durch eine sachliche Begründung seiner Ablehnung die Wiedereinsetzung hätte gewähren wollen.

## 221. Wann ist anzunehmen, daß durch einen Bescheid eine Wiedereinsetzung in den vorigen Stand nicht erfolgt ist? Kann der Gemeindevorstand im Einspruchsverfahren die Wiedereinsetzung in den vorigen Stand gewähren?

Entscheidung des Oberverwaltungsgerichts vom 18. Dezember 1906 — VIII. C. 144/05 —.

(Entsch. **49** 155.)

Wo immer eine Wiedereinsetzung in den vorigen Stand in Frage ist, kann eine solche nicht angenommen werden, wenn der Wille, sie zu gewähren, fehlt. Und dieser Wille fehlt stets, wenn die bescheidende Behörde davon ausgeht, daß die Frist gewahrt und nicht versäumt sei; denn die Wiedereinsetzung findet gegen die Folgen der Versäumung der Frist statt. Hier aber hat der Gemeindevorsteher ausdrücklich zu Protokoll des Kreisausschusses erklärt, er habe den Einspruch des Klägers für rechtzeitig angebracht erachtet und „daher" einen sachlichen Bescheid erteilt.

Das Oberverwaltungsgericht hat in mehreren Entscheidungen mit Deutlichkeit ausgesprochen, daß der Gemeindevorstand befugt sei, Wiedereinsetzung gegen Versäumung der in § 69 des Kommunalabgabengesetzes bestimmten Einspruchsfrist zu erteilen. An dieser Auffassung muß festgehalten werden.

### 222. Zur Frage der Wirkung der Wiedereinsetzung in den vorigen Stand oder der Ablehnung eines Antrages auf Wiedereinsetzung in dem Verfahren vor den Verwaltungsgerichten.

Entscheidung des Oberverwaltungsgerichts vom 18. September 1911 — H. C. 48/11 —.

(Entsch. **60** 170.)

Hat in einem Verfahren vor den Verwaltungsbehörden eine Wiedereinsetzung in den vorigen Stand einmal stattgefunden, so kann die dadurch in ihren rechtlichen Folgen beseitigte Fristversäumnis in dem sich weiter daran knüpfenden Streitverfahren nicht wieder aufleben. In gleicher Weise ist es aber auch bindend für den Verwaltungsrichter, wenn die Verwaltungsbehörde im Falle einer Fristversäumnis, sei es ausdrücklich, sei es stillschweigend, durch Zurückweisung eines verspäteten Rechtsbehelfs es ablehnt, eine solche Wiedereinsetzung zu gewähren.

### 223. Dem Revisionsgerichte steht bei Versäumung der Klagefrist eine Entscheidung über einen Antrag auf Wiedereinsetzung in den vorigen Stand nicht zu.

Entscheidung des Oberverwaltungsgerichts vom 13. Februar 1912 — VIII. C. 196/11 —.

(Deutsche Jur.-Ztg. **17** Sp. 1358/9 u. PrVerwBl. **33** 751.)

Nur das Verwaltungsgericht erster Instanz kann über einen die Versäumung der Klagefrist betreffenden Antrag auf Wiedereinsetzung in den vorigen Stand entscheiden. Dem Revisionsgerichte steht eine dahingehende Entscheidung nicht zu.

### 224. Kann das Revisionsgericht prüfen, ob die Wiedereinsetzung in den vorigen Stand mit Recht gewährt worden ist?

Entscheidung des Oberverwaltungsgerichts vom 26. Oktober 1915 — II. C. 103/15 —.

(Entsch. **70** 459.)

Bei der Prüfung der Frage, ob die Wiedereinsetzung in den vorigen Stand mit Recht gewährt worden ist, ist das Revisionsgericht frei, mithin an tatsächliche Feststellungen (Beurteilungen) der Vorinstanz nicht gebunden.

### 225. Die Voraussetzung für die Zulässigkeit der unbefristeten Beschwerde aus § 18 des Zuständigkeitsgesetzes gegen die Heranziehung zu einer Gemeindeabgabe.

a) Entscheidung des Oberverwaltungsgerichts vom 6. April 1916 — IV. C. 66/15 —.

(Entsch. **71** 139.)

Das Oberverwaltungsgericht hat in ständiger Rechtsprechung angenommen, daß die Beschwerde gemäß § 18 des Zuständigkeitsgesetzes durch die Vorschriften der §§ 69 und 70 des Kommunalgesetzes nicht beseitigt worden ist. Sie ist gegeben, wenn die Abänderung der ursprünglichen Veranlagung wegen eines später eingetretenen, von der in der Heranziehung vorausgesetzten Pflicht befreienden Ereignisses verlangt wird.

b) Entscheidung des Oberverwaltungsgerichts vom 15. Januar 1914 — I. H. C. 251/13 —.

Dem Steuerpflichtigen steht das Recht zu, eine nachträgliche Änderung der Gemeindesteuerveranlagung zu fordern, wenn in seinen zu Beginn des Steuerjahres bestehenden persönlichen Verhältnissen durch später eintretende Ereignisse eine Veränderung vor sich geht, die seine ursprünglich zutreffende Veranlagung zu einer unrichtigen macht. Zu dem Zwecke kann er sich der unbefristeten Beschwerde im Sinne des § 18 des Zuständigkeitsgesetzes bedienen. Ist jenes die persönlichen Verhältnisse beeinflussende Ereignis eingetreten, nachdem der Steuerpflichtige gegen seine ursprüngliche Veranlagung Einspruch erhoben hat, so muß die Veranlagungsbehörde während des schwebenden Einspruchsverfahrens nachprüfen, ob ihre Steuerforderung noch fortbestehen kann.

c) Entscheidung des Oberverwaltungsgerichts vom 18. November 1913 — VII. C. 611/12 —.
(Entsch. **65** 151.)

Für die Frage, ob eine ursprünglich richtige Veranlagung nachträglich zu ändern ist, kann nur das Recht gelten, das für die Veranlagung selbst maßgebend war.

§ 18 des Zuständigkeitsgesetzes ist insoweit für Gemeindeabgaben noch in Geltung, als spätere Ereignisse eingetreten sind, die eine sonst nicht mehr anfechtbare Veranlagung nachträglich als unrichtig erscheinen lassen.

d) Entscheidung des Oberverwaltungsgerichts vom 16. Dezember 1913 — VIII. C. 234/13 —.

Die fristlose Beschwerde ist immer nur deshalb zugelassen, weil eine neue Tatsache oder eine Änderung des Rechtszustandes nach der Veranlagung eingetreten ist, die eine Änderung in der Steuerpflicht des Beschwerdeführers gegenüber seiner Steuerpflicht, wie sie bei Beginn des Steuerjahres bestanden hat, oder eine Änderung in seiner sonstigen Beitragspflicht, wie sie nach dem zur Zeit der Heranziehung bestehenden, später aber geänderten Abgabenrechte begründet gewesen ist, zur Folge gehabt hat. Daß die Unrichtigkeit der Schätzung des Staatssteuersolls erst später erkannt und festgestellt worden ist, macht diese Unrichtigkeit nicht zu einer Tatsache, die erst nach der Veranlagung eingetreten ist.

e) Entscheidung des Oberverwaltungsgerichts vom 25. Februar 1914 — II. H. C. 45/14 —.

Die Beschwerde aus § 18 des Zuständigkeitsgesetzes kann nur durch die Behauptung eines objektiven, nicht von dem Beschwerdeführer selbst herbeigeführten Geschehnisses begründet werden.

f) Entscheidung des Oberverwaltungsgerichts vom 29. April 1914 — II. H. C. 149/14 —.

Der außerordentliche Rechtsbehelf der fristlosen Beschwerde nach § 18 des Zuständigkeitsgesetzes ist auch für die indirekten Abgaben zugelassen.

## 226. Ist die Anwendung des außerordentlichen Rechtsbehelfs des § 18 des Zuständigkeitsgesetzes gegeben, wenn der Kläger erst später durch eine verwaltungsgerichtliche Entscheidung über die Ungültigkeit des Ortsrechts belehrt worden ist? Die Bedeutung derartiger Gerichtsentscheidungen.

a) Entscheidung des Oberverwaltungsgerichts vom 19. Dezember 1913 — VII. C. 71/13 —.

Ein Ereignis, welches die rechtmäßige Steuerfestsetzung zu einer rechtswidrigen macht, ist darin nicht zu erblicken, daß der Kläger erst später durch eine Entscheidung des Oberverwaltungsgerichts über die Ungültigkeit des Ortsrechts belehrt worden ist. Derartige Gerichtsentscheidungen haben nicht eine konstitutive Wirkung, sondern nur deklarative Bedeutung eines für die einzelne Rechtssache maßgebenden Entscheidungsgrundes. Für solche Fälle ist der außerordentliche Rechtsbehelf des § 18 des Zuständigkeitsgesetzes nicht gegeben.

b) Entscheidung des Oberverwaltungsgerichts vom 1. April 1919 — VIII. C. 105/18 —.
(Entsch. **75** 200.)

Die Steuerordnung für die Stadtgemeinde C. vom 18. Februar 1898 ist rechtsungültig, wie von dem Gerichtshofe gelegentlich der Entscheidung einer anderen Streitsache dargelegt worden ist. Hierauf kann sich indessen die Klägerin in dem vorliegenden Streitverfahren nicht berufen, weil sie ihre Veranlagung nicht mit dem Einspruche, sondern mit der unbefristeten Beschwerde angefochten hat und bei der Natur dieses

Rechtsbehelfs nur darüber zu entscheiden ist, ob durch den Eintritt späterer Umstände die Heranziehung nachträglich für die Zukunft rechtswidrig geworden ist (vergl. Urteil vom 2. 7. 1909, v. 7. 12. 1915, v. 11. 4. 1916 und v. 6. 3. 1917 — Entsch. **54** 177, 179, **70** 299, 300, **71** 285 und **72** 173), die Rechtsungültigkeit der Steuerordnung aber hier bereits zur Zeit der Veranlagung vorlag. Zulässig war dagegen die unbefristete Beschwerde insofern, als mit ihr die erst im Laufe des Rechnungsjahres 1916 eingetretenen Umstände geltend gemacht werden, daß nämlich der Gewerbebetrieb von der Klägerin in dem Hause der H.-Straße eingestellt und der Mietzins für die Geschäftsräume in diesem Hause ermäßigt worden sei. Bei der Prüfung der Frage, ob der Anspruch der Klägerin in diesen beiden Richtungen begründet ist, durfte indessen der Vorderrichter nicht auf die Vorschriften der nicht zu Recht bestehenden örtlichen Steuerordnung zurückgreifen.

### 227. Zur Frage, ob die Anfechtung einer verwaltungsgerichtlichen Entscheidung hinsichtlich des Kostenpunktes durch Revision zulässig ist.

Entscheidung des Oberverwaltungsgerichts vom 17. Februar 1914 — VIII. C. 246/13 —.

Die Entscheidung über den Kostenpunkt kann nur gleichzeitig mit der Entscheidung in der Hauptsache durch Revision angefochten werden.

### 228. Die Kosten und baren Auslagen im Verwaltungsstreitverfahren. Prozessualisches Verschulden.

Entscheidung des Oberverwaltungsgerichts vom 31. März 1914 — VIII. C. 256/13 —.

§ 104 des Landesverwaltungsgesetzes, der bestimmt, daß die Kosten und baren Auslagen dem obsiegenden Teile zur Last bleiben, soweit sie durch sein eigenes Verschulden entstanden sind, setzt ein Verschulden im Verwaltungsstreitverfahren, also ein Verschulden im prozessualischen Sinne, voraus. In der Erhebung von Mehrforderungen, mit denen eine Partei unterliegt, ist ein prozessualisches Verschulden nicht zu finden.

### 229. Die Rechtsanwaltsgebühren im Verwaltungsstreitverfahren.

Entscheidung des Oberverwaltungsgerichts vom 14. Dezember 1920 — VIII. E. R. 74/20 —.

(PrVerwBl. **42** 259.)

Nach § 103, Abs. 1, Satz 2 des Landesverwaltungsgesetzes hat der unterliegende Teil die Gebühren eines Anwalts des obsiegenden Teiles nur insoweit zu erstatten, als dieselben für Wahrnehmung der mündlichen Verhandlungen vor dem Bezirksausschusse oder dem Oberverwaltungsgerichte zu zahlen sind. Es kommt daher für die Frage der Gebührenerstattung ein Auftrag der obsiegenden Partei an ihren Anwalt nur insoweit in Betracht, als er sich auf die mündliche Verhandlung vor den genannten Gerichten bezieht. Nach den eingehenden Darlegungen in dem Bescheide des Oberverwaltungsgerichts vom 11. Oktober 1901 (Entsch. **44** 447) ist aber bei der Berechnung der Gebühren eines Anwalts, der von seiner Partei nur mit der Wahrnehmung der mündlichen Verhandlung beauftragt worden ist, der § 43 der Gebührenordnung für Rechtsanwälte anzuwenden. Ein solcher Anwalt würde seiner Partei gegenüber nur Anspruch auf $^{5}/_{10}$ der Prozeßgebühr neben der Verhandlungsgebühr haben.

### 230. Die Bedeutung der Ministerialerlasse, in denen die Zentralinstanz ihre Rechtsauffassung über den Inhalt von Gesetzen kund gibt.

Entscheidung des Oberverwaltungsgerichts vom 4. Dezember 1917 — VIII. C. 120/17 —.

(PrVerwBl. **39** 392.)

Rechtsauffassungen der Minister über den Inhalt der bestehenden Gesetze binden den Verwaltungsrichter bei der ihm obliegenden Auslegung des bestehenden Rechts nicht. Ministerialerlasse des bezeichneten Inhalts sind keine Normen des bestehenden

Rechts, insbesondere keine von den Behörden innerhalb ihrer Zuständigkeit erlassenen Verordnungen, auf deren Nichtanwendung die Revision nach § 94, Ziff. 1 des Landesverwaltungsgesetzes gestützt werden kann.

## 231. Sind die staatlichen Aufsichtsbehörden befugt, in das Abgabenrecht der Gemeinden einzugreifen?

a) Entscheidung des Oberverwaltungsgerichts vom 18. Februar 1915 — I. A. 67/13 —.

(Entsch. **69** 75.)

Bestände die Befugnis der Aufsichtsbehörden, die Gemeinden zur Rückzahlung von Abgabebeträgen zu zwingen, die diese auf Grund unanfechtbarer Heranziehung eingezogen haben, oder sie an der Einziehung derartiger Beträge zu hindern, so müßte diese Befugnis überall da begründet sein, wo die Heranziehung, sei es in sachlicher, sei es in förmlicher Beziehung, gegen irgendwelche Gesetzesvorschrift verstößt. Ein Unterschied könnte dabei weder hinsichtlich der einzelnen Gesetzesvorschriften noch hinsichtlich der Art oder des Grades des Verstoßes gemacht werden; denn für die Befugnis der Aufsichtsbehörde würde es nur darauf ankommen, ob überhaupt ein Verstoß gegen eine Gesetzesvorschrift vorliegt. Damit wäre der Aufsichtsbehörde eine Machtbefugnis von unübersehbarer Tragweite nicht nur gegenüber dem Besteuerungsrechte der mit dem Rechte der Selbstverwaltung ausgestatteten Gemeinden, sondern auch gegenüber deren Vermögen eingeräumt. Sie könnte noch nach Jahren und Jahrzehnten unanfechtbare Heranziehungen und Ergebnisse rückgängig machen und die Gemeinde mit Zahlungen belasten, die deren ganze Finanzwirtschaft nicht nur verwirren, sondern geradezu in Frage stellen könnten. Daß ein solches Ergebnis mit der Autonomie der Gemeinde auf dem Gebiete des Besteuerungsrechts und mit der vom Gesetzgeber gewollten und gewährleisteten Sicherheit der Finanzwirtschaft der Gemeinden in unvereinbarem Widerspruche stehen würde, bedarf keines Wortes. Eine derartige Machtbefugnis der Aufsichtsbehörde besteht auch in Wahrheit nicht. Das Gesetz hat die Kontrolle ordnungsmäßiger Ausübung des den Gemeinden verliehenen Rechtes zur Einführung und Erhebung von Abgaben besonders geregelt. Soweit es sich um die allgemeine Ordnung des Abgabenrechts handelt, sind die Beschlüsse der Gemeinden an die staatliche Zustimmung gebunden, hinsichtlich deren im übrigen das Gesetz (§ 77 des Kom.-Abg.-Ges. in Verbindung mit § 16 des Zust.-Ges.) nähere Bestimmung trifft. Daneben ist in § 78 des ersteren Gesetzes der ordentlichen Aufsichtsbehörde das Recht gewahrt, solchen Gemeindebeschlüssen über die Aufbringung von Gebühren usw. entgegenzutreten, die den Vorschriften des Gesetzes zuwiderlaufen, einer Genehmigung aber nicht bedürfen. Die Rechtskontrolle der einzelnen Heranziehung ist den Aufsichtsbehörden entzogen und durch die §§ 69ff. des Kommunalabgabengesetzes bezw. § 18 des Zuständigkeitsgesetzes dem Verwaltungsstreitverfahren überwiesen. Ob diese Regelung als erschöpfend zu gelten hat, oder ob und wieweit daneben noch für die allgemeine Aufsicht des Staates über die Verwaltung der Gemeindeangelegenheiten und für die in ihren Rahmen fallenden Befugnisse der zuständigen Behörden Raum bleibt, kann unerörtert bleiben. Keinesfalls ist die Aufsichtsbehörde für befugt zu erachten, die Gemeinde an der Einziehung von Forderungen zu hindern, auf die jene einen Rechtsanspruch hat, oder die Gemeinde zu Leistungen anzuhalten, auf die den Empfängern kein Rechtsanspruch zusteht. Das Vermögen der Gemeinde untersteht der Verfügungsgewalt der Aufsichtsbehörde nur insofern, als diese in den dafür in Betracht kommenden Fällen die Gemeinde zur Erfüllung gesetzlich begründeter Leistungen anhalten darf. Sie ist aber nicht berechtigt, die Gemeinde zur Aufgabe gesetzlich begründeter Ansprüche oder zu Zuwendungen an Andere zu zwingen, die des Rechtsgrundes entbehren. Der mangelnde Rechtsgrund kann nicht durch Ermessen der Aufsichtsbehörde ersetzt werden. Ob die Gemeinde auf die ihr durch die unanfechtbaren Heranziehungen erwachsenen Rechte verzichten und die eingezogenen Beträge zurückzahlen will, ist ausschließlich Sache ihres Ermessens, nicht desjenigen der Aufsichtsbehörde.

b) Entscheidung des Oberverwaltungsgerichts vom 18. Juni 1897 — I. C. 68/97 —.

(Entsch. **33** 232.)

Mag man der aus § 50, Abs. 3 des Landesverwaltungsgesetzes folgenden Befugnis der Aufsichtsbehörde, innerhalb ihrer gesetzlichen Zuständigkeit Verfügungen und Anordnungen der nachgeordneten Behörden außer Kraft zu setzen oder diese Behörden mit Anweisung zu versehen, auch noch so weiten Spielraum gewähren, so findet diese Befugnis doch ihre natürliche Grenze an den durch die Maßnahmen der nachgeordneten Behörden Dritten bereits erwachsenen Rechten.

## 232. Verwaltungszwangsverfahren.

## Ist das Verwaltungszwangsverfahren gegen den Fiskus und gegen die unter Staatsaufsicht stehenden juristischen Personen (Gemeinden usw.) zulässig?

Entscheidung des Oberverwaltungsgerichts vom 22. Februar 1879 — I —.

(Entsch. **5** 82.)

Allerdings können die Ortspolizeibehörden gemäß § 33 des Zuständigkeitsgesetzes auch gegen den Fiskus mit Zwangsmaßnahmen vorgehen. Allein für die Art der Zwangsvollstreckung sind die für Exekutionen gegen fiskalische Stationen bestehenden allgemeinen gesetzlichen Normen maßgebend, insbesondere § 153 des Anhanges zur A. G.-O. (Teil I, Tit. 24, § 45) und der § 33, Tit. 35, Teil I daselbst. Diese Vorschriften, wonach die Exekution gegen den Fiskus wie gegen die unter Staatsaufsicht stehenden juristischen Personen (Gemeinden usw.) durch Vermittelung der der zunächst beteiligten unteren fiskalischen Station vorgesetzten Finanzbehörde bezw. der Staatsaufsichtsbehörde zu vollstrecken ist, sind zunächst zwar nur für die Vollstreckung gerichtlicher Erkenntnisse gegeben; da das durch diese Vorschriften geordnete Verfahren aber eine unabweisbare Forderung der Organisation der Staats- und Gemeinde- usw. Verwaltung ist, so sind dieselben auch für die Verwaltungsbehörden maßgebend und beim Mangel anderweiter Vorschriften mit Recht stets auch für die administrative Exekution, deren Verfahren lediglich nach Analogie der gerichtlichen Exekution ausgebildet worden ist, als anwendbar erachtet worden.

## 233. Verwaltungszwangsverfahren.

## Was hat die Verwaltungsbehörde, die um Beitreibung eines Geldbetrages ersucht wird, zu prüfen?

Entscheidung des Oberverwaltungsgerichts vom 5. März 1912 — I. A. 132/11 —.

(Entsch. **61** 450.)

Aus dem § 5, Satz 1 der Verordnung, betreffend das Verwaltungszwangsverfahren wegen Beitreibung von Geldbeträgen, vom 15. November 1899 (GS. S. 545) ergibt sich zwar, daß die ersuchte Behörde zu prüfen hat, ob der einzuziehende Geldbetrag der Beitreibung im Verwaltungszwangsverfahren unterliegt, ob die ersuchende Behörde die Eigenschaft einer Vollstreckungsbehörde hat, ob ihr selbst (der ersuchten Behörde) die gleiche Eigenschaft zukommt und ob der Schuldner oder Vermögensstücke desselben sich in ihrem Bezirke befinden. Aber zu einer weitergehenden Prüfung wird die ersuchte Behörde weder durch die Verordnung noch durch eine andere Vorschrift ermächtigt. Vielmehr „hat" sie bei dem Zutreffen jener Voraussetzungen das Zwangsverfahren, ohne Rücksicht darauf, ob die Forderung sachlich begründet ist oder nicht, durchzuführen.

## 234. Verwaltungszwangsverfahren.
## Zur Frage der Tätigkeit und Zuständigkeit der Vollstreckungsbehörde bei der Pfändung einer Forderung durch Zustellung eines Zahlungsverbots an den Drittschuldner.
## Welche Eigenschaft hat ein von einer Polizeibehörde zur Deckung polizeilicher Auslagen erlassenes Zahlungsgebot?

Entscheidung des Oberverwaltungsgerichts vom 8. Januar 1907 — I. A. 7/06 —.

(Entsch. **50** 248.)

Bei der Zwangsvollstreckung in Geldforderungen hat die Vollstreckungsbehörde nach den §§ 36, 39, 40 der Verordnung vom 15. November 1899, Art. 75 der Ausführungsanweisung vom 28. November 1899 (von Brauchitsch, Die neuen Preußischen Verwaltungsgesetze, Bd. I, S. 670ff., S. 697ff.) die Pfändung der Forderung durch Zustellung eines Zahlungsverbots an den Drittschuldner bei gleichzeitigem Erlaß eines Verfügungsverbots an den Schuldner zu bewirken und entweder gleichzeitig oder in der Folge die gepfändete Forderung demjenigen, für dessen Rechnung die Zwangsvollstreckung erfolgt, zur Einziehung zu überweisen. Mit der Überweisung der Forderung schließt die Tätigkeit und Zuständigkeit der Vollstreckungsbehörde ab. Die Einziehung der überwiesenen Forderung ist nicht ihre Aufgabe. Es genügt in dieser Hinsicht, auf Art. 77 der Ausführungsanweisung vom 28. November 1899 zu verweisen, woselbst angeordnet ist, daß die Vollstreckungsbehörde „die Realisierung" der gepfändeten und überwiesenen Forderung lediglich dem Gläubiger, für dessen Rechnung die Zwangsvollstreckung erfolgt, zu überlassen habe.

Ein von einer Polizeibehörde zur Deckung polizeilicher Auslagen, zumal unter Zwangsandrohung gegen einen Dritten, erlassenes Zahlungsgebot hat als polizeiliche Verfügung zu gelten, sofern nicht dargetan wird, daß eine andere rechtliche Eigenschaft tatsächlich gewollt war und rechtlich möglich ist (vergl. auch Entsch. des OVG. **16** 288ff.).

## 235. Verwaltungszwangsverfahren.
## Unterliegen die für die Schlachtvieh- und Fleischbeschau sowie für die Trichinenschau festgesetzten Gebühren der Beitreibung im Verwaltungszwangsverfahren?

Entscheidung des Oberverwaltungsgerichts vom 6. Dezember 1907 — I. B. 39/06 —.

(Entsch. **51** 444.)

Die Gebühren, welche zur Deckung der Kosten der örtlichen Polizeiverwaltung für die Schlachtvieh- und Fleischbeschau, einschließlich der Trichinenschau, erhoben werden, stehen der Polizeibehörde auch dann zu, wenn sie dem Beschauer überlassen werden, und sind im Verwaltungszwangsverfahren beizutreiben. Gegen ihre Einziehung ist das Verwaltungsstreitverfahren nicht zulässig.

## 236. Verwaltungszwangsverfahren.
## Welche Eigenschaft hat die Aufforderung des Gemeindevorstandes, Kosten zu erstatten, die durch anderweitige Beschaffung erforderter, aber nicht geleisteter Naturaldienste entstanden sind?

Entscheidung des Oberverwaltungsgerichts vom 4. Oktober 1907 — VIII. C. 5/06 —*).

(Entsch. **51** 156.)

Die Aufforderung des Gemeindevorstandes, Kosten zu erstatten, die durch anderweitige Beschaffung erforderter, aber nicht geleisteter Naturaldienste erwachsen sind, stellt nicht eine (erneute) Heranziehung zu Naturaldiensten dar, sondern eine Maßnahme des Verwaltungszwangsverfahrens, welches letztere schon mit der Anordnung

*) Vgl. auch die Entsch. des Oberverw.-Ger. v. 18. Dezember 1906 (Entsch. **49** 155).

beginnt, daß der Dienst durch einen Dritten an Stelle des Säumigen zu leisten sei. Gegen eine derartige Auflage ist daher nicht der Einspruch mit nachfolgender Klage (§§ 69, 70 des Kommunalabgabengesetzes), sondern nur die Beschwerde im Aufsichtswege zulässig.

**237. Verwaltungszwangsverfahren.**
**Unterliegen Handlungen der Vollstreckungsbehörden der Nachprüfung im Verwaltungsstreitverfahren?**

Entscheidung des Oberverwaltungsgerichts vom 5. Juli 1907 — I. C. 10/06 —.

(Entsch. **51** 35.)

Bestimmungen, welche die Handlungen der Vollstreckungsbehörden der Nachprüfung im Verwaltungsstreitverfahren unterwerfen, bestehen nicht; vielmehr läßt die Verordnung, betreffend das Verwaltungszwangsverfahren wegen Beitreibung von Geldbeträgen, vom 15. November 1899 im § 2, Abs. 2 nur die Beschwerde bei der vorgesetzten Dienstbehörde zu.

**238. Verwaltungszwangsverfahren.**
**Zur Frage, wann gegen das Verwaltungszwangsverfahren der ordentliche Rechtsweg zulässig ist.**

Urteil des Reichsgerichts vom 25. Februar 1899 — I. 437/98 —.

(Entsch. Zivs. **43** 293.)

Nach den §§ 35, 36ff. der Verordnung vom 26. Dezember 1808, §§ 1, 2, 4 des Gesetzes über die Zulässigkeit des Rechtsweges in Beziehung auf polizeiliche Verfügungen vom 11. Mai 1842 hätte die Beklagte dem Verwaltungszwangsverfahren gegenüber den Rechtsweg beschreiten können, wenn sie die Verletzung eines zum Privateigentum gehörenden Rechtes geltend machte und entweder Befreiung von der Pflicht auf Grund einer besonderen gesetzlichen Vorschrift oder eines speziellen Rechtstitels in Anspruch nahm, oder aber behauptete, daß durch die Verfügung ein solcher Eingriff in ihre Privatrechte geschehen sei, für welchen nach den gesetzlichen Vorschriften über Aufopferung der Rechte und Vorteile des Einzelnen im Interesse des Allgemeinen Entschädigung gewährt werden muß, in diesem letzteren Falle aber mit der Einschränkung, daß der Rechtsweg nur darüber stattfinden würde, ob ein Eingriff dieser Art vorhanden ist, und zu welchem Betrage dafür Entschädigung geleistet werden muß. Im übrigen wäre die Beklagte auf den Weg der Beschwerde an die vorgesetzte Dienstbehörde der die Einziehung der Kosten verfügenden Instanz angewiesen gewesen.

**239. Verwaltungszwangsverfahren.**
**Klage wegen unberechtigter Versteigerung einer Pfandsache.**
**Die Versteigerung einer gepfändeten Sache vor Ablauf einer Woche seit dem Tage der Pfändung.**
**Es dürfen nur Sachen gepfändet und versteigert werden, die dem Schuldner gehören.**
**Muß von dem Vollziehungsbeamten und der Vollstreckungsbehörde festgestellt werden, ob die Sache im Eigentum des Schuldners steht?**
**Wie ist zu verfahren, wenn ein Dritter behauptet, daß ihm an dem gepfändeten Gegenstande ein die Veräußerung hinderndes Recht zustehe?**

Entscheidung des Oberverwaltungsgerichts vom 5. Juni 1908 — I. A. 92/07 —.

(Entsch. **53** 422.)

Die Versteigerung der am 23. Mai gepfändeten Ziege hat, wie der Konfliktbeschluß ergibt, am 30. Mai stattgefunden. Da § 27 der Verordnung vom 15. November 1899 bestimmt: „Die Versteigerung der gepfändeten Sachen darf nicht vor

Ablauf einer Woche seit dem Tage der Pfändung geschehen", so ist die Versteigerung um einen Tag zu früh erfolgt. Die Verantwortung für die Einhaltung der einwöchigen Frist bei Anberaumung des Versteigerungstermins trägt die Vollstreckungsbehörde; denn es gehört gemäß Art. 59 der Ausführungsanweisung zur Verordnung vom 28. November 1899 zu ihren Aufgaben, den Auftrag zur Versteigerung durch eine unter das Pfändungsprotokoll zu setzende, Zeit und Ort der Versteigerung festsetzende Verfügung zu erteilen. Ob der Beklagte dadurch, daß er den Versteigerungstermin auf den 30. Mai anberaumte, seine Amtsbefugnisse überschritten hat oder ob er sich, falls er von einer eigenen Anordnung absah und es bei der von dem Vollziehungsbeamten getroffenen Terminsbestimmung (Art. 52, Ziff. 5 der Anweisung) bewenden ließ, der Unterlassung einer Amtshandlung schuldig machte, kann jedoch auf Grund des dem Konfliktsrichter vorliegenden Tatbestandes nicht beurteilt werden. Der § 27 der Verordnung erklärt eine Abweichung von der Einhaltung der einwöchigen Frist unter gewissen Voraussetzungen für zulässig; ob eine dieser Voraussetzungen zutraf, ist nicht ersichtlich. Über die Umstände, unter denen die Terminsbestimmung geschah, ist nichts gesagt; der Kläger hat den Tag der Versteigerung nicht erwähnt, auch die Nichtachtung der Frist nicht gerügt. Deswegen wird aber der Konfliktsrichter nicht der Aufgabe überhoben, die Frage in den Kreis seiner Erwägung zu ziehen; denn der Beklagte wird vom Kläger in Anspruch genommen, weil er trotz seines Widerspruchs die Ziege habe versteigern lassen. Als eine Tatsache, welche für den Klagegrund der unberechtigten Versteigerung der Pfandsache mit in Betracht kommt, kann das Verfahren bei Festsetzung des Versteigerungstermins nicht außer Berücksichtigung bleiben, gleichviel ob es vom Kläger bemängelt ist oder nicht.

Nicht minder fehlt es an ausreichendem Material für die Beurteilung, ob der Beklagte dadurch, daß er den Widerspruch des Klägers gegen die Versteigerung der Ziege unbeachtet ließ, seine Amtsbefugnisse überschritten hat. Aus § 22, Abs. 1 der Verordnung, lautend: „Die Pfändung der im Gewahrsam des Schuldners befindlichen körperlichen Sachen wird dadurch bewirkt, daß der Vollziehungsbeamte dieselben in Besitz nimmt", kann nicht mit dem Konfliktbeschlusse gefolgert werden, daß jede im Gewahrsam des Schuldners befindliche Sache gepfändet werden dürfe, gleichgültig, ob sie dem Schuldner eigentümlich gehört oder nicht. Der § 22 bestimmt nur, wie zu verfahren sei, wenn sich die Sachen im Gewahrsam des Schuldners befinden, ermächtigt jedoch nicht den Vollziehungsbeamten, Sachen, von denen es feststeht, daß sie dem Schuldner nicht gehören, zu pfänden und ebensowenig die Vollstreckungsbehörde, die Versteigerung solcher Sachen, wenn sie gleichwohl gepfändet waren, anzuordnen. Die Zwangsvollstreckung soll vielmehr nur in das Vermögen des Schuldners erfolgen. Das liegt in der Natur der Sache, ist übrigens auch in der Verordnung selbst dadurch zum Ausdrucke gelangt, daß ihr zweiter und dritter Abschnitt die Überschrift tragen „Zwangsvollstreckung in das bewegliche Vermögen", bezw. „Zwangsvollstreckung in das unbewegliche Vermögen".

Ist hiernach davon auszugehen, daß nur eine solche Sache gepfändet und versteigert werden darf, die dem Schuldner gehört, so folgt daraus doch nicht, daß der Vollziehungsbeamte und die Vollstreckungsbehörde ausnahmslos in jedem Falle verpflichtet wären, sich darüber zu vergewissern, ob die Sache im Eigentume des Schuldners steht. Vielmehr darf von einem Gegenstande, der sich in dem Gewahrsam des Schuldners befindet, so lange angenommen werden, daß er ihm gehöre, als nicht Einwendungen dagegen erhoben werden. Behauptet ein Dritter, daß ihm an dem gepfändeten Gegenstande ein die Veräußerung hinderndes Recht zustehe, so kann gemäß § 19 der Verordnung der Widerspruch gegen die Pfändung im Wege der Klage vor dem ordentlichen Gerichte geltend gemacht, bei ihm auch die Einstellung der Zwangsvollstreckung erwirkt werden. Aus dieser Bestimmung ist jedoch nicht zu entnehmen, daß der Anspruch des Dritten „stets nur", wie es im Konfliktbeschlusse heißt, im Wege der Klage geltend gemacht werden könne und daß die Vollstreckungsbehörde befugt sei, die Versteigerung der Pfandsache anzuordnen, solange nicht die Einstellung der Zwangsvollstreckung von dem ordentlichen Gerichte verfügt ist. Denn der § 19 der Verordnung verweist den Dritten nur „erforderlichenfalls“ auf den Weg der Klage und läßt damit erkennen, daß er einen außerhalb des Prozeßweges eingelegten Widerspruch nicht als einen wirkungslosen Protest erachte. Daher soll denn auch nach Art. 33 der Anweisung, falls ein Dritter bezüglich des gepfändeten Gegenstandes bei der Vollstreckungsbehörde Ansprüche anmeldet, welche im Falle der Begründung der Deckung der beizutreibenden Summe aus dem Erlöse entgegenstehen würden, geprüft werden, ob die Pfändung anderer Gegenstände möglich sei, welche hinreichende Sicherheit gewähren und von dritten Personen nicht in Anspruch genommen würden. Ergibt sich bei der Prüfung, daß die Pfändung eines anderen Gegenstandes nicht möglich ist, so hat die Vollstreckungsbehörde nach Art. 33 a. a. O. ohne Verzug demjenigen, für dessen Rechnung die Zwangsvollstreckung stattfindet, den Sachverhalt anzuzeigen und seine Entscheidung abzuwarten. Der Beklagte war daher verpflichtet, den außergerichtlich erhobenen Widerspruch des Klägers gegen die Versteigerung zu beachten und gemäß Art. 33 der Ausführungsanweisung zu verfahren.

## 240. Zwangsvollstreckung.

### Zur Frage der Weiterführung der Zwangsvollstreckung, wenn die Hauptforderung gedeckt ist, aber die Zwangsvollstreckungskosten nicht bezahlt sind.

Urteil des Reichsgerichts vom 3. Oktober 1901 — IV. 178/01 —.

(Entsch. Zivs. **49** 399.)

... Hieraus kann jedoch nicht hergeleitet werden, daß der Gerichtsvollzieher von der Zwangsvollstreckung Abstand zu nehmen habe, sobald ein Betrag gezahlt wird, welcher zwar zur Deckung der beizutreibenden Hauptforderung, nicht aber auch zur Bezahlung der Zwangsvollstreckungskosten ausreicht. Vielmehr darf in solchen Fällen die Zwangsvollstreckung in Höhe des noch ungedeckten Betrages der Zwangsvollstreckungskosten unbedenklich stattfinden.

## 241. Zwangsvollstreckung.

### Zur Frage der Rechtsbehelfe gegen die Überweisung einer Forderung.

Urteil des Reichsgerichts vom 24. November 1896 — II. 223/96 —.

(Entsch. i. Zivs. **38** 400.)

Zunächst läuft das Vorbringen des Beklagten im wesentlichen darauf hinaus, daß die Überweisung einer Forderung mit Unrecht erfolgt sei. Zur Geltendmachung dieses Einwandes war aber nur der Schuldner befugt. Außerdem darf auch der Schuldner nach § 686, Abs. 1 ZPO. Einwendungen, welche den durch das Urteil festgestellten Anspruch betreffen, nur im Wege der Klage bei dem Prozeßgerichte erster Instanz geltend machen. Der Drittschuldner aber, der auf Grund der Überweisung der Forderung verklagt wird, kann weder auf dem Wege der bloßen Einrede die Beseitigung des von dem Kläger erwirkten rechtskräftigen Urteils herbeiführen, noch darf er mittels Widerklage beantragen, daß das gegen seinen Gläubiger erwirkte Urteil für unwirksam erklärt werde.

# V. Zusammenstellung der Entscheidungen des Oberverwaltungsgerichts und Reichsgerichts nach der Zeitfolge.

| Datum | Aktenzeichen | Laufende Nummer der Entscheidungen |
|---|---|---|
| I. Oberverwaltungsgericht. | | |
| 25. 4. 1878 | — | 26 a |
| 22. 2. 1879 | I. — | 232 |
| 6. 5. 1898 | I. 847 | 159, a |
| 15. 1. 1901 | II. 85 | 172 |
| 3. 5. 1901 | II. 738 | 137, b |
| 2. 12. 1901 | IV. C. 84/01 | 47, b |
| 2. 12. 1901 | IV. C. 114/01 | 37, g; 47, a |
| 25. 4. 1902 | II. 680 | 9 |
| 31. 5. 1904 | II. C. 297/03 | 78 |
| 20. 9. 1904 | II. 1558 | 92 |
| 17. 2. 1905 | II. C. 57/04 | 64 |
| 12. 5. 1905 | II. 870 | 80, b |
| 26. 5. 1905 | II. C. 386/04 | 63 |
| 2. 3. 1906 | II. C. 371/05 | 161, a |
| 13. 3. 1906 | II. 575 | 153, b |
| 18. 12. 1906 | VIII. C. 144/05 | 221 |
| 8. 1. 1907 | I. A. 7/06 | 234 |
| 5. 7. 1907 | I. C. 10/06 | 237 |
| 4. 10. 1907 | VIII. C. 5/06 | 138; 236 |
| 6. 12. 1907 | I. B. 39/06 | 235 |
| 26. 3. 1908 | VII. C. 54/08 | 76 |
| 5. 6. 1908 | I. A. 92/07 | 239 |
| 30. 10. 1908 | II. C. 24/08 | 3, a; 12, a |
| 4. 5. 1911 | VII. C. 523/10 | 109, a |
| 18. 9. 1911 | H. C. 48/11 | 222 |
| 27. 11. 1911 | IV. C. 32/11 | 37, i |
| 1. 2. 1912 | VII. C. 334/11 | 119, a, 5; 119, b, 6 |
| 13. 2. 1912 | VIII. C. 196/11 | 223 |
| 4. 3. 1912 | VII. C. 468/11 | 119, b, 5 |
| 5. 3. 1912 | I. A. 132/11 | 233 |
| 15. 3. 1912 | VIII. C. 214/11 | 130 |
| 6. 6. 1912 | VII. C. 114/12 | 77, c |
| 1. 10. 1912 | II. C. 400/11 | 8 |
| 1. 10. 1912 | II. C. 463/11 | 12 g; 13 a |
| 3. 10. 1912 | VII. C. 95/12 | 183 |
| 10. 10. 1912 | VII. C. 218/12 | 200 |
| 11. 10. 1912 | VIII. C. 189/12 | 150, b |
| 17. 10. 1912 | VII. C. 31/12 | 80, a |
| 17. 10. 1912 | VII. C. 271/12 | 83 |
| 21. 10. 1912 | H. C. 353/11 | 133 |
| 24. 10. 1912 | VII. C. 168/12 | 67 |
| 24. 10. 1912 | H. C. 235/11 | 192 |
| 25. 10. 1912 | VIII. C. 22/12 | 168 |
| 4. 11. 1912 | VII. C. 52/12 | 119, a, 2 |
| 4. 11. 1912 | VII. C. 264/12 | 125, a |
| 7. 11. 1912 | H. C. 270/12 | 190 |
| 12. 11. 1912 | II. C. 343/11 | 12, f; 14 |
| 14. 11. 1912 | VIII. C. 534/12 | 125, b |
| 19. 11. 1912 | II. C. 19/12 | 6 |
| 21. 11. 1912 | VIII. C. 306/12 | 119, b, 10 |
| 3. 12. 1912 | II. C. 48/12 | 1; 24 |
| 6. 12. 1912 | II. C. 384/11 | 13, b |
| 9. 12. 1912 | VII. C. 360/12 | 119, a, 4 |
| 10. 12. 1912 | II. C. 53/12 | 12, b |
| 13. 12. 1912 | VIII. C. 135/12 | 202 |
| 17. 12. 1912 | II. C. 82/12 | 4 |
| 2. 1. 1913 | VIII. C. 414/12 | 158 |
| 20. 1. 1913 | VII. C. 351/12 | 160, c |
| 21. 1. 1913 | II. C. 13/12 | 12, c |
| 21. 1. 1913 | II. C. 23/12 | 12, d |
| 23. 1. 1913 | H. C. 365/11 | 197, b |
| 28. 1. 1913 | II. C. 188/12 | 7; 10 |
| 31. 1. 1913 | VIII. C. 245/12 | 131, a |
| 3. 2. 1913 | VII. C. 231/12 | 119, b, 2 |
| 3. 3. 1913 | H. C. 122/12 | 125, e |
| 3. 3. 1913 | H. C. 147/12 | 188 |
| 14. 3. 1913 | VII. C. 416/12 | 119, b, 4 |
| 8. 4. 1913 | VII. C. 583/12 | 205 |
| 8. 4. 1913 | VII. C. 649/12 | 167 |
| 8. 4. 1913 | VIII. C. 358/12 | 181, a |
| 15. 4. 1913 | IX. A. 113/11 | 26, b |
| 25. 4. 1913 | IV. C. 16/13 | 30, b; 47, e |
| 29. 4. 1913 | VII. C. 656/12 | 219 |
| 9. 5. 1913 | VII. C. 275/12 | 163, a |
| 23. 5. 1913 | IV. C. 141/12 | 216 |
| 23. 5. 1913 | VII. C. 680/12 | 160, a |
| 30. 5. 1913 | VIII. C. 307/12 | 203 |
| 6. 6. 1913 | VII. C. 708/12 | 151 |
| 6. 6. 1913 | VII. C. 775/12 | 85 |
| 19. 6. 1913 | H. C. 67/13 | 121 |
| 20. 6. 1913 | VII. C. 724/12 | 84, c |
| 24. 6. 1913 | VII. C. 760/12 | 175 |
| 26. 6. 1913 | H. C. 319/12 | 137, c |
| 4. 7. 1913 | II. C. 47/13 | 119, a, 1 |
| 18. 9. 1913 | IV. C. 96/13 | 54 |
| 18. 9. 1913 | IV. C. 99/13 | 36, c |

| Datum | Aktenzeichen | Laufende Nummer der Entscheidungen | Datum | Aktenzeichen | Laufende Nummer der Entscheidungen |
|---|---|---|---|---|---|
| 19. 9. 1913 | VII. C. 777/12 | 184 | 24. 2. 1914 | II. C. 235/13 | 119, b, 3 |
| 22. 9. 1913 | IV. B. 20/13 | 62 | 26. 2. 1914 | I. H. C. 73/13 | 178, b |
| 23. 9. 1913 | II. C. 83/13 | 119, a, 6 | 25. 2. 1914 | II. H. C. 45/14 | 225, e |
| 23. 9. 1913 | VIII. C. 188/13 | 141 | 2. 3. 1914 | I. H. C. 281/13 | 156 |
| 30. 9. 1913 | VII. C. 438/12 | 135 | 2. 3. 1914 | IV. C. 181/13 | 37, d |
| 30. 9. 1913 | VII. C. 813/12 | 70, a | 3. 3. 1914 | II. C. 255/13 | 119, b, 8 |
| 3. 10. 1913 | VII. C. 8/13 | 86 | 4. 3. 1914 | II. H. C. 12/14 | 125, d |
| 7. 10. 1913 | II. C. 58/13 | 110 | 5. 3. 1914 | IV. C. 72/13 | 57 |
| 27. 10. 1913 | VII. C. 444/12 | 137, e | 5. 3. 1914 | IV. C. 180/13 | 59 |
| 31. 10. 1913 | VII. C. 250/12 | 146, a | 6. 3. 1914 | VII. C. 303/13 | 134 a |
| 31. 10. 1913 | VIII. C. 151/13 | 128 | 12. 3. 1914 | IV. C. 192/13 | 37, f |
| 31. 10. 1913 | VIII. C. 250/12 | 129 | 17. 3. 1914 | II. C. 233/13 | 3, b; 12, h |
| 14. 11. 1913 | II. C. 73/13 | 119, b, 9 | 20. 3. 1914 | VII. C. 482/13 | 201 |
| 14. 11. 1913 | II. C. 79/13 | 119, a, 7 | 20. 3. 1914 | VIII. C. 233/13 | 107, a |
| 18. 11. 1913 | VII. C. 134/13 | 178, c | 20. 3. 1914 | VIII. C. 297/13 | 153, a |
| 18. 11. 1913 | VII. C. 522/13 | 215 | 26. 3. 1914 | I. H. C. 183/13 | 191 |
| 18. 11. 1913 | VII. C. 611/12 | 225, c | 26. 3. 1914 | IV. C. 190/13 | 31 c |
| 20. 11. 1913 | H. C. 179/13 | 213 | 27. 3. 1914 | II. C. 278/13 | 3, c; 17 |
| 20. 11. 1913 | H. C. 385/12 | 189 | 30. 3. 1914 | IV. C. 117/13 | 46, c |
| 25. 11. 1913 | VII. C. 520/13 | 127 | 31. 3. 1914 | II. C. 258/13 | 5 a |
| 27. 11. 1913 | IV. C. 67/13 | 55 | 31. 3. 1914 | VIII. C. 256/13 | 228 |
| 1. 12. 1913 | IV. C. 89/13 | 31, f | 6. 4. 1914 | IV. C. 201/13 | 37, c |
| 1. 12. 1913 | H. C. 325/12 | 206, a | 20. 4. 1914 | IV. C. 188/13 | 28 |
| 2. 12. 1913 | II. C. 113/13 | 119, a 8 | 21. 4. 1914 | II. C. 69/13 | 119, b, 1 |
| 2. 12. 1913 | VIII. C. 160/13 | 101 | 21. 4. 1914 | II. C. 306/13 | 21 a |
| 4. 12. 1913 | IV. C. 147/13 | 31, b | 21. 4. 1914 | VII. C. 411/13 | 160, b |
| 9. 12. 1913 | VII. C. 53/13 | 220, a | 21. 4. 1914 | VIII. C. 26/14 | 180 |
| 12. 12. 1913 | II. C. 163/13 | 18 | 23. 4. 1914 | IV. C. 120/13 | 53 |
| 16. 12. 1913 | IV. C. 12/13 | 187 | 24. 4. 1914 | VII. C. 603/13 | 177 |
| 16. 12. 1913 | VIII. C. 234/13 | 225, d | 24. 4. 1914 | VII. C. 619/13 | 149, b |
| 18. 12. 1913 | H. C. 241/13 | 126 | 24. 4. 1914 | VIII. C. 293/13 | 144, b |
| 19. 12. 1913 | II. C. 29/13 | 119, b, 7 | 24. 4. 1914 | VIII. C. 1/14 | 81 |
| 19. 12. 1913 | VII. C. 71/13 | 226, a | 29. 4. 1914 | II. H. C. 149/14 | 225, f |
| 5. 1. 1914 | IV. C. 126/13 | 30, a | 1. 5. 1914 | II. C. 308/13 | 119, b, 11 |
| 15. 1. 1914 | I. H. C. 251/13 | 225, b | 1. 5. 1914 | VII. C. 336/13 | 87 |
| 20. 1. 1914 | VII. C. 229/13 | 89, b | 1. 5. 1914 | VII. C. 770/13 | 89, a |
| 22. 1. 1914 | I. H. C. 162/13 | 220, b | 1. 5. 1914 | IX. A. 149/13 | 21, b |
| 22. 1. 1914 | IV. C. 210/12 | 31, a; 47, k; 60 | 4. 5. 1914 | I. H. C. 259/13 | 137, a |
| 23. 1. 1914 | VIII. C. 179/13 | 150, a | 5. 5. 1914 | VIII. C. 304/13 | 199 |
| 23. 1. 1914 | VIII. C. 217/13 | 102; 137, d | 7. 5. 1914 | IV. C. 8/14 | 36, a |
| 29. 1. 1914 | III. C. 79/13 | 146, b | 7. 5. 1914 | IV. C. 202/13 | 35, c |
| 3. 2. 1914 | VII. C. 359/13 | 204 | 8. 5. 1914 | VII. C. 415/13 | 176 |
| 3. 2. 1914 | VII. C. 587/13 | 125, c | 8. 5. 1914 | VII. C. 446/13 | 152 |
| 12. 2. 1914 | IV. C. 118/13 | 31, g | 8. 5. 1914 | VII. C. 560/13 | 143 |
| 12. 2. 1914 | IV. C. 130/13 | 58 | 14. 5. 1914 | IV. C. 79/13 | 31, e |
| 13. 2. 1914 | II. C. 289/13 | 22, a | 14. 5. 1914 | IV. C. 179/13 | 41, b |
| 16. 2. 1914 | IV. C. 94/13 | 47, f | 15. 5. 1914 | VIII. C. 240/13 | 100, b |
| 17. 2. 1914 | II. C. 221/13 | 109, b | 18. 5. 1914 | IV. C. 127/13 | 31, d; 47, m |
| 17. 2. 1914 | VIII. C. 159/13 | 84, a | 18. 5 1914 | IV. C. 197/13 | 35, b; 40, b |
| 17. 2. 1914 | VIII. C. 246/13 | 227 | 20. 5. 1914 | II. H. C. 218/14 | 140 |
| 17. 2. 1914 | VIII. C. 255/13 | 196 | 22. 5. 1914 | VII. C. 285/13 | 198 |
| 20. 2. 1914 | VII. C. 676/13 | 80, c | 25. 5. 1914 | IV. C. 21/14 | 37, e |
| 20. 2. 1914 | VIII. C. 199/13 | 100, a | 26. 5. 1914 | II. C. 252/13 | 144, a |
| 23. 2. 1914 | IV. C. 170/13 | 52, c | 28. 5. 1914 | IV. C. 3/13 | 36, b |

| Datum | Aktenzeichen | Laufende Nummer der Entscheidungen |
|---|---|---|
| 28. 5. 1914 | IV. C. 50/13 | 56, b |
| 9. 6. 1914 | II. C. 22/14 | 111 |
| 15. 6. 1914 | IV. C. 86/14 | 61 |
| 16. 6. 1914 | II. C. 37/14 | 74 |
| 16. 6. 1914 | II. C. 45/14 | 119, a, 3 |
| 16. 6. 1914 | VII. C. 452/13 | 163, b; 166, a<br>217 |
| 16. 6. 1914 | VII. C. 467/13 | 178, a |
| 16. 6. 1914 | VIII. C. 51/14 | 104, a |
| 18. 6. 1914 | IV. C. 17/14 | 31, h |
| 19. 6. 1914 | VII. C. 126/14 | 159, b |
| 24. 6. 1914 | II. H. C. 257/14 | 164 |
| 25. 6. 1914 | IV. C. 33/14 | 47, c; 52, d |
| 2. 7. 1914 | IV. C. 140/13 | 35, a |
| 2. 7. 1914 | IV. C. 146/13 | 31, i |
| 10. 7. 1914 | VII. C. 279/14 | 148 |
| 10. 7. 1914 | VIII. C. 58/14 | 149, a |
| 24. 9. 1914 | IV. C. 136/13 | 52, a |
| 4. 12. 1914 | VIII. C. 161/14 | 103; 104, b |
| 8. 12. 1914 | II. C. 76/14 | 22, b |
| 17. 12. 1914 | IV. C. 108/14 | 52, b |
| 4. 1. 1915 | IV. C. 110/14 | 56, c |
| 5. 1. 1915 | VIII. C. 178/19 | 132 |
| 14. 1. 1915 | IV. C. 63/14 | 29 |
| 4. 2. 1915 | IV. C. 9/14 | 34 |
| 9. 2. 1915 | — | 68 |
| 11. 2. 1915 | IV. C. 172/14 | 42 |
| 16. 2. 1915 | II. C. 289/14 | 109, c |
| 18. 2. 1915 | I. A. 67/13 | 231 |
| 24. 2. 1915 | II. H. C. 143/14 | 77 |
| 4. 6. 1915 | II. C. 263/14 | 2, a; 25 |
| 4. 6. 1915 | II. C. 287/14 | 2, b; 5, b; 20 |
| 7. 7. 1915 | II. H. C. 330/14 | 211 |
| 8. 7. 1915 | I. H. C. 61/14 | 137, f |
| 26. 10. 1915 | II. C. 103/15 | 218, 224 |
| 2. 11. 1915 | II. C. 287/13 | 139 |
| 30. 11. 1915 | II. C. 143/15 | 12 e |
| 4. 1. 1916 | II. E. R. 52/15 | 206, b |
| 6. 1. 1916 | IV. C. 30/15 | 39 |
| 13. 1. 1916 | IV. C. 59/15 | 37, a; 47, h |
| 3. 2. 1916 | — | 131, d |
| 9. 3. 1916 | IV. C. 131/14 | 212 |
| 28. 3. 1916 | VIII. C. 73/16 | 69; 106 |
| 6. 4. 1916 | IV. C. 66/15 | 225, a |
| 13. 4. 1916 | I. C. 1/15 | 27 |
| 14. 4. 1916 | VII. C. 123/15 | 179 |
| 2. 5. 1916 | II. C. 10/16 | 109, d |
| 2. 5. 1916 | II. C. 14/16 | 19 |
| 23. 5. 1916 | II. C. 155/15 | 65 |
| 25. 5. 1916 | IV. C. 8/16 | 48 |
| 30. 5. 1916 | II. C. 20/16 | 73 |
| 30. 5. 1916 | VIII. C. 100/16 | 105, a; 131, b |
| 6. 6. 1916 | VIII. C. 90/16 | 105, b |
| 22. 6. 1916 | IV. C. 54/14<br>92/15 | 46, a |
| 4. 7. 1916 | VII. C. 152/16 | 185 |
| 21. 9. 1916 | IV. C. 86/15 | 51 |
| 3. 10. 1916 | VIII. C. 36/16 | 71; 93, b |
| 3. 10. 1916 | VIII. C. 114/16 | 82 |
| 12. 10. 1916 | IV. C. 104/15 | 47, i |
| 19. 10. 1916 | III. B. 17/16 | 194; 207, b |
| 7. 11. 1916 | II. C. 447/16 | 79 |
| 7. 11. 1916 | II. C. 498/16 | 186 |
| 16. 11. 1916 | IV. C. 25/16 | 47, g |
| 16. 11. 1916 | IV. C. 49/16 | 33 |
| 7. 12. 1916 | IV. C. 52/16 | 41, a |
| 9. 1. 1917 | II. C. 544/16 | 2, c |
| 15. 2. 1917 | IV. C. 81/16 | 32 |
| 22. 2. 1917 | IV. C. 80/16 | 38 |
| 15. 3. 1917 | IV. C. 16/17 | 40, a |
| 22. 3. 1917 | IV. C. 89/16 | 37, h; 50 |
| 27. 3. 1917 | II. C. 125/17 | 157 |
| 27. 3. 1917 | II. C. 160/17 | 149, c |
| 19. 4. 1917 | IV. C. 93/16 | 46, b; 56, a |
| 19. 6. 1917 | III. C. 77/16 | 84, b |
| 3. 7. 1917 | II. C. 277/17 | 70, b |
| 3. 7. 1917 | VIII. C. 48/17 | 107, b |
| 3. 7. 1917 | VIII. C. 138/16 | 72; 181, b |
| 2. 10. 1917 | VII. C. 56/17 | 136 |
| 20. 11. 1917 | IV. C. 353/17 | 49 |
| 4. 12. 1917 | VIII. C. 120/17 | 230 |
| 15. 1. 1918 | VIII. C. 128/17 | 122, a |
| 22. 1. 1918 | II. C. 396/17 | 145 |
| 14. 5. 1918 | VIII. C. 37/18 | 134, b |
| 26. 9. 1918 | IV. C. 28/18 | 154 |
| 8. 10. 1918 | VIII. C. 63/18 | 173; 193;<br>207, a |
| 21. 1. 1919 | II. C. 180/18 | 165, b |
| 23. 1. 1919 | IV. C. 30/18 | 43 |
| 30. 1. 1919 | IV. C. 26/18 | 37, b |
| 6. 3. 1919 | IV. C. 63/19 | 47, d |
| 1. 4. 1919 | VIII. C. 105/18 | 226, b |
| 10. 4. 1919 | IV. C. 53/18 | 44 |
| 10. 7. 1919 | IV. C. 85/19 | 45 |
| 9. 10. 1919 | IV. C. 73/19 | 208 |
| 18. 11. 1919 | II. C. 65/19 | 15 |
| 9. 12. 1919 | VIII. C. 56/19 | 131, c |
| 10. 6. 1920 | IV. C. 137/19 | 161 |
| 17. 6. 1920 | IV. C. 160/19 | 197, a |
| 21. 9. 1920 | — | 123 |
| 28. 9. 1920 | VIII. C. 34/20 | 98 |
| 26. 10. 1920 | VIII. C. 44/20 | 165, c |
| 18. 11. 1920 | IV. C. 14/20 | 195 |
| 2. 12. 1920 | I. B. 34/20 | 166, b; 214 |
| 14. 12. 1920 | VIII. E.R. 74/20 | 162; 229 |
| 18. 1. 1921 | II. C. 145/20 | 165, d |
| 7. 6. 1921 | VIII. C. 36/21 | 66 |

| Datum | Aktenzeichen | Laufende Nummer der Entscheidungen | Datum | Aktenzeichen | Laufende Nummer der Entscheidungen |
|---|---|---|---|---|---|
| 9. 6. 1921 | I. B. 12/21 | 169 | 13. 5. 1924 | II. — | 182 |
| 30. 6. 1921 | I. E. 62/21 | 147 | 30. 9. 1924 | II. C. 53/24 | 75; 113 |
| 22. 9. 1921 | IV. C. 89/20 | 80, d | 25. 11. 1924 | II. C. 69/24 | 16 |
| 4. 10. 1921 | VIII. C. 75/21 | 11; 23 | 2. 12. 1924 | VIII. C. 29/24 | 107 a; 142 |
| 6. 12. 1921 | II. C. 70/21 | 93, a | 13. 1. 1925 | II. B. 29/24 | 171 |
| 31. 1. 1922 | VIII. C. 119/21 | 94 | 20. 1. 1925 | II. C. 59/24 | 108 |
| 28. 3. 1922 | II. C. 7/22 | 117 | 21. 1. 1925 | VII. C. 10/24 | 155 |
| 30. 3. 1922 | IV. C. 27/21 | 37, k | 21. 1. 1925 | VII. C. 14/24 | 95 |
| 17. 10. 1922 | VIII. C. 99/22 | 122, b | 3. 3. 1925 | II. C. 163/24 | 174 |
| 31. 10. 1922 | VIII. C. 43/22 | 88 | 5. 5. 1925 | II. C. 6/25 | 118 |
| 7. 11. 1922 | VIII. C. 84/22 | 97 | 12. 5. 1925 | II. C. 90/24 | 113 a |
| 12. 12. 1922 | VIII. C. 118/22 | 96 | 23. 6. 1925 | II. C. 149/24 | 113 b |
| 19. 12. 1922 | II. C. 148/22 | 114 | | | |
| 13. 2. 1923 | VIII. C. 153/22 | 91 | | | |
| 13. 2. 1923 | II. C. 66/22 | 120 | | II. Reichsgericht. | |
| 12. 6. 1923 | VIII. C. 6/23 | 90 | 24. 11. 1896 | II. 223/96 | 241 |
| 10. 7. 1923 | VIII. C. 70/23 | 124 | 25. 2. 1899 | I. 437/98 | 238 |
| 16. 10. 1923 | VIII. C. 66/23 | 99 | 3. 10. 1901 | IV. 178/01 | 240 |
| 30. 10. 1923 | II. C. 186/22 | 116 | 14. 2. 1908 | VII. 155/07 | 170 |
| 6. 11. 1923 | II. C. 81/23 | 115 | 28. 1. 1910 | VII. 162/09 | 209 |
| 11. 12. 1923 | II. C. 86/23 | 75; 112 | 6. 7. 1915 | III. 597/14 | 210 |

# Alphabetisches Wortregister.

(Die Zahlen bedeuten die Seiten.)

Gedruckt bei A. W. Hayn's Erben, Potsdam.

FSC
www.fsc.org
MIX
Papier | Fördert gute Waldnutzung
FSC® C083411

Kolibri 360 GmbH
Ferdinand-Jühlke-Straße 7
99095 Erfurt, Deutschland
produktsicherheit@kolibri360.de